Segunda Edición

DICCIONARIO BÁSICO

griego – español

Ernst Walder Gassman

Diccionario básico
Griego - Español
Ernst Walder Gassman

Av. La Molina 585, Urb. Santa Felicia, La Molina - Lima
Telf.: (511) 348-1202
Telefax: (511) 348-0761
E-mail: imagensel@sel.edu
Web: www.sel.edu

Hecho el Depósito Legal en la Biblioteca Nacional del Perú N° 2013-09563
ISBN N° 978-9972-701-90-0

Categoría: Estudios bíblicos – Herramientas del lenguaje

Segunda edición, agosto 2013
Primera edición, setiembre 2007

Editado por:
© 2013 Centro de Investigaciones y Publicaciones (CENIP) – Ediciones Puma
Av. Arnaldo Márquez 855, Jesús María, Lima
Telf./Fax: (511) 423–2772
E-mail: puma@cenip.org
Web: www.edicionespuma.org
Ediciones Puma es un programa del Centro de Investigaciones y Publicaciones (CENIP)

Diseño de carátula: Adilson Proc
Diagramación: Hansel James Huaynate

Impreso en agosto de 2013
en los talleres de Asociación Editorial Buena Semilla
Carrera 28A 64A-34 – Bogotá

Impreso en Colombia
Printed in Colombia

Contenido

Presentación

La enseñanza y el fomento de la Palabra de Dios es tarea de toda institución teológica. La capacitación de los líderes y futuros pastores de las iglesias evangélicas constituye la misión del SEL. Para que esto pueda ser hecho, el Seminario necesita del aporte de aquellos hombres y mujeres dedicados al estudio y la enseñanza de las lenguas bíblicas con el fin de hacer más accesible la comprensión de la Escritura.

Al presentar este Diccionario Básico deseamos reconocer la labor y entereza de su autor, el profesor Ernst Walder, quien dedicó pacientemente muchas horas a la selección, traducción y registro de las palabras griegas. Esta obra nace, como muchas otras, de las aulas y de la necesidad de los estudiantes de contar con recursos accesibles para su capacitación.

El lector tiene entre manos una obra que nace del esfuerzo de hacer sencillo el conocimiento de las palabras griegas para quienes se inician en esta lengua. El mérito per sé de la obra se encuentra en la capacidad de síntesis y el criterio de selección empleado por su autor que no complica al estudiante en una búsqueda extensa que termina en desánimo o que le lleva al exceso de simplicidad y superficialidad. Este diccionario cumple ambos requisitos. Quien lo utilice verá que el uso del griego del Nuevo Testamento no tiene por qué ser complicado pero a la vez se sentirá desafiado a introducirse más en los laberintos de la lengua helénica.

Confío que esta obra sea el complemento ideal para los estudiantes del griego neotestamentario y que, junto con otros recursos, le ayuden en este gran ministerio de predicar la Palabra de Dios en la lengua castellana.

Mg. César Morales C.
Director Académico
Seminario Evangélico de Lima

Introducción a la primera edición

El "Diccionario básico" nace de una necesidad experimentada durante mis clases de griego del NT en el Seminario Evangélico de Lima. Es imposible memorizar todas las palabras griegas del NT, razón por la que siempre será indispensable el manejo de un diccionario para la búsqueda de los términos no conocidos. Por tanto se enseña desde un principio a los estudiantes a buscar palabras no memorizadas durante las clases, de modo que adquieran muy pronto la habilidad de encontrar cualquier palabra en un diccionario.

Al usar un diccionario me di con la sorpresa que los diccionarios existentes eran en su gran mayoría amplios, gruesos y caros y por lo tanto fuera del alcance de la mayoría de los estudiantes. El estudiante del griego del Nuevo Testamento necesita un diccionario sencillo que le permite traducir una primera versión sin tener que entrar en preguntas exegéticas.

Por lo tanto el "Diccionario básico" intenta ayudar al estudiante en la traducción de cualquier texto del Nuevo Testamento sin aspirar a ser un diccionario exegético. Para facilitar el uso de este diccionario se lo dividió en tres partes:

La primera parte incluye todas las palabras del Nuevo Testamento, sin considerar los nombres. En la segunda parte están incluidos los nombres de personas y lugares. Y la tercera contiene el análisis de varios sustantivos y verbos dado que en algunas formas son más difíciles de deducir. Esta última parte se usa en función de las pautas indicadas.

Introducción a la segunda edición

Aparte de enmendar algunos errores e imprecisiones en la primera edición, el cambio más importante que se ha hecho en esta edición es la ampliación de la segunda parte, con la inclusión de más formas irregulares en el diccionario. Así, no será necesario memorizar las formas de los verbos irregulares, siendo suficiente tener una idea en cuanto a ellos.

Palabras

A - α

ἀβαρης -ες (*Gen.* -ους)	no pesado, no incómodo, no fastidioso, no siendo una carga
ἀββα	*aram.* "Abba" (¡Padre!)
ἀβυσσος (ἡ) -ου	el abismo, el infierno, la región de los muertos
ἀγαθοεργεω	hacer bien
ἀγαθοεργος -ον	haciendo lo bueno, haciendo el bien
ἀγαθοποιεω	hacer bien, hacer lo bueno, vivir rectamente
ἀγαθοποιΐα (ἡ) -ας	la acción buena
ἀγαθοποιος -ον	haciendo el bien
ἀγαθος -η, -ον	bueno, bien, útil, fértil, hábil, excelente, sano, saludable, feliz, favorable, íntegro (*sustantivo*: los bienes, las buenas obras)
ἀγαθουργεω	hacer bien
ἀγαθωσυνη (ἡ) -ης	la bondad
ἀγαλλιασις (ἡ) -εως	la alegría, el gozo
ἀγαλλιαω	alegrarse, regocijarse, gozarse
ἀγαμος (ὁ/ἡ) -ου	la persona no casada, el/la soltero/a
ἀγανακτεω	enojarse, indignarse, estar enojado
ἀγανακτησις (ἡ) -εως	la indignación, el enojo
ἀγαπαω	amar, querer, sentir un afecto especial
ἀγαπη (ἡ) -ης	el amor
ἀγαπητος -η, -ον	amado
ἀγγαρευω	obligar
ἀγγειον (το) -ου	la vasija, el recipiente, la cesta, el frasco
ἀγγελια (ἡ) -ας	el mensaje, la noticia, el mandato
ἀγγελλω	avisar
ἀγγελος (ὁ) -ου	el mensajero, el enviado, el ángel
ἀγγος (το) -ους	la vasija, el recipiente, la cesta
ἀγε	pues bien ¡vamos!
ἀγελη (ἡ) -ης	el hato, la manada de cerdos
ἀγενεαλογητος -ον	sin genealogía

ἀγενης -ες (*Gen.* -ους)	indigno, de menor valor, insignificante
ἁγιαζω	santificar, apartar para Dios, consagrar, limpiar, considerar como sagrado
ἁγιασμος (ὁ) -ου	la santificación, la consagración
ἁγιος -α, -ον	consagrado a Dios, santo, puro, perfecto
ἁγιοτης (ἡ) -ητος	la santidad, la pureza moral
ἁγιωσυνη (ἡ) -ης	la santidad, la consagración
ἀγκαλη (ἡ) -ης	el brazo
ἀγκριστρον (το) -ου	el anzuelo
ἀγκυρα (ἡ) -ας	el ancla
ἀγναφος -ον	nuevo, no abatanado
ἁγνεια (ἡ) -ας	la pureza, la castidad, el pudor
ἁγνιζω	purificar, limpiar, consagrar
ἁγνισμος (ὁ) -ου	la purificación
ἀγνοεω	ignorar, desconocer, no entender
ἀγνοημα (το) -ατος	el pecado por ignorancia
ἀγνοια (ἡ) -ας	la ignorancia
ἁγνος -η, -ον	limpio, puro, casto, sin culpa
ἁγνοτης (ἡ) -ητος	la pureza
ἁγνως	con intención pura, sinceramente, en forma pura
ἀγνωσια (ἡ) -ας	la ignorancia, la falta de percepción
ἀγνωστος -ον	no conocido
ἀγορα (ἡ) -ας	la plaza (principal), el mercado
ἀγοραζω	comprar
ἀγοραιος (ὁ) -ου	el vulgo, la sesión del tribunal
ἀγρα (ἡ) -ας	la captura, la pesca, la redada
ἀγραμματος -ον	iletrado, inculto
ἀγραυλεω	vivir al aire libre
ἀγρευω	atrapar, entrampar, hacer caer en la trampa
ἀγριελαιος (ἡ) -ου	el olivo silvestre
ἀγριος -α, -ον	silvestre
ἀγρος (ὁ) -ου	el campo, el terreno (*Pl.*: las fincas, las estancias)
ἀγρυπνεω	velar, cuidar, vigilar, estar alerta
ἀγρυπνια (ἡ) -ας	la vela, el estar despierto preocupándose
ἀγω	llevar, traer, ir
ἀγωγη (ἡ) -ης	el modo de vivir, la conducta
ἀγων (ὁ) -ωνος	la carrera, la lucha, la batalla, el esfuerzo
ἀγωνια (ἡ) -ας	la angustia mortal
ἀγωνιζομαι	luchar, esforzarse, pelear, competir
ἀδαπανος -ον	gratuitamente, no gastando

ἀδελφη (ἡ) -ης	la hermana
ἀδελφος (ὁ) -ου	el hermano
ἀδελφοτης (ἡ) -ητος	la hermandad
ἀδηλος -ον	invisible, incierto, vago, confuso, indefinido
ἀδηλοτης (ἡ) -ητος	la incertidumbre, la inseguridad
ἀδηλως	inciertamente, a la ventura, a ciegas
ἀδημονεω	angustiarse, estar preocupado o afligido
ᾁδης (ὁ) -ου	el Hades
ἀδιακριτος -ον	imparcial, imperturbable
ἀδιαλειπτος -ον	continuo, sin cesar
ἀδιαλειπτως	sin cesar, constantemente
ἀδιαφθορια (ἡ) -ας	la integridad
ἀδικεω	cometer injusticia, dañar, hacer agravio, maltratar
ἀδικημα (το) -ατος	el delito, el crimen, el maltrato, el agravio
ἀδικια (ἡ) -ας	la injusticia, el agravio, el delito, la maldad
ἀδικοκριτης (ὁ) -ου	el juez injusto
ἀδικος -ον	injusto
ἀδικως	injustamente
ἀδοκιμος -ον	no aprobando el examen, reprobado, inútil
ἀδολος -ον	no adulterado
ἁδροτης (ἡ) -ητος	la abundancia, la suma elevada
ἀδυνατεω	ser imposible
ἀδυνατος -ον	imposible, débil, imposibilitado
ᾁδω	cantar
ἀει	siempre
ἀετος (ὁ) -ου	el águila, el buitre
ἀζυμος -ον	sin levadura (*Sust.*: panes sin levadura, fiesta de los panes sin levadura)
ἀηδια (ἡ) -ας	la aversión, la contienda
ἀηρ (ὁ) -ερος	el aire
ἀθανασια (ἡ) -ας	la inmortalidad
ἀθανατος -ον	inmortal
ἀθεμιτος -ον	malvado, abominable, prohibido
ἀθεος -ον	sin Dios
ἀθεσμος -ον	malvado, infame, pérfido, corrupto
ἀθετεω	anular, invalidar, rechazar, no aceptar
ἀθετησις (ἡ) -εως	la declaración de nulidad, la anulación
ἀθλεω	luchar, competir
ἀθλησις (ἡ) -εως	la lucha, el combate
ἀθροιζω	reunir, congregar
ἀθυμεω	desanimarse, desalentarse

ἀθῳος -ον	inocente
αἰγειος -α, -ον	de cabra
αἰγιαλος (ὁ) -ου	la playa, la costa
ἀΐδιος -ον	eterno
αἰδως (ἡ) -ους	el pudor, la reverencia, el recato
αἱμα (το) -ατος	la sangre
αἱματεκχυσια (ἡ) -ας	el derramamiento de sangre
αἱμορροεω	sufrir de flujo de sangre
αἰνεσις (ἡ) -εως	la alabanza
αἰνεω	alabar
αἰνιγμα (το) -ατος	el enigma, la imagen confusa
αἰνος (ὁ) -ου	la alabanza
αἰξ (ὁ, ἡ) αἰγος	la cabra, el cabrío macho
αἱρεομαι	escoger, preferir
αἱρεσις (ἡ) -εως	la línea ideológica, la secta, la disensión
αἱρετιζω	escoger
αἱρετικος -η, -ον	causando divisiones
αἰρω	levantar, quitar, alzar, recoger, llevar
αἰσθανομαι	entender, notar
αἰσθησις (ἡ) -εως	el entendimiento moral, la percepción
αἰσθητηριον (το) -ου	el sentido
αἰσχροκερδης -ες	desagradablemente avaro, codicioso en forma inmunda
αἰσχροκερδως	en codicia sucia
αἰσχρολογια (ἡ) -ας	el habla inmundo, la palabra obscena
αἰσχρος -α, -ον	sucio, obsceno, vergonzoso, indecoroso
αἰσχροτης (ἡ) -ητος	la fealdad, la palabra sucia
αἰσχυνη (ἡ) -ης	la vergüenza
αἰσχυνομαι	avergonzarse, dar vergüenza
αἰτεω	pedir, solicitar, exigir
αἰτημα (το) -ατος	la petición
αἰτια (ἡ) -ας	la causa, la razón, la relación, el delito, el crimen, el cargo, la queja, la acusación
αἰτιαμα (το) -ατος	la acusación
αἰτιαομαι	acusar, echar la culpa
αἰτιον (το) -ου	el delito, el delito criminal, la causa, la culpa
αἰτιος (ὁ) -ου	el culpable, el autor, la causa, el origen
αἰτιωμα (το) -ατος	la acusación
αἰφνιδιος -ον	de pronto, de golpe, repentina
αἰχμαλωσια (ἡ) -ας	la cautividad

αἰχμαλωτευω	llevar cautivo, tomar prisionero
αἰχμαλωτιζω	hacer presos de cautividad, tomar cautivo
αἰχμαλωτος (ὁ) -ου	el cautivo, el prisionero
αἰων (ὁ) -ωνος	el largo tiempo, la eternidad, el pasado o futuro largo, la era presente o futura, el mundo, el Eón
αἰωνιος -ον	eterno
ἀκαθαρσια (ἡ) -ας	la inmundicia, la suciedad, la impureza
ἀκαθαρτης (ἡ) -ητος	la inmundicia
ἀκαθαρτος -ον	inmundo, sucio
ἀκαιρεομαι	faltar oportunidad
ἀκαιρως	fuera de tiempo, inoportunamente
ἀκακος -ον	ingenuo, sin malicia, inocente
ἀκανθα (ἡ) -ης	la zarza, los espinos
ἀκανθινος -η, -ον	espinoso
ἀκαρπος -ον	sin fruto, infructuoso, estéril, inútil
ἀκαταγνωστος -ον	irreprochable, por encima de toda crítica
ἀκατακαλυπτος -ον	descubierto
ἀκατακριτος -ον	sin sentencia judicial, no condenado
ἀκαταλυτος -ον	indestructible
ἀκαταπαστος -ον	incansable, insaciable
ἀκαταπαυστος -ον	incansable, insaciable
ἀκαταστασια (ἡ) -ας	el desorden, la perturbación, la confusión
ἀκαταστατος -ον	inestable, inquieto
ἀκατασχετος -ον	indomable
ἀκεραιος -ον	incorrupto, puro
ἀκηδεμονεω	= ἀδημονεω
ἀκλινης -ες	inmutable
ἀκμαζω	estar maduro
ἀκμην	aún, todavía
ἀκοη (ἡ) -ης	el oído, el oír, el rumor, la oreja, el mensaje
ἀκολουθεω	seguir
ἀκουστος -η, -ον	audible
ἀκουω	oír, escuchar
ἀκρασια (ἡ) -ας	el desenfreno, la falta de dominio propio
ἀκρατης -ες	no sabiendo dominarse
ἀκρατος -ον	puro, no mezclado
ἀκριβεια (ἡ) -ας	la exactitud, el rigor
ἀκριβης -ες	exacto, riguroso
ἀκριβοω	indagar diligentemente, inquirir
ἀκριβως	con diligencia, exactamente, con cuidado
ἀκρις (ἡ) -ιδος	la langosta, el saltamontes

ἀκροατηριον (το) -ου el auditorio
ἀκροατης (ὁ) -ου el oidor, el oyente
ἀκροβυστια (ἡ) -ας el prepucio, la incircuncisión
ἀκρογωνιαιος -α, -ον estando en el punto más extremo, en la esquina (*sust.*: la piedra angular o principal)
ἀκροθινιον (το) -ου la primicia (del botín), el botín
ἀκρον (το) -ου la punta, el límite más extremo
ἀκυροω abrogar, anular, invalidar
ἀκωλυτως sin impedimento
ἀκων -ουσα, -ον involuntario, forzado
ἀλαβαστρον (το) -ου el alabastro, el frasco de alabastro
ἀλαζονεια (ἡ) -ας la jactancia, la arrogancia
ἀλαζων (ὁ) -ονος el presuntuoso, el presumido
ἀλαλαζω chillar, dar gritos
ἀλαλητος -ον indecible, inexplicable
ἀλαλος -ον mudo
ἁλας (το) -ατος la sal
ἀλειφω ungir
ἀλεκτοροφωνια (ἡ) -ας el canto del gallo
ἀλεκτωρ (ὁ) -ορος el gallo
ἀλευρον (το) -ου la harina de trigo
ἀληθεια (ἡ) -ας la verdad
ἀληθευω ser sincero, decir la verdad
ἀληθης -ες verdadero, veraz, sincero
ἀληθινος -η, -ον verdadero, auténtico
ἀληθω moler
ἀληθως verdaderamente, en verdad
ἁλιευς (ὁ) -εως el pescador
ἁλιευω pescar
ἁλιζω salar, sazonar
ἀλισγημα (το) -ατος la mancha, la contaminación
ἀλλα sino, pero, más bien, sin embargo
ἀλλασσω cambiar, transformar, alterar
ἀλλαχοθεν por otro lugar, por otro camino
ἀλλαχου a otra parte
ἀλληγορεω hablar en alegoría
ἀλληλουϊα *hebr.* "Aleluya" (¡Alaben a Jehová!)
ἀλληλων unos a otros
ἀλλογενης -ες ser de otro país, extranjero
ἀλλοιοω cambiar

ἁλλομαι	saltar, brotar
ἀλλος -η, -ο	otro
ἀλλοτριεπισκοπος (ὁ) -ου	él que se entromete en lo ajeno
ἀλλοτριος -α, -ον	ajeno, extraño, extranjero
ἀλλοφυλος -ον	extranjero, pagano
ἀλλως	de otra manera
ἀλοαω	trillar
ἀλογος -ον	irracional
ἀλοη (ἡ) -ης	el áloe
ἁλς (ὁ) ἁλος	la sal
ἁλυκος -η, -ον	salado
ἀλυπος -ον	libre de preocupaciones o ansiedades
ἁλυσις (ἡ) -εως	la cadena
ἀλυσιτελης -ες	sin provecho
ἀλφα (το)	el alfa
ἁλων (ἡ) -ωνος	la era
ἀλωπηξ (ἡ) -εκος	el zorro, la zorra
ἁλωσις (ἡ) -εως	la presa, lo que se caza
ἁμα	al mismo tiempo
ἀμαθης -ες	ignorante, indocto
ἀμαραντινος -η, -ον	inmarchitable, incorruptible
ἀμαραντος -ον	inmarchitable, inmarcesible
ἁμαρτανω	pecar
ἁμαρτημα (το) -ατος	el pecado
ἁμαρτια (ἡ) -ας	el pecado
ἀμαρτυρος -ον	sin testimonio
ἁμαρτωλος -ον	pecaminoso
ἀμαχος -ον	pacífico
ἀμαω	segar, cortar
ἀμεθυστος (ἡ, ὁ) -ου	la amatista
ἀμελεω	descuidar, desatender
ἀμεμπτος -ον	irreprensible, intachable
ἀμεμπτως	irreprensiblemente
ἀμεριμνος -ον	libre de preocupaciones
ἀμεταθετος -ον	inmutable
ἀμετακινητος -ον	inconmovible
ἀμεταμελητος -ον	algo del cual no se puede arrepentir
ἀμετανοητος -ον	impenitente, irrevocable
ἀμετρος -ον	desmedido, desmedidamente
ἀμην	*hebr.* “amén” (de cierto, así sea)

ἀμητωρ -ορος	sin madre
ἀμιαντος -ον	sin mancha, inmaculado
ἀμμον (το) -ου	la arena
ἀμμος (ἡ) -ου	la arena
ἀμνος (ὁ) -ου	el cordero
ἀμοιβη (ἡ) -ης	la recompensa
ἀμορφος -ον	deforme
ἀμπελος (ἡ) -ου	la vid
ἀμπελουργος (ὁ) -ου	el viñador
ἀμπελων (ὁ) -ωνος	la viña
ἀμυνομαι	pagar con la misma moneda (acudir en ayuda)
ἀμφιαζω	vestir
ἀμφιβαλλω	echar (la red)
ἀμφιβληστρον (το) -ου	la red
ἀμφιεννυμι	vestir
ἀμφοδον (το) -ου	la calle
ἀμφοτεροι -αι, -α	ambos
ἀμωμητος -ον	irreprensible, intachable
ἀμωμον (το) -ου	una planta aromática de nombre "amono"
ἀμωμος -ον	irreprensible, sin mancha
ἀν	partícula con diferentes significados según la oración: condición, eventualidad
ἀνα	cada uno (ἀνα μεσον = entre, en medio; ἀνα + *número* = en; ἀνα μερος = por turno)
ἀναβαθμος (ὁ) -ου	la grada
ἀναβαινω	subir
ἀναβαλλομαι	aplazar, posponer
ἀναβιβαζω	sacar
ἀναβλεπω	recuperar la vista, levantar los ojos, abrir los ojos
ἀναβλεψις (ἡ) -εως	la recuperación de la vista
ἀναβοαω	dar gritos, gritar
ἀναβολη (ἡ) -ης	la demora, la dilación, el retraso
ἀναγαιον (το) -ου	el cuarto en el techo, el piso superior
ἀναγγελλω	hacer saber, dar aviso, anunciar, comunicar
ἀναγενναω	hacer renacer, renacer
ἀναγινωσκω	leer
ἀναγκαζω	obligar, forzar
ἀναγκαιος -α, -ον	necesario, indispensable, urgente
ἀναγκαστως	por fuerza
ἀναγκη (ἡ) -ης	la obligación, el aprieto, la necesidad

ἀναγνωριζω	volver a ver (*voz pasiva*: darse a conocer)
ἀναγνωσις (ἡ) -εως	le lectura
ἀναγω	llevar arriba, presentar (*voz media-pasiva*: zarpar, salir, hacerse al mar)
ἀναδεικνυμι	mostrar, designar
ἀναδειξις (ἡ) -εως	la designación, la instalación, la presentación
ἀναδεχομαι	recibir
ἀναδιδωμι	dar, entregar, transferir
ἀναζαω	revivir, volver a vivir
ἀναζητεω	buscar
ἀναζωννυμι	ceñir
ἀναζωπυρεω	encender, avivar, atizar, despertar de nuevo
ἀναθαλλω	florecer o brotar de nuevo
ἀναθεμα (το) -ατος	lo puesto en manos de Dios, lo sagrado, lo maldito, la ofrenda votiva
ἀναθεματιζω	maldecir, conjurar
ἀναθεωρεω	mirar cuidadosamente, observar atentamente
ἀναθημα (το) -ατος	la ofrenda prometida
ἀναιδεια (ἡ) -ας	la audacia, la impertinencia
ἀναιρεσις (ἡ) -εως	el asesinato
ἀναιρεω	eliminar, quitar, anular, matar, destruir (*voz media*: recoger o tomar para sí mismo)
ἀναιτιος -ον	inocente
ἀνακαθιζω	levantarse a la posición sentada, incorporarse
ἀνακαινιζω	renovar
ἀνακαινοω	renovar
ἀνακαινωσις (ἡ) -εως	la renovación
ἀνακαλυπτω	descubrir, destapar, desvelar
ἀνακαμπτω	volver
ἀνακειμαι	estar recostado, estar echado, estar sentado
ἀνακεφαλαιοω	resumir, juntar
ἀνακλινω	acostar, hacer sentar (*voz pasiva*: sentarse, acostarse, reclinarse)
ἀνακοπτω	retener
ἀνακραζω	dar voces, gritar
ἀνακραυγαζω	dar voces, gritar
ἀνακρινω	interrogar, examinar, juzgar
ἀνακρισις (ἡ) -εως	la indagación, el interrogatorio
ἀνακυλιω	remover
ἀνακυπτω	enderezarse

ἀναλαμβανω levantar, tomar, recibir arriba, llevar, recoger
ἀναλημψις (ἡ) -εως la recepción arriba, el levantamiento
ἀναλισκω consumir
ἀναλλομαι levantarse de pronto
ἀναλογια (ἡ) -ας la conformidad, la concordancia, la proporción correcta
ἀναλογιζομαι considerar
ἀναλος -ον sin sal
ἀναλυσις (ἡ) -εως la partida
ἀναλυω desatar, partir
ἀναμαρτητος -ον sin pecado
ἀναμενω esperar
αναμιμνῃσκω recordar, (*voz pasiva*: acordarse)
ἀναμνησις (ἡ) -εως la memoria, el recuerdo
ἀνανεοω renovar
ἀνανηφω desengañarse, volver a ser sobrio, escaparse
ἀναντιρρητος -ον no pudiendo contradecir, irrefutable
ἀναντιρρητως sin replicar, sin objeción
ἀναξιος -ον indigno, inadecuado
ἀναξιως indignamente, inadecuadamente
ἀναπαυσις (ἡ) -εως el acabar, el reposo, el descanso
ἀναπαυω descansar, confortar, recrear
ἀναπειθω persuadir, seducir, tentar, incitar
ἀναπειρος -ον deformado, mutilado
ἀναπεμπω enviar arriba, remitir
ἀναπηδαω ponerse en pie de un salto
ἀναπηρος -ον deformado, mutilado (*Sust.*: el mutilado, el inválido)
ἀναπιπτω recostarse, sentarse
ἀναπληροω completar, cumplir, suplir, ocupar
ἀναπολογητος -ον sin excusa
ἀναπρασσω reclamar
ἀναπτυσσω desenrollar, abrir el rollo
ἀναπτω encender
ἀναριθμητος -ον innumerable
ἀνασειω incitar, alborotar
ἀνασκευαζω derrumbar, perturbar, trastornar
ἀνασπαω alzar arriba, llevar arriba, levantar
ἀναστασις (ἡ) -εως el levantarse, el levantamiento, la resurrección
ἀναστατοω perturbar, incomodar, agitar
ἀνασταυροω crucificar
ἀναστεναζω gemir

ἀναστρεφω	encontrarse en, vivir, conducirse, volcar, volver
ἀναστροφη (ἡ) -ης	la manera de vivir, la conducta
ἀνασωζω	salvar
ἀνατασσομαι	reproducir ordenadamente, redactar
ἀνατελλω	brotar, salir (el sol)
ἀνατιθεμαι	presentar
ἀνατολη (ἡ) -ης	el oriente, la salida de un astro/sol, el amanecer
ἀνατολικος -η, -ον	oriental
ἀνατρεπω	volcar, hacer caer, arruinar
ἀνατρεφω	criar
ἀναφαινω	hacer manifiesto, avistar (*voz pasiva*: aparecer)
ἀναφερω	llevar arriba, ofrecer sacrificio, cargar
ἀναφωνεω	gritar, lanzar un grito, exclamar
ἀναχυσις (ἡ) -εως	el derramamiento, el río
ἀναχωρεω	salir, partir, regresar, retirarse, alejarse
ἀναψυξις (ἡ) -εως	el tomar aliento, el reposo, el refrescamiento
ἀναψυχω	tomar aliento, refrescar
ἀνδραποδιστης (ὁ) -ου	el traficante de esclavos
ἀνδριζομαι	portarse como varón
ἀνδροφονος (ὁ) -ου	el asesino, el homicida
ἀνεγκλησια (ἡ) -ας	la buena reputación
ἀνεγκλητος -ον	de buena reputación, íntegro, irreprochable, irreprensible
ἀνεκδιηγητος -ον	indescriptible
ἀνεκλαλητος -ον	indecible, inefable, inexpresable
ἀνεκλειπτος -ον	sin cesar, inagotable
ἀνεκτος -ον	soportable, tolerable
ἀνελεημων -ον	despiadado, sin misericordia
ἀνελεος -ον	despiadado, sin misericordia
ἀνεμιζομαι	ser movido por el viento
ἀνεμος (ὁ) -ου	el viento
ἀνενδεκτος -ον	imposible
ἀνεξεραυνητος -ον	inexplorable, insondable
ἀνεξικακος -ον	imperturbable, sobrellevando lo malo, paciente
ἀνεξιχνιαστος -ον	inescrutable
ἀνεπαισχυντος -ον	no teniendo que avergonzarse
ἀνεπιλημπτος -ον	irreprochable, irreprensible
ἀνερχομαι	subir
ἀνεσις (ἡ) -εως	el alivio, el reposo, el descanso, el desahogo
ἀνεταζω	interrogar (con torturas)

ἀνευ	sin
ἀνευθετος -ον	desfavorable, incómodo
ἀνευρισκω	encontrar, hallar
ἀνεχομαι	soportar, tolerar
ἀνεψιος (ὁ) -ου	el primo (el sobrino)
ἀνηθον (το) -ου	el eneldo
ἀνηκω	se refiere, conviene, es debido (*impersonal*)
ἀνημερος -ον	inculto, desenfrenado, salvaje
ἀνηρ (ὁ) ἀνδρος	el varón, el marido, el hombre adulto
ἀνθιστημι	oponerse, resistir
ἀνθομολογεομαι	dar gracias, alabar
ἀνθος (το) -ους	la flor
ἀνθρακια (ἡ) -ας	la brasa
ἀνθραξ (ὁ) -ακος	la ascua, el carbón
ἀνθρωπαρεσκος -ον	queriendo agradar a los hombres
ἀνθρωπινος -η, -ον	humano
ἀνθρωποκτονος (ὁ) -ου	el homicida, el asesino
ἀνθρωπος (ὁ) -ου	el hombre
ἀνθυπατευω	ser procónsul
ἀνθυπατος (ὁ) -ου	el procónsul
ἀνιημι	dejar, soltar, abandonar, aflojar, desatar
ἀνιλεως	despiadadamente, sin misericordia
ἀνιπτος -ον	no lavado
ἀνιστημι	levantar, resucitar, levantarse, ponerse en pie
ἀνοητος -ον	insensato, necio, tonto
ἀνοια (ἡ) -ας	la insensatez, la necedad
ἀνοιγω	abrir
ἀνοικοδομεω	reedificar
ἀνοιξις (ἡ) -εως	el abrir
ἀνομια (ἡ) -ας	la falta de una ley, la infracción de la ley, la iniquidad, la maldad
ἀνομος -ον	sin ley, inicuo, fuera de la ley
ἀνομως	sin ley
ἀνονητος -ον	inútil
ἀνορθοω	volver a levantar, restaurar, reconstruir
ἀνοσιος -ον	impío
ἀνοχη (ἡ) -ης	la demora, la indulgencia, la prórroga
ἀνταγωνιζομαι	luchar contra
ἀνταλλαγμα (το) -ατος	el medio de canje o trueque

ἀνταναπληροω	actuar como suplente, completar
ἀνταποδιδωμι	restituir, pagar a alguien
ἀνταποδομα (το) -ατος	la recompensa, la retribución
ἀνταποδοσις (ἡ) -εως	la recompensa, la revancha, el pago
ἀνταποκρινομαι	responder, contestar
ἀντεχομαι	aferrarse a, cuidar de alguien
ἀντι	en lugar de, por, a favor de
ἀντιβαλλω	objetar, intercambiar
ἀντιδιατιθεμαι	oponerse
ἀντιδικος (ὁ) -ου	el adversario
ἀντιθεσις (ἡ) -εως	el argumento, la objeción, la contradicción
ἀντικαθιστημι	resistir
ἀντικαλεω	invitar a su vez
ἀντικειμαι	estar enemistado con alguien (*Sust.*: el adversario, el enemigo)
ἀντικρυς	frente a
ἀντιλαμβανομαι	cuidar de alguien, preocuparse por alguien, darse cuenta, esforzarse, dedicarse a, ayudar
ἀντιλεγω	contradecir, refutar, oponerse
ἀντιλημψις (ἡ) -εως	la ayuda
ἀντιλογια (ἡ) -ας	la contradicción, la disputa, la oposición
ἀντιλοιδορεω	responder insultando o maldiciendo
ἀντιλυτρον (το) -ου	el rescate
ἀντιμετρεω	medir, asignar
ἀντιμισθια (ἡ) -ας	la retribución, el pago, la revancha, la recompensa
ἀντιπαρερχομαι	pasar en dirección opuesta
ἀντιπερα	en el lado opuesto, frente a
ἀντιπιπτω	resistir, oponerse, ser un obstáculo
ἀντιστρατευομαι	ir a la guerra contra, arremeter contra, pelear contra
ἀντιτασσομαι	oponerse, resistir
ἀντιτυπος -ον	reflejadando la imagen del modelo (*Sust.*: la copia, la reproducción, el símbolo)
ἀντιχριστος (ὁ) -ου	el anticristo
ἀντλεω	sacar agua
ἀντλημα (το) -ατος	el balde (con que se saca agua)
ἀντοφθαλμεω	ver directamente, ver de frente, afrontar, poner proa, hacer frente
ἀνυδρος -ον	sin agua, seco
ἀνυποκριτος -ον	sin fingimiento, no fingido, sincero, genuino

ἀνυποτακτος -ον	no sujetado, insubordinado, rebelde
ἀνω	arriba, hacia arriba
ἀνωγαιον (το) -ου	un cuarto en el techo
ἀνωγεον (το) -ου	un cuarto en el techo
ἀνωθεν	de arriba, desde el principio, otra vez
ἀνωτερικος -η, -ον	superior, interior (*en cuanto a regiones*)
ἀνωτερον	más arriba, anteriormente
ἀνωφελης -ες	sin provecho, inútil, ineficiente, perjudicial
ἀξινη (ἡ) -ης	el hacha
ἀξιος -α, -ον	adecuado, apropiado, equivalente, digno
ἀξιοω	tener por digno, hacer digno, desear, creer conveniente, pedir
ἀξιως	como es digno, apropiadamente, congruentemente
ἀορατος -ον	invisible
ἀπαγγελλω	anunciar, contar, dar aviso, proclamar
ἀπαγχω	ahorcar
ἀπαγω	llevar consigo a la fuerza, conducir, llevar
ἀπαιδευτος -ον	ignorante, insensato, estúpido
ἀπαιρω	quitar
ἀπαιτεω	exigir la devolución, reclamar, exigir
ἀπαλγεω	llegar a ser apático, perder la sensibilidad
ἀπαλλασσω	librar (*voz pasiva*: lograr deshacerse, alejarse)
ἀπαλλοτριοω	enajenar (*voz pasiva*: estar apartado, ser ajeno)
ἁπαλος -η, -ον	tierno
ἀπανταω	ir/salir al encuentro
ἀπαντησις (ἡ) -εως	el encuentro
ἁπαξ	una vez
ἀπαραβατος -ον	inmutable, permanente
ἀπαρασκευαστος -ον	desprevenido, no preparado
ἀπαρνεομαι	negar
ἀπαρτι	desde ahora
ἀπαρτισμος (ὁ) -ου	la terminación
ἀπαρχη (ἡ) -ης	la primicia
ἁπας -ασα, -αν	todo
ἀπασπαζομαι	despedirse
ἀπαταω	engañar
ἀπατη (ἡ) -ης	el engaño
ἀπατωρ -ορος	sin padre
ἀπαυγασμα (το) -ατος	el reflejo, el resplandor
ἀπαφριζω	espumar

ἀπειθεια (ἡ) -ας	la desobediencia
ἀπειθεω	desobedecer
ἀπειθης -ες	desobediente
ἀπειθια	= ἀπειθεια
ἀπειλεω	amenazar
ἀπειλη (ἡ) -ης	la amenaza
ἀπειμι	estar ausente, estar lejos, ir
ἀπειπαμεθα	renunciamos (*Aor. Med, 1.pl*)
ἀπειραστος -ον	sin tentación
ἀπειρος -ον	inexperto, sin experiencia, infinito, sin fin
ἀπεκδεχομαι	esperar, aguardar
ἀπεκδυομαι	quitar, despojar, desarmar
ἀπεκδυσις (ἡ) -εως	el quitar, el despojo
ἀπελαυνω	echar fuera, expulsar
ἀπελεγμος (ὁ) -ου	el descrédito
ἀπελευθερος (ὁ) -ου	el liberto
ἀπελπιζω	esperar
ἀπεναντι	frente a, delante de, en contra de
ἀπεραντος -ον	infinito, interminable
ἀπερισπαστως	sin ser estorbado, sin distracción
ἀπεριτμητος -ον	incircunciso
ἀπερχομαι	irse, salir, difundirse, ir, seguir, pasar, faltar, apartarse
ἀπεχω	recibir, estar lejos (*voz media*: abstenerse)
ἀπιστεω	no creer, ser infiel
ἀπιστια (ἡ) -ας	la incredulidad, la infidelidad
ἀπιστος -ον	incrédulo, increíble, de poco crédito
ἁπλοτης (ἡ) -ητος	la sencillez, la integridad, la sinceridad
ἁπλους -η, -ουν	sencillo, sincero, íntegro
ἁπλως	sencillamente, desinteresadamente
ἀπο	de, desde, desde hace, a causa de, por, con, por medio de
ἀποβαινω	salir, desembarcar, resultar en
ἀποβαλλω	quitar, perder, botar, expulsar, arrojar, desechar
ἀποβλεπω	mirar hacia arriba, fijar los ojos en
ἀποβλητος -ον	desechado
ἀποβολη (ἡ) -ης	la reprobación, la pérdida
ἀπογινομαι	morir
ἀπογραφη (ἡ) -ης	el registro, el censo
ἀπογραφω	registrar, empadronar, inscribir
ἀποδεικνυμι	nombrar, designar, comprobar
ἀποδειξις (ἡ) -εως	la demostración, la prueba

ἀποδεκατευω	diezmar
ἀποδεκατοω	diezmar, cargar con el diezmo
ἀποδεκτος -ον	aceptable, agradable
ἀποδεχομαι	recibir amablemente, recibir, elogiar
ἀποδημεω	irse de viaje, irse lejos, ausentarse
ἀποδημος -ον	estando de viaje, estando lejos
ἀποδιδωμι	dar, pagar, cumplir, rendir cuenta, devolver, recompensar (*voz media*: vender)
ἀποδιοριζω	dividir, separar
ἀποδοκιμαζω	desechar, declarar inútil
ἀποδοχη (ἡ) -ης	el consentimiento, la aceptación
ἀποθεσις (ἡ) -εως	la deposición, el quitar
ἀποθηκη (ἡ) -ης	el granero, el depósito
ἀποθησαυριζω	acumular, juntar, recoger
ἀποθλιβω	apretar, oprimir, acosar
ἀποθνῃσκω	morir
ἀποκαθιστημι	restaurar, restituir, restablecer, devolver
ἀποκαλυπτω	revelar
ἀποκαλυψις (ἡ) -εως	la revelación
ἀποκαραδοκια (ἡ) -ας	la expectativa ansiosa, el anhelo profundo
ἀποκαταλλασσω	reconciliar
ἀποκαταστασις (ἡ) -εως	la restauración
ἀποκειμαι	tener guardado, estar preparado, estar reservado
ἀποκεφαλιζω	decapitar
ἀποκλειω	cerrar (con candado)
ἀποκοπτω	cortar, castrar
ἀποκριμα (το) -ατος	la respuesta oficial, el fallo, la notificación, la sentencia
ἀποκρινομαι	responder, contestar, continuar
ἀποκρισις (ἡ) -εως	la respuesta
ἀποκρυπτω	esconder, ocultar
ἀποκρυφος -ον	escondido, oculto
ἀποκτεινω	matar
ἀποκυεω	dar a luz, hacer nacer
ἀποκυλιω	hacer rodar, remover
ἀπολαλεω	hablar libremente
ἀπολαμβανω	recibir, recobrar, tomar aparte, acoger
ἀπολαυσις (ἡ) -εως	el placer, el goce, el deleite
ἀπολειπω	dejar (atrás), desistir de (*voz pasiva*: quedar)

ἀπολειχω	lamer
ἀπολλυμι	destruir, matar, perecer, perder (*voz media*: morir, perderse, deteriorarse)
ἀπολογεομαι	defenderse, disculparse
ἀπολογια (ἡ) -ας	la defensa, la disculpa, la respuesta
ἀπολουομαι	lavarse, ser lavado
ἀπολυτρωσις (ἡ) -εως	el rescate, la redención, la liberación
ἀπολυω	soltar, despedir, repudiar, poner en libertad, retirar, perdonar, indultar (*voz media*: irse)
ἀπομασσω	sacudir
ἀπομενω	quedar atrás
ἀπονεμω	dar, mostrar (respeto)
ἀπονιπτω	lavar
ἀποπιπτω	caer
ἀποπλαναω	engañar, descarriar, seducir, enajenar, desviar
ἀποπλεω	salir, zarpar, navegar
ἀποπλυνω	lavar
ἀποπνιγω	ahogar, estrangular (*voz pasiva*: ahogarse)
ἀπορεω	dudar, estar en apuro
ἀπορια (ἡ) -ας	la perplejidad, la angustia, el temor
ἀποριπτω	echar, echarse
ἀπορριπτω	echar, echarse
ἀπορφανιζω	hacer huérfano
ἀποσκευαζω	quitarse de encima, prepararse
ἀποσκιασμα (το) -ατος	el oscurecimiento
ἀποσπαω	sacar, arrastrar, desenvainar, (*voz pasiva*: separarse)
ἀποστασια (ἡ) -ας	la apostasía
ἀποστασιον (το) -ου	la carta de divorcio, el divorcio
ἀποστατης (ὁ) -ου	el apóstata
ἀποστεγαζω	destejar, destechar
ἀποστελλω	mandar, enviar
ἀποστερεω	robar, privar
ἀποστολη (ἡ) -ης	el apostolado
ἀποστολος (ὁ) -ου	el enviado, el apóstol, el mensajero
ἀποστοματιζω	preguntar, interrogar, sondear
ἀποστρεφω	apartar(se), quitar, devolver (*voz media-pasiva*: negar, apartarse, desechar, rechazar)
ἀποστυγεω	aborrecer, detestar
ἀποσυναγωγος -ον	expulsado de la sinagoga

ἀποτασσομαι	despedirse
ἀποτελεω	realizar, concluir (*voz pasiva*: llegar a la meta)
ἀποτιθεμαι	despojarse, quitarse, echar, desechar
ἀποτινασσω	sacudir
ἀποτινω	pagar daños, indemnizar
ἀποτολμαω	atreverse, osar
ἀποτομια (ἡ) -ας	la severidad
ἀποτομως	severamente, duramente
ἀποτρεπομαι	apartarse, detestar
ἀπουσια (ἡ) -ας	la ausencia
ἀποφερω	llevar, llevar a la fuerza, llevarse
ἀποφευγω	huir, escapar
ἀποφθεγγομαι	hablar directamente, explicar en voz alta
ἀποφορτιζομαι	descargar
ἀποχρησις (ἡ) -εως	el desgaste, el consumo
ἀποχωρεω	retroceder, marcharse, apartarse
ἀποχωριζω	separar (*voz pasiva*: separarse, partirse)
ἀποψυχω	desmayar, entregar el alma, desfallecer
ἀπροσιτος -ον	inaccesible
ἀπροσκοπος -ον	intachable, no causando escándalos, sin ofensa, irreprensible, no siendo tropiezo
ἀπροσωπολημπτως	imparcialmente, sin acepción de persona
ἀπταιστος -ον	no tropezando
ἁπτω	prender fuego, encender (*voz media*: tocar)
ἀπωθεομαι	apartar de un empujón, desechar, rechazar
ἀπωλεια (ἡ) -ας	la perdición, la ruina (total), la destrucción
ἀρα (ἡ) -ας	la maldición
ἀρα	así que, pues, de modo que, por tanto, entonces, luego, ¿acaso?
ἀραφος -ον	sin costura
ἀργεω	estar ocioso o inactivo, tardar
ἀργος -η, -ον	sin trabajo, ocioso, inútil, desocupado
ἀργυρεος -α, -ον	de plata
ἀργυριον (το) -ου	la plata, el dinero, la moneda de plata
ἀργυροκοπος (ὁ) -ου	el platero
ἀργυρος (ὁ) -ου	la plata, el dinero
ἀργυρους -α, -ουν	de plata
'Αρειος παγος (ὁ)	el Areópago
'Αρεοπαγιτης (ὁ) -ου	el Areopagita
ἀρεσκεια (ἡ) -ας	el agrado, el deseo de agradar

ἀρεσκω	agradar, complacer
ἀρεστος -η, -ον	agradable, grato, apropiado, adecuado
ἀρετη (ἡ) -ης	la buena conducta, la virtud, el poder divino, el elogio, la gloria
ἀρην (ὁ) ἀρνος	el cordero
ἀριθμεω	contar
ἀριθμος (ὁ) -ου	el número
ἀρισταω	comer, desayunar
ἀριστερος -α, -ον	a la izquierda, izquierdo, siniestro
ἀριστον (το) -ου	la comida, el desayuno, el almuerzo
ἀρκετος -η, -ον	suficiente, bastante
ἀρκεω	bastar, haber lo suficiente (*voz pasiva*: contentarse)
ἀρκος (ὁ, ἡ) -ου	el oso, la osa
ἀρκτος (ὁ, ἡ) -ου	el oso, la osa
ἁρμα (το) -ατος	el carro
ἁρμοζω	hacer juego con, adaptar, ajustar, desposar, juntar (*voz media*: dar en matrimonio)
ἁρμος (ὁ) -ου	la articulación, la coyuntura, la juntura
ἀρνεομαι	negar, renunciar, rechazar
ἀρνιον (το) -ου	el cordero, la oveja
ἀροτριαω	arar
ἀροτρον (το) -ου	el arado
ἁρπαγη (ἡ) -ης	el robo, el saqueo, la rapacidad, lo que se robó
ἁρπαγμος (ὁ) -ου	el robo, el botín
ἁρπαζω	llevar consigo a la fuerza, arrebatar, saquear
ἁρπαξ -αγος	rapaz, feroz (*Sust.*: el ladrón, el asaltante)
ἀρραβων (ὁ) -ωνος	las arras, la garantía
ἀρραφος -ον	sin costura
ἀρρην -ενος	masculino (*Sust.*: el varón)
ἀρρητος -ον	inefable
ἀρρωστεω	estar enfermo
ἀρρωστος -ον	enfermo, débil, sin fuerza
ἀρσενοκοιτης (ὁ) -ου	el homosexual (activo), el pederasta
ἀρσην -ενος	masculino (*Sust.*: el varón)
ἀρτεμων (ὁ) -ωνος	la vela de proa, el juanete, el trinquete
ἀρτι	en este instante, ahora, hace poco
ἀρτιγεννητος -ον	recién nacido
ἀρτιος -α, -ον	perfecto, cabal
ἀρτος (ὁ) -ου	el pan
ἀρτυω	sazonar
ἀρχαγγελος (ὁ) -ου	el arcángel

ἀρχαιος -α, -ον	antiguo, viejo, anciano, original
ἀρχη (ἡ) -ης	el principio, la punta, el inicio, el origen, las autoridades, el magistrado, los poderes angelicales, el principado, el poder
ἀρχηγος (ὁ) -ου	el príncipe, el autor, el fundador
ἀρχιερατικος -ον	pontifical, del sumo sacerdote
ἀρχιερευς (ὁ) -εως	el sumo sacerdote, el principal sacerdote
ἀρχιληστης (ὁ) -ου	el capitán de bandoleros
ἀρχιποιμην (ὁ) -ενος	el jefe de los pastores, el pastor supremo
ἀρχισυναγωγος (ὁ) -ου	el principal de la sinagoga
ἀρχιτεκτων (ὁ) -ονος	el arquitecto
ἀρχιτελωνης (ὁ) -ου	el jefe de los cobradores de impuesto
ἀρχιτρικλινος (ὁ) -ου	el responsable para una fiesta, el maestresala
ἀρχω	ser el primero, gobernar (*voz media*: comenzar)
ἀρχων (ὁ) -οντος	el principal, el príncipe, el gobernante, el magistrado
ἀρωμα (το) -ατος	la especia o aceite aromático
ἀσαλευτος -ον	inmóvil, inmovible, firme
ἀσβεστος -ον	inapagable, inextinguible
ἀσεβεια (ἡ) -ας	la impiedad
ἀσεβεω	vivir impíamente, actuar impíamente
ἀσεβης -ες	impío
ἀσελγεια (ἡ) -ας	el desenfreno, la suntuosidad, la orgía, el libertinaje
ἀσημος -ον	insignificante
ἀσθενεια (ἡ) -ας	la enfermedad, la debilidad
ἀσθενεω	ser/estar débil, estar enfermo, estar necesitado
ἀσθενημα (το) -ατος	la debilidad, la flaqueza
ἀσθενης -ες	débil, enfermo, frágil, delicado
ἀσιτια (ἡ) -ἀ	la falta de apetito
ἀσιτος -ον	en ayunas, sin comer
ἀσκεω	esforzarse, ejercer
ἀσκος (ὁ) -ου	el odre
ἀσμενως	con mucho gusto, con gozo
ἀσοφος -ον	necio, imprudente
ἀσπαζομαι	saludar, visitar brevemente
ἀσπασμος (ὁ) -ου	el saludo, la salutación
ἀσπιλος -ον	sin mancha, intachable, sin defecto
ἀσπις (ἡ) -ιδος	la serpiente venenosa, la víbora
ἀσπονδος -ον	irreconciliable, implacable
ἀσσαριον (το) -ου	el cuarto (valor de una moneda)

ἀσσον	más cerca de, muy cerca
ἀστατεω	ser inestable, ser errante, estar sin hogar, no tener morada fija
ἀστειος -α, -ον	agradable, bien formado, hermoso
ἀστηρ (ὁ) -ερος	la estrella
ἀστηρικτος -ον	inestable, débil, inconstante
ἀστοργος -ον	falto de amor, sin afecto natural
ἀστοχεω	errar el blanco, desviarse, extraviarse, renegar
ἀστραπη (ἡ) -ης	el relámpago, el fulgor
ἀστραπτω	fulgurar, resplandecer, brillar
ἀστρον (το) -ου	la estrella, la constelación estelar, el astro
ἀσυμφωνος -ον	inarmónico, en desacuerdo
ἀσυνετος -ον	insensato, sin entendimiento
ἀσυνθετος -ον	infiel, desleal
ἀσφαλεια (ἡ) -ας	la seguridad, la firmeza, la fiabilidad
ἀσφαλης -ες	firme, seguro, de confianza
ἀσφαλιζω	guardar, asegurar
ἀσφαλως	con seguridad
ἀσχημονεω	comportarse indecorosamente o indecentemente
ἀσχημοσυνη (ἡ) -ης	el hecho vergonzoso, las partes vergonzosas
ἀσχημων	indecoroso, indecente
ἀσωτια (ἡ) -ας	la vida desenfrenada, el libertinaje
ἀσωτως	suntuosamente, desordenadamente
ἀτακτεω	rehuir una obligación, ser perezoso
ἀτακτος -ον	desordenado, ocioso, desenfrenado
ἀτακτως	desordenadamente, ociosamente
ἀτεκνος -ον	sin hijos
ἀτενιζω	mirar fijamente, fijar los ojos en
ἀτερ	sin
ἀτιμαζω	deshonrar, tratar con desprecio, afrentar (*voz pasiva*: padecer afrenta)
ἀτιμαω	deshonrar, tratar con desprecio, insultar, injuriar, afrentar
ἀτιμια (ἡ) -ας	la deshonra, la vergüenza, el desprecio
ἀτιμος -ον	sin honra, despreciado, sin dignidad
ἀτιμοω	difamar, deshonrar, tratar con desprecio, injuriar, afrentar
ἀτμις (ἡ) -ιδος	el vapor
ἀτομος -ον	indivisible
ἀτοπος -ον	inusitado, extraordinario, malo, anormal
αὐγαζω	ver, resplandecer

αὐγη (ἡ) -ης	el alba, el amanecer
αὐθαδης -ες	soberbio, arbitrario, desconsiderado
αὐθαιρετος -ον	voluntario, con agrado
αὐθεντεω	ejercer domino, reinar, gobernar
αὐλεω	tocar la flauta
αὐλη (ἡ) -ης	el patio, el redil, la granja, el atrio, el palacio
αὐλητης (ὁ) -ου	el flautista
αὐλιζομαι	pasar la noche, permanecer
αὐλος (ὁ) -ου	la flauta
αὐξανω	crecer, aumentar, hacer crecer
αὐξησις (ἡ) -εως	el crecimiento, el aumento
αὐριον	mañana, día de mañana, poco después
αὐστηρος -α, -ον	severo
αὐταρκεια (ἡ) -ας	lo suficiente en cuanto a los medios de vida, la sobriedad, el contentamiento
αὐταρκης -ες	contento, sobrio, bastando en sí mismo
αὐτοκατακριτος -ον	condenado por sí mismo
αὐτοματος -η, -ον	por sí mismo, por sí solo
αὐτοπτης (ὁ) -ου	el testigo ocular
αὐτος, -η, -ο	Pronombre personal (*3.Sg.*)
αὐτοῦ	aquí
αὐτοῦ	Pronombre reflexivo (*3.Sg.*)
αὐτοφωρος	sorprendido in fraganti, cogido con las manos en la masa, sorprendido en el acto mismo
αὐτοχειρ -ρος	con las propias manos
αὐχεω	jactarse
αὐχμηρος -α, -ον	oscuro, árido
ἀφαιρεω	quitar, cortar
ἀφανης -ες	invisible, escondido
ἀφανιζω	desvanecerse, deformar, desfigurar, destruir, corromper, (*voz pasiva*: perecer, desaparecer)
ἀφανισμος (ὁ) -ου	la destrucción, la ruina, la desaparición
ἀφαντος -ον	invisible
ἀφεδρων (ὁ) -ωνος	la letrina
ἀφειδια (ἡ) -ας	la crueldad, la dureza, el trato duro
ἀφελοτης (ἡ) -ητος	la sencillez, la sinceridad
ἀφεσις (ἡ) -εως	la excarcelación, la cancelación, el perdón de pecado
ἁφη (ἡ) -ης	la coyuntura, el ligamento
ἀφθαρσια (ἡ) -ας	la incorrupción, la inmortalidad, la indestructibilidad
ἀφθαρτος -ον	incorruptible, inmortal, indestructible
ἀφθονια (ἡ) -ας	la buena voluntad

ἀφθορια (ἡ) -ας	la incorrupción, la integridad
ἀφιημι	despedir, entregar el alma, dar una voz, expulsar, repudiar, dejar, abandonar, perdonar, borrar
ἀφικνεομαι	llegar
ἀφιλαγαθος -ον	siendo el enemigo del bien
ἀφιλαργυρος -ον	no amando el dinero, desinteresado, abnegado
ἀφιξις (ἡ) -εως	la partida
ἀφιστημι	apartar, apartarse, quitar, ceder, dejar, separarse, incitar una rebelión, apostatar
ἀφνω	de pronto, sin demora
ἀφοβως	sin miedo, sin temor, sin respeto
ἀφομοιοω	asemejar(se) a, llegar a ser como
ἀφοραω	ver con confianza, tener el panorama claro
ἀφοριζω	apartar(se), separar, excluir, elegir, destinar
ἀφορμη (ἡ) -ης	la ocasión, la oportunidad, el pretexto
ἀφριζω	echar espuma (por la boca)
ἀφρος (ὁ) -ου	la espuma
ἀφροσυνη (ἡ) -ης	la insensatez, la locura
ἀφρων -ονος	insensato, tonto, necio
ἀφυπνοω	dormirse
ἀφυστερεω	retener, privar
ἀφωνος -ον	mudo, sin significado
ἀχαριστος -ον	desagradecido, ingrato
ἀχειροποιητος -ον	no hecho a mano/por mano
ἀχλυς (ἡ) -υος	la oscuridad
ἀχρειοομαι	hacerse inútil, corromperse
ἀχρειος -ον	inútil, indigno
ἀχρηστος -ον	inútil
ἀχρι	hasta, hasta que
ἀχυρον (το) -ου	las granzas, el tamo, la paja
ἀψευδης -ες	sin mentira
ἀψινθος (ἡ) -ου	el ajenjo
ἀψυχος -ον	inanimado, sin alma, sin vida

Β - β

βαθμος (ὁ) -ου	la grada, el grado, el puesto
βαθος (το) -ους	la profundidad
βαθυνω	ahondar, cavar profundamente
βαθυς -εια, -υ	hondo, profundo, temprano
βαϊον (το) -ου	la rama de una palmera
βαλλαντιον (το) -ου	la bolsa
βαλλω	echar, postrar, tender, derramar, dar, meter, sembrar, arrojar, lanzar, poner, imponer, derribar, traer, desencadenarse, depositar
βαπτιζω	sumergir, zambullir, lavar, bautizar
βαπτισμα (το) -ατος	el bautismo
βαπτισμος (ὁ) -ου	el lavamiento, la ablución
βαπτιστης (ὁ) -ου	el bautista
βαπτω	mojar
βαρβαρος -ον	extranjero, no griego, bárbaro
βαρεω	cargar, atribular, abrumar
βαρεως	gravemente, duro de oído
βαρος (το) -ους	la carga, el peso, la abundancia
βαρυνω	cargar
βαρυς -εια, -υ	pesado, grave, duro, importante, feroz, difícil
βαρυτιμος -ον	muy valioso, muy precioso, muy costoso
βασανιζω	torturar, atormentar, perturbar, agitar
βασανισμος (ὁ) -ου	la tortura, el tormento
βασανιστης (ὁ) -ου	el verdugo, el torturador, el carcelero
βασανος (ἡ) -ου	el tormento, la tortura, el dolor
βασιλεια (ἡ) -ας	el reino, el imperio
βασιλειος -ον	real, del rey
βασιλευς (ὁ) -εως	el rey
βασιλευω	reinar
βασιλικος -η, -ον	real, del rey
βασιλισκος (ὁ) -ου	el rey con menor influencia
βασιλισσα (ἡ) -ης	la reina
βασις (ἡ) -εως	el pie
βασκαινω	embrujar, hechizar, ser celoso, envidiar
βασταζω	cargar, aguantar, sobrellevar, soportar, sustentar, levantar, llevar, sustraer, tomar

βατος (ἡ) -ου	la zarza
βατος (ὁ) -ου	el barril
βατραχος (ὁ) -ου	la rana
βατταλογεω	parlotear, hablar cosas vanas
βδελυγμα (το) -ατος	la abominación, el horror, la atrocidad
βδελυκτος -η, -ον	horrible, abominable, detestable, atroz
βδελυσσομαι	detestar, aborrecer, odiar, ser abominable
βεβαιος -α, -ον	firme, duradero, válido, seguro, de confianza
βεβαιοω	confirmar, afirmar, verificar, fortalecer, cumplir
βεβαιωσις (ἡ) -εως	la confirmación, la afirmación, la consolidación
βεβηλος -ον	profano, impío, vil
βεβηλοω	profanar
βελονη (ἡ) -ης	la aguja
βελος (το) -ους	el dardo, la flecha
βελτιων -ον	mejor
βημα (το) -ατος	el tribunal, la tribuna, el paso
βηρυλλος (ἡ, ὁ) -ου	el berilo
βια (ἡ) -ας	la violencia, la fuerza
βιαζω	emplear la violencia, abusar (*voz media y pasiva*: esforzarse, sufrir violencia)
βιαιος -α, -ον	fuerte, recio, violento
βιαστης (ὁ) -ου	el violento, la persona impetuosa
βιβλαριδιον (το) -ου	el librito
βιβλιον (το) -ου	el libro, la carta, el documento
βιβλος (ἡ) -ου	el libro, el libro venerable
βιβρωσκω	comer, consumir
βιος (ὁ) -ου	la vida, el sustento, los bienes
βιοω	vivir
βιωσις (ἡ) -εως	el modo de vivir
βιωτικος -η, -ον	formando parte de la vida, de la vida
βλαβερος -α, -ον	dañino, nocivo
βλαπτω	dañar, hacer daño
βλαστανω	brotar, producir
βλασφημεω	calumniar, difamar, blasfemar
βλασφημια (ἡ) -ας	la blasfemia, la maledicencia, la difamación, la calumnia
βλασφημος -ον	blasfemo, maldiciente, calumnioso
βλεμμα (το) -ατος	la mirada, lo que se ve
βλεπω	ver, mirar, cuidar, darse cuenta, guardarse, tomar en cuenta, considerar
βλητεος -α, -ον	hay que llenar, hay que echar

βοαω gritar, clamar, dar voces
βοη (ἡ) -ης el grito, el clamor
βοηθεια (ἡ) -ας la ayuda, el socorro, el apoyo
βοηθεω ayudar, socorrer, apoyar
βοηθος -ον de ayuda (*Sust.*: el ayudador)
βοθυνος (ὁ) -ου el hoyo, la zanja, la fosa
βολη (ἡ) -ης el tiro
βολιζω echar la sonda
βολις (ἡ) -ιδος el proyectil
βορβορος (ὁ) -ου el lodo, el cieno, el excremento, el estiércol
βορρας (ὁ) -ᾶ el norte
βοσκω apacentar, pastorear (*voz media*: pacer, pastar)
βοτανη (ἡ) -ης la hierba, la planta, la verdura
βοτρυς (ὁ) -υος el racimo (de uvas)
βουλευομαι considerar, calcular, acordar, decidir
βουλευτης (ὁ) -ου el miembro del concilio, del sanedrín
βουλη (ἡ) -ης el acuerdo, la intención, la decisión, el plan
βουλημα (το) -ατος el intento, la voluntad, la intención, el deseo
βουλομαι querer, desear
βουνος (ὁ) -ου el collado, la colina
βους (ὁ, ἡ) βοος el buey (ὁ), la vaca (ἡ)
βραβειον (το) -ου el premio
βραβευω decidir, arbitrar, gobernar, dirigir
βραδυνω tardar, ser remolón, ser negligente
βραδυπλοεω navegar despacio, avanzar lentamente
βραδυς -εια, -υ lento, tardo
βραδυτης (ἡ) -ητος la lentitud, la indolencia, la negligencia
βραχιων (ὁ) -ονος el brazo
βραχυς -εια, -υ poco, corto, breve
βρεφος (το) -ους el embrión, el bebé, el niño
βρεχω llover, mojar, hacer llover
βροντη (ἡ) -ης el trueno
βροχη (ἡ) -ης la lluvia
βροχος (ὁ) -ου el lazo
βρυγμος (ὁ) -ου el castañeteo o el crujido (de los dientes)
βρυχω crujir, rechinar
βρυω brotar, fluir, manar
βρωμα (το) -ατος el alimento, la comida
βρωσιμος -ον comestible, de comer
βρωσις (ἡ) -εως la comida, el orín
βρωσκω comer, consumir

βυθιζω	hundir, hundirse
βυθος (ὁ) -ου	lo profundo
βυρσευς (ὁ) -εως	el curtidor
βυσσινος -η, -ον	de lino fino
βυσσος (ὁ) -ου	el lino fino
βωμος (ὁ) -ου	el altar

Γ - γ

γαγγραινα (ἡ) -ης	la gangrena
γαζα (ἡ) -ης	el tesoro, Gaza
γαζοφυλακειον (το) -ου	la cámara del tesoro, el arca de la ofrenda
γαλα (το) γαλακτος	la leche
γαληνη (ἡ) -ης	la bonanza, la calma
γαμεω	casarse
γαμιζω	casar, dar en casamiento
γαμισκω	casar, dar en casamiento
γαμος (ὁ) -ου	la boda, el matrimonio
γαρ	porque, pues, ya que, además
γαστηρ (ἡ) -τρος	el vientre, el glotón, el seno materno, la matriz
γε	partícula que hace resaltar la palabra a la cual está pegada (así que, de otra manera, luego, si no, sin embargo, a lo menos, pero, etc.)
γεεννα (ἡ) -ης	el infierno
γειτων (ὁ, ἡ) -ονος	el vecino, la vecina
γελαω	reír
γελως (ὁ) -ωτος	la risa
γεμιζω	llenar
γεμω	estar lleno
γενεα (ἡ) -ας	la generación, la edad, el tiempo, la época
γενεαλογεομαι	derivar la genealogía, descender de
γενεαλογια (ἡ) -ας	el árbol genealógico, la genealogía
γενεθλιος -ον	de nacimiento
γενεσια (τα) -ων	el cumpleaños, la fiesta del cumpleaños
γενεσις (ἡ) -εως	el origen, la existencia, el nacimiento, la creación, el proceso del llegar a existir
γενετη (ἡ) -ης	el nacimiento
γενημα (το) -ατος	el fruto, el producto
γενναω	engendrar, dar a luz (*voz pasiva*: nacer, producir)
γεννημα (το) -ατος	el fruto, el vástago, la cría, el descendiente
γεννησις (ἡ) -εως	el nacimiento
γεννητος -η, -ον	engendrado, nacido
γενος (το) -ους	la descendencia, la nación, el pueblo, la raza, la familia, el linaje, la clase, el género

γερουσια (ἡ) -ας el senado, el consejo de los ancianos
γερων (ὁ) -οντος el viejo, el anciano
γευομαι gustar, saborear, probar, conocer, experimentar
γεωργεω labrar, cultivar
γεωργιον (το) -ου la tierra laborable, el terreno cultivado
γεωργος (ὁ) -ου el viñador, el agricultor, el labrador
γη (ἡ) -ης la tierra, el terreno, el territorio
γηρας (το) -ους/-ως la vejez
γηρασκω envejecer, llegar a viejo
γινομαι llegar a ser, llegar a existir, acontecer, convertirse, cumplirse, hacerse, levantarse, salir, hacer, ser, estar, venir, nacer, llegar, ir
γινωσκω conocer, saber, entender, darse cuenta, reconocer
γλευκος (το) -ους el mosto
γλυκυς -εια, -υ dulce
γλωσσα (ἡ) -ης la lengua, el idioma
γλωσσοκομον (το) -ου el estuche, la funda, la bolsa de fondos
γναφευς (ὁ) -εως el batanero, la persona que lava ropa
γνησιος -α, -ον legal, legítimo, verdadero, sincero, íntegro
γνησιως sinceramente, íntegramente
γνοφος (ὁ) -ου la oscuridad
γνωμη (ἡ) -ης el modo de pensar, la convicción, la opinión, el consentimiento, el parecer, la decisión
γνωριζω manifestar, dar a conocer, anunciar, saber
γνωριμος -ον conocido con
γνωσις (ἡ) -εως el conocimiento, la ciencia
γνωστης (ὁ) -ου el conocedor
γνωστος -η, -ον conocido, notorio, notable
γογγυζω murmurar, gruñir, cuchichear, musitar, quejarse
γογγυσμος (ὁ) -ου el cuchicheo, la murmuración, el gruñido, la queja
γογγυστης (ὁ) -ου el murmurador, el que se queja
γοης (ὁ) -ητος el encantador, el engañador, el charlatán
γομος (ὁ) -ου el cargamento, la carga
γονευς (ὁ) -εως los padres
γονυ (το) -ατος la rodilla
γονυπετεω arrodillarse, pedir postrado
γραμμα (το) -ατος la letra, el documento, la carta, lo escrito, el pagaré, la cuenta, el recibo
γραμματευς (ὁ) -εως el secretario, el escriba

γραπτος -η, -ον	escrito
γραφη (ἡ) -ης	la escritura
γραφω	escribir, inscribir, redactar
γραωδης -ες	de viejas
γρηγορεω	velar, estar ojo alerta, vigilar
γυμναζω	robustecer, ejercitar, entrenar, acostumbrarse
γυμνασια (ἡ) -ας	el ejercicio
γυμνητευω	estar desnudo, mal vestido
γυμνιτευω	estar desnudo, mal vestido
γυμνος -η, -ον	desnudo, pobremente vestido, descubierto
γυμνοτης (ἡ) -ητος	la desnudez, la escasez
γυναικαριον (το) -ου	la mujerzuela, la mujercilla
γυναικειος -α, -ον	lo de la mujer, femenino
γυνη (ἡ) γυναικος	la mujer, la esposa
γωνια (ἡ) -ας	la esquina, el rincón, el ángulo

Δ - δ

δαιμονιζομαι	estar endemoniado, estar atormentado por demonios
δαιμονιον (το) -ου	el demonio
δαιμονιωδης -ες	de demonios, demoníaco
δαιμων (ὁ) -ονος	el demonio
δακνω	morder
δακρυον (το) -ου	la lágrima
δακρυω	llorar
δακτυλιος (ὁ) -ου	el anillo
δακτυλος (ὁ) -ου	el dedo
δαμαζω	domar, dominar, controlar
δαμαλις (ἡ) -εως	la becerra
δαν(ε)ιζω	prestar (*voz media*: pedir prestado)
δαν(ε)ιον (το) -ου	el préstamo
δαν(ε)ιστης (ὁ) -ου	el acreedor, el prestamista
δαπαναω	gastar, derrochar, dilapidar, pagar los gastos
δαπανη (ἡ) -ης	el gasto, el costo
δε	y, pero, más bien, ya que, sino, más, pues
δεησις (ἡ) -εως	el ruego, la súplica, la petición, la oración
δει	es necesario, se debe, es propio
δειγμα (το) -ατος	el ejemplo, la prueba
δειγματιζω	exponer, exponer al desprecio, exhibir
δεικνυμι	mostrar, indicar, probar, señalar, demostrar
δειλια (ἡ) -ας	la cobardía
δειλιαω	ser cobarde, tener miedo
δειλινος -η, -ον	por la tarde
δειλος -η, -ον	cobarde, desalentado, miedoso
δεινα (το, ὁ, ἡ)	un tal, cierto hombre
δεινος -η, -ον	terrible, horrible
δεινως	terriblemente, gravemente
δειπνεω	comer, cenar
δειπνοκλητωρ (ὁ) -ορος	el anfitrión
δειπνον (το) -ου	la comida principal, la cena, el banquete
δεισιδαιμονια (ἡ) -ης	la religión
δεισιδαιμων -ον	religioso

δεκα	diez
δεκαδυο	doce
δεκαοκτω	dieciocho
δεκαπεντε	quince
δεκατεσσαρες	catorce
δεκατη (ἡ) -ης	el diezmo, la décima parte
δεκατος -η, -ον	décimo
δεκατοω	cobrar el diezmo (*voz pasiva*: pagar el diezmo)
δεκτος -η, -ον	agradable, acepto, favorable
δελεαζω	echar cebo, atraer, seducir
δενδρον (το) -ου	el árbol
δεξιολαβος (ὁ) -ου	el lancero (un tipo de soldado)
δεξιος -α, -ον	derecho, a la derecha, (*Sust.*: la derecha, la diestra)
δεομαι	rogar, pedir, orar, suplicar
δεος (το) -ους	la reverencia
δερμα (το) -ατος	la piel
δερματινος -η, -ον	de cuero
δερρις (ἡ) -εως	el pellejo, el manto de cuero
δερω	golpear, azotar, pegar
δεσμευω	atar, amarrar
δεσμεω	atar, amarrar
δεσμη (ἡ) -ης	el haz, el manojo
δεσμιος (ὁ) -ου	el preso, el prisionero
δεσμος (ὁ) -ου	la cadena, los grillos, la atadura, la prisión
δεσμοφυλαξ (ὁ) -ακος	el carcelero
δεσμωτηριον (το) -ου	la cárcel
δεσμωτης (ὁ) -ου	el preso, el prisionero
δεσποτης (ὁ) -ου	el amo, el dueño, el señor, el maestro
δευρο	por acá, ven
δευτε	por acá, venid
δευτεραιος -α, -ον	al segundo día, en dos días
δευτεροπρωτος -ον	el que sigue después del próximo
δευτερος -α, -ον	segundo
δεχομαι	recibir, tomar, aceptar, acoger
δεω	atar, encadenar, amarrar
δη	verdaderamente, ciertamente, pues, ahora
δηλος -η, -ον	manifiesto, evidente, obvio
δηλοω	dar a conocer, declarar, dar a entender
δημηγορεω	arengar, dirigir un discurso

δημιουργος (ὁ) -ου	el constructor, el artesano
δημος (ὁ) -ου	la multitud, la gente, la asamblea pública
δημοσιος -α, -ον	público, públicamente
δηναριον (το) -ου	el denario
δηποτε	cualquier
δηπου	seguramente, en verdad
δια	con genitivo: por, por medio de, a través de con acusativo: por causa de, por
διαβαινω	pasar, cruzar, atravesar
διαβαλλω	acusar
διαβεβαιοομαι	afirmar, testificar, asegurar, insistir
διαβλεπω	mirar fijamente, ver claramente
διαβολος -ον	calumnioso, difamatorio (*Sust.*: el calumniador, el diablo)
διαγγελλω	anunciar, proclamar
διαγινομαι	pasar
διαγινωσκω	indagar, investigar, examinar, decidir
διαγνωριζω	informar detalladamente y cuidadosamente
διαγνωσις (ἡ) -εως	la decisión, la comprensión, el discernimiento
διαγογγυζω	murmurar con algarabía, hablar con un confuso de voces
διαγρηγορεω	despertarse completamente, permanecer despierto
διαγω	vivir, pasar la vida
διαδεχομαι	recibir de un dueño anterior
διαδημα (το) -ατος	la diadema, la corona
διαδιδωμι	repartir, distribuir
διαδοχος (ὁ) -ου	el sucesor
διαζώννυμι	ceñirse, ponerse
διαθηκη (ἡ) -ης	el testamento, la declaración de voluntad, el pacto
διαιρεσις (ἡ) -εως	la distribución, la asignación, la diversidad
διαιρεω	repartir, distribuir, asignar
διακαθαιρω	limpiar
διακαθαριζω	limpiar
διακατελεγχομαι	refutar totalmente
διακελευω	mandar, ordenar
διακονεω	servir la mesa, servir, ayudar, ministrar, atender
διακονια (ἡ) -ας	el servicio, el apoyo, el ministerio
διακονος (ὁ, ἡ) -ου	el servidor, el diácono, la servidora, la diaconisa
διακοσιοι -αι, -α	doscientos
διακουω	interrogar

διακρινω	hacer distinción, juzgar, luchar, disputar, pelear, dudar, reñir consigo mismo, discernir, evaluar
διακρισις (ἡ) -εως	la distinción, el discernimiento, la disputa
διακωλυω	impedir, oponerse enérgicamente
διαλαλεω	discutir, debatir, comentar
διαλεγομαι	disputar, disertar, discutir, debatir, hablar
διαλειπω	cesar, dejar de
διαλεκτος (ἡ) -ου	la lengua, el idioma
διαλιμπανω	derramar ininterrumpidamente lágrimas
διαλλασσομαι	reconciliarse
διαλογιζομαι	considerar, pensar, razonar, conversar, reflexionar
διαλογισμος (ὁ) -ου	la consideración, el pensamiento, el reparo, la opinión, el razonamiento, la duda
διαλυω	dispersar, disolver, esparcir
διαμαρτυρομαι	suplicar, implorar, testificar
διαμαχομαι	contender, protestar enérgicamente
διαμενω	permanecer, quedar, continuar
διαμεριζω	dividir, repartir
διαμερισμος (ὁ) -ου	la disensión, la división
διανεμω	divulgar, repartir
διανευω	hacer señas
διανοημα (το) -ατος	el pensamiento
διανοια (ἡ) -ας	la mentalidad, el modo de pensar, el intelecto, la mente, el entendimiento, el pensamiento
διανοιγω	abrir, exponer, explicar
διανυκτερευω	pasar la noche
διανυω	completar, terminar, llegar a
διαπαντος	siempre, continuamente
διαπαρατριβη (ἡ) -ης	la disputa constante
διαπεραω	pasar, cruzar, atravesar
διαπλεω	surcar los mares, atravesar el mar
διαπονεομαι	estar indignado, enojado, irritado, molesto
διαπορευομαι	pasar por
διαπορεω	estar en apuro, estar perplejo
διαπραγματευομαι	ganar, hacer negocio
διαπριομαι	cortar con la sierra, enfurecerse
διαρθροω	dar la capacidad para articular
διαρπαζω	saquear, robar
δια(ρ)ρηγνυμι	rasgar, romper
διασαφεω	explicar, contar a alguien

διασειω	maltratar para extorsionar dinero, sacar dinero a la fuerza
διασκορπιζω	esparcir, dispersar, derrochar, malgastar
διασπαω	despedazar, destrozar, hacer pedazos
διασπειρω	esparcir
διασπορα (ἡ) -ας	la dispersión
διαστελλομαι	mandar, ordenar
διαστημα (το) -ατος	el lapso, el espacio, el intervalo
διαστολη (ἡ) -ης	la diferencia, la distinción
διαστρεφω	trastornar, tergiversar, torcer, pervertir, apartar
διασῳζω	salvar, rescatar
διαταγη (ἡ) -ης	la disposición, el mandato, la instrucción
διαταγμα (το) -ατος	el mandato, el decreto
διαταρασσω	confundir, desconcertar, turbar
διατασσω	mandar, ordenar, dar instrucciones, disponer
διατελεω	permanecer, perseverar, continuar, seguir
διατηρεω	guardar
διατι	¿por qué?
διατιθεμαι	disponer, asignar, legar, conferir
διατριβω	quedar
διατροφη (ἡ) -ης	el sustento, el alimento
διαυγαζω	traslucirse, lucir a través, amanecer
διαυγης -ες	transparente
διαφανης -ες	transparente
διαφερω	llevar a través, difundir, diferir, valer más, no importar
διαφευγω	fugarse, escapar
διαφημιζω	divulgar
διαφθειρω	destruir, aniquilar (*voz pasiva*: deteriorarse)
διαφθορα (ἡ) -ας	la destrucción, la putrefacción
διαφορος -ον	diferente, excelente
διαφυλασσω	guardar, cuidar, proteger
διαχειριζομαι	matar, poner a alguien la mano encima
διαχλευαζω	burlarse, mofarse
διαχωριζω	separar (*voz pasiva*: separarse)
διγαμια (ἡ) -ας	el segundo matrimonio
διγαμος -ον	casado dos veces, casado la segunda vez
διδακτικος -η, -ον	apto para enseñar
διδακτος -η, -ον	enseñado, erudito, impartido
διδασκαλια (ἡ) -ας	la enseñanza, la doctrina
διδασκαλος (ὁ) -ου	el maestro

διδασκω	enseñar
διδαχη (ἡ) -ης	la enseñanza, la doctrina
διδραχμον (το) -ου	la dracma doble, dos dracmas
διδωμι	dar, conceder, entregar, devolver, pagar
διεγειρω	despertar(se)
διενθυμεομαι	reflexionar, meditar
διεξερχομαι	salir
διεξοδος (ἡ) -ου	la salida, el cruce de calles
διερμηνεια (ἡ) -ας	la interpretación, la traducción, la explicación
διερμηνευτης (ὁ) -ου	el intérprete, el traductor
διερμηνευω	traducir, interpretar, explicar
διερχομαι	pasar, traspasar, atravesar, recorrer, cruzar, extenderse, dispersarse
διερωταω	preguntar, orientarse preguntando
διετης -ες	(de) dos años
διετια (ἡ) -ας	el período de dos años
διηγεομαι	contar, relatar
διηγησις (ἡ) -εως	la historia, la narración, el relato
διηνεκης -ες	permanente, ininterrumpido, para siempre
διθαλασσος -ον	siendo un banco de arena puesto delante de la playa (*Sust.*: el banco de arena)
διϊκνεομαι	penetrar
διϊστημι	separar(se), alejarse, transcurrir, pasar, seguir flotando o navegando
διϊστορεω	visitar
διϊσχυριζομαι	afirmar categóricamente, insistir
δικαζω	juzgar
δικαιοκρισια (ἡ) -ας	el juicio justo
δικαιος -α, -ον	justo, recto, íntegro, propio, apropiado
δικαιοσυνη (ἡ) -ης	la justicia, la justificación, la integridad, la rectitud
δικαιοω	justificar, hacer justicia, practicar la justicia, hacer acepto, declarar justo
δικαιωμα (το) -ατος	el mandato, la acción de justicia, la exigencia de la ley, la ordenanza
δικαιως	justamente, debidamente, rectamente
δικαιωσις (ἡ) -εως	la justificación
δικαστης (ὁ) -ου	el juez
δικη (ἡ) -ης	el castigo, la justicia divina
δικτυον (το) -ου	la red (de pesca)
διλογος -ον	doble en palabras, hipócrita

διο	por tanto, por eso, por lo cual
διοδευω	pasar por, andar de un lugar a otro, viajar
διοπερ	por tanto, por lo cual
διοπετης -ες	caído del cielo
διορθωμα (το) -ατος	la reforma, la mejora
διορθωσις (ἡ) -εως	el orden correcto
διορυσσω	perforar la pared, escalar
διοτι	porque, por tanto, por eso, por lo cual
διπλους -η, -ουν	doble, dos veces (más)
διπλοω	duplicar, hacer algo dos veces
δις	dos veces
δισμυριας (ἡ) -αδος	20,000
δισταζω	dudar, desconfiar
διστομος -ον	de dos filos
δισχιλιοι -αι, -α	dos mil
διϋλιζω	colar, filtrar
διχαζω	desunirse, enemistarse
διχοστασια (ἡ) -ας	la discordia, la desavenencia, la disensión
διχοτομεω	cortar en dos, cortar en cuatro partes
διψαω	tener sed
διψος (το) -ους	la sed
διψυχος -ον	de dos almas, indeciso
διωγμος (ὁ) -ου	la persecución
διωκτης (ὁ) -ου	el perseguidor
διωκω	perseguir, seguir, correr detrás, procurar
δογμα (το) -ατος	el edicto, el decreto, la ordenanza
δογματιζω	decretar preceptos (*voz pasiva*: someterse a preceptos, obedecer decretos)
δοκεω	pensar, parecer, tener por, tener reputación de
δοκιμαζω	examinar, probar, comprobar, interpretar, aprobar, poner a prueba
δοκιμασια (ἡ) -ας	la prueba, el examen
δοκιμη (ἡ) -ης	la probación, la confirmación, el carácter aprobado
δοκιμιον (το) -ου	el medio de prueba, la autenticidad
δοκιμιος -ον	genuino, depurado, puro
δοκιμος -ον	aprobado, auténtico, reprobado, genuino
δοκος (ἡ) -ου	la viga
δολιος -α, -ον	pérfido, fraudulento
δολιοω	engañar, defraudar
δολος (ὁ) -ου	el engaño, la traición
δολοω	adulterar, falsificar

δομα (το) -ατος	la buena dádiva, el don, el obsequio agradable
δοξα (ἡ) -ης	la gloria, el resplandor, la grandeza, el honor, el esplendor, la honra, la magnificencia
δοξαζω	alabar, glorificar, honrar, exaltar, enaltecer
δοσις (ἡ) -εως	la dádiva, el obsequio, el dar
δοτης (ἡ) -ου	el dador
δουλαγωγεω	esclavizar, llevar a la esclavitud
δουλεια (ἡ) -ας	la esclavitud
δουλευω	ser esclavo, servir
δουλη (ἡ) -ης	la esclava, la sierva
δουλος -η, -ον	sometido, a servicio
δουλος (ὁ) -ου	el esclavo, el siervo
δουλοω	esclavizar, hacer esclavo (*voz pasiva*: ser esclavo)
δοχη (ἡ) -ης	el banquete, la fiesta
δρακων (ὁ) -οντος	el dragón
δρασσομαι	prender, atrapar
δραχμη (ἡ) -ης	la dracma
δρεπανον (το) -ου	la hoz
δρομος (ὁ) -ου	la carrera
δυναμαι	poder, ser capaz
δυναμις (ἡ) -εως	el poder, la fuerza, el milagro, el valor, la capacidad, la potencia, la potestad
δυναμοω	fortalecer, sacar fuerzas
δυναστης (ὁ) -ου	el soberano, el gobernante, el funcionario
δυνατεω	ser poderoso, ser fuerte
δυνατος -η, -ον	fuerte, poderoso, capaz, posible
δυνω	ponerse (el sol)
δυο	dos
δυσβαστακτος -ον	difícil de llevar
δυσεντεριον (το) -ου	la disentería, la diarrea
δυσερμηνευτος -ον	difícil de explicar
δυσις (ἡ) -εως	el oeste
δυσκολος -ον	difícil
δυσκολως	difícilmente
δυσμη (ἡ) -ης	el occidente, el oeste
δυσνοητος -ον	difícil de entender
δυσφημεω	difamar, calumniar, hablar mal de alguien
δυσφημια (ἡ) -ας	la difamación, la calumnia
δυω	= δυνω
δωδεκα	doce
δωδεκατος -η, -ον	duodécimo

δωδεκαφυλον (το) -ου	el reino de las 12 tribus, las 12 tribus
δωμα (το) -ατος	la azotea
δωρεα (ἡ) -ας	el don, el regalo
δωρεαν	gratuitamente, sin merecerlo, sin causa, en vano
δωρεομαι	regalar, dar, otorgar
δωρημα (το) -ατος	el don, el regalo
δωρον (το) -ου	el regalo, la ofrenda, el presente
δωροφορια (ἡ) -ας	la acción de llevar una ayuda u ofrenda

Ε - ε

ἐα	Ah! Ay! (exclamación, de indignación, enojo)
ἐαν	si
ἐανπερ	con tal que, si, con sólo
ἑαυτου -ης, -ου	sí mismo
ἐαω	dejar, permitir, conceder
ἑβδομηκοντα	setenta
ἑβδομηκοντακις	setenta veces
ἑβδομος -η, -ον	séptimo
ἑβραϊκος	hebreo
ἐγγιζω	acercarse, aproximarse
ἐγγραφω	inscribir, anotar, grabar
ἐγγυος -ον	dando garantía por (*Sust.*: el garante, el fiador)
ἐγγυς	cerca
ἐγειρω	despertar, levantar, despertarse, levantarse, resucitar
ἐγερσις (ἡ) -εως	la resurrección
ἐγκαθετος -ον	contratado para acechar (*Sust.*: el espía)
ἐγκαινια (τα) -ων	la fiesta de la dedicación
ἐγκαινιζω	hacer nuevo, inaugurar, consagrar, dedicar
ἐγκακεω	cansarse, llegar a ser perezoso, desanimarse
ἐγκαλεω	acusar
ἐγκαταλειπω	dejar, desamparar, abandonar
ἐγκατοικεω	morar, vivir
ἐγκαυχαομαι	gloriarse, jactarse, sentirse orgulloso
ἐγκεντριζω	injertar
ἐγκλειω	encerrar
ἐγκλημα (το) -ατος	la acusación
ἐγκομβοομαι	vestirse, revestirse
ἐγκοπη (ἡ) -ης	el obstáculo, el impedimento
ἐγκοπτω	impedir, estorbar, obstaculizar, cansar
ἐγκρατεια (ἡ) -ας	el dominio propio
ἐγκρατευομαι	abstenerse, contenerse
ἐγκρατης -ες	lleno de dominio propio, abstinente, continente
ἐγκρινω	contarse entre, contar entre
ἐγκρυπτω	esconder, meter en
ἐγκυος -ον	encinta
ἐγχριω	untar, engrasar

ἐγω	yo
ἐδαφιζω	arrasar, no dejar piedra sobre piedra, destruir totalmente
ἐδαφος (το) -ους	el suelo
ἑδραιος -α, -ον	firme, constante
ἑδραιωμα (το) -ατος	el fundamento
ἐθελοθρησκια (ἡ) -ας	el culto hecho en casa, el culto de creación propia, la religiosidad hecha en casa
ἐθιζω	acostumbrar, habituar
ἐθναρχης (ὁ) -ου	el gobernador (de una provincia)
ἐθνικος -η, -ον	pagano, gentil
ἐθνικως	paganamente, como los gentiles
ἐθνος (το) -ους	la nación, el pueblo (*Pl.*: los gentiles, no-judíos)
ἐθος (το) -ους	la costumbre, el uso, la práctica
εἰ	si, que, ya que
εἰδεα (ἡ) -ας	la apariencia, el aspecto físico
εἰδος (το) -ους	la apariencia, la forma, el aspecto físico, el ver, la clase, la especie
εἰδωλειον (το) -ου	el templo de ídolos
εἰδωλοθυτος -ον	sacrificado a los ídolos
εἰδωλολατρης (ὁ) -ου	el idólatra, el adorador de imágenes
εἰδωλολατρια (ἡ) -ας	la idolatría, el culto a imágenes
εἰδωλον (το) -ου	el ídolo, la imagen
εἰκῃ	sin causa, en vano, inútil, aturdido, sin haberlo pensado
εἰκοσι	veinte
εἰκω	ceder
εἰκων (ἡ) -ονος	la imagen, la apariencia, la forma
εἰλικρινεια (ἡ) -ας	la sinceridad
εἰλικρινης -ες	sincero, puro, limpio
εἰλισσω	envolver, enrollar
εἰμι	ser, estar
εἰ μη	sino, de otra manera, a menos que
εἰ μην	verdaderamente
εἰνεκεν	por causa de
εἰ ου	sino
εἰπερ	aunque, tan cierto, puesto que
εἰρηνευω	vivir en paz, tener paz
εἰρηνη (ἡ) -ης	la paz

εἰρηνικος -η, -ον	apacible, pacífico
εἰρηνοποιεω	meter paz, establecer paz
εἰρηνοποιος -ον	estableciendo paz (*Sust.*: el pacificador)
εἷς, μια, ἑν	uno, una
εἰς	hacia, a, hasta, en, para, sobre, entre
εἰσαγω	introducir, meter, llevar adentro, conducir adentro
εἰσακουω	ser atendido, escuchar a alguien, hacer caso
εἰσδεχομαι	recibir, acoger, aceptar
εἰσειμι	entrar
εἰσερχομαι	entrar, llegar
εἰσκαλεομαι	llamar para que entre, invitar
εἰσοδος (ἡ) -ου	la entrada, el entrar
εἰσπηδαω	lanzarse adentro, entrar corriendo
εἰσπορευομαι	entrar, venir, acudir a
εἰστρεχω	correr hacia adentro
εἰσφερω	llevar adentro, meter, traer adentro, introducir
εἰτα	luego, después, entonces, además, por otra parte
εἰτε -εἰτε	sea - sea, o sea - o sea, o - o, si, si - o, ya
εἰτεν	= εἰτα
εἰ τις	si alguno, cualquiera que
εἰωθα	soler, acostumbrar
ἐκ	de, desde, de entre, de parte, en base de, por causa de, conforme a
ἑκαστος -η, -ον	cada uno
ἑκαστοτε	en todo momento, siempre
ἑκατον	cien
ἑκατονταετης -ες	(de) cien años
ἑκατονταπλασιων -ον	cien veces (más)
ἑκατονταρχης (ὁ) -ου	el centurión
ἐκβαινω	salir
ἐκβαλλω	echar fuera, sacar, expulsar, excluir, despedir
ἐκβασις (ἡ) -εως	la salida, el fin, el resultado
ἐκβλαστανω	brotar, germinar
ἐκβολη (ἡ) -ης	el aligeramiento, la acción de descargar
ἐκγαμιζω	dar en casamiento
ἐκγαμισκω	dar en casamiento
ἐκγονον (το) -ου	el nieto, el descendiente
ἐκδαπαναω	gastar, agotar (*voz pasiva*: gastarse, agotarse)
ἐκδεχομαι	esperar, aguardar

ἐκδηλος -ον	manifiesto, obvio
ἐκδημεω	estar en tierra extraña, expatriarse, estar lejos, estar ausente
ἐκδιδομαι	arrendar, alquilar
ἐκδιηγεομαι	contar, relatar
ἐκδικεω	hacer justicia, vengar, castigar
ἐκδικησις (ἡ) -εως	la venganza, el castigo, la justicia
ἐκδικος -ον	vengando (*Sust.*: el vengador)
ἐκδιωκω	perseguir vehementemente
ἐκδοτος -ον	entregado
ἐκδοχη (ἡ) -ης	la expectativa, la expectación
ἐκδυω	desnudar, quitar la ropa, despojar
ἐκει	allá, allí
ἐκειθεν	de allí, de aquel lugar
ἐκεινος -η, -ο	aquel (*en Lc 19.4 significa allí*)
ἐκεισε	allí, allá
ἐκζητεω	buscar, inquirir, indagar, demandar, reclamar
ἐκζητησις (ἡ) -εως	la cavilación, la disputa, la discusión
ἐκθαμβεομαι	asombrarse, espantarse, asustarse
ἐκθαμβος -ον	atónito, asustado, asombrado
ἐκθαυμαζω	maravillarse mucho, admirarse
ἐκθετος -ον	expuesto, abandonado
ἐκκαθαιρω	limpiar, barrer, purificar
ἐκκαιομαι	encender, atizar, prender fuego, arder
ἐκκακεω	perder el ánimo, desanimarse
ἐκκεντεω	traspasar, herir
ἐκκλαω	desgajar, cortar
ἐκκλειω	excluir, apartar, alejar
ἐκκλησια (ἡ) -ας	la asamblea, la iglesia, la congregación
ἐκκλινω	apartarse, desviarse, hacerse a un lado
ἐκκολυμβανω	fugarse nadando
ἐκκομιζω	llevar (un cadáver)
ἐκκοπη (ἡ) -ης	el obstáculo
ἐκκοπτω	cortar, quitar
ἐκκρεμαμαι	colgar, estar pendiente de
ἐκλαλεω	divulgar, propalar, contar
ἐκλαμπω	resplandecer, brillar
ἐκλανθανομαι	olvidar
ἐκλεγομαι	escoger, elegir
ἐκλειπω	extinguirse, terminar, acabar
ἐκλεκτος -η, -ον	escogido, elegido

ἐκλογη (ἡ) -ης	la elección, la selección
ἐκλυομαι	debilitarse, flaquear, cansarse, fatigarse, desanimarse
ἐκμασσω	enjugar, secar
ἐκμυκτηριζω	burlarse, mirar con desprecio
ἐκνευω	apartarse, alejarse
ἐκνηφω	desembriagarse, desengañarse, despejar la cabeza
ἑκουσιος -α, -ον	voluntario
ἑκουσιως	voluntariamente, deliberadamente
ἐκπαλαι	hace largo tiempo, largo tiempo atrás
ἐκπειραζω	probar, someter a prueba, tentar
ἐκπεμπω	enviar, hacer salir
ἐκπερισσου	en mucha estima
ἐκπερισσως	enfáticamente, exageradamente, una y otra vez
ἐκπεταννυμι	extender
ἐκπηδαω	lanzarse, levantarse de pronto, salir apresuradamente
ἐκπιπτω	caer, encallar, perder, fallar
ἐκπλεω	navegar, partir navegando, embarcarse
ἐκπληροω	cumplir
ἐκπληρωσις (ἡ) -εως	el cumplimiento, el fin
ἐκπλησσομαι	asustarse, estar aturdido, admirarse, maravillarse
ἐκπνεω	expirar, morir
ἐκπορευομαι	salir, marcharse, proceder, ir, venir
ἐκπορνευω	vivir en forma libertina o viciosa, vivir inmoralmente
ἐκπτυω	escupir (como señal de rechazo, desprecio)
ἐκριζοω	arrancar, desarraigar
ἐκστασις (ἡ) -εως	el estado fuera de sí (de miedo, de asombro, de perplejidad), la éxtasis, el arrobamiento
ἐκστρεφομαι	tergiversar, torcer, pervertirse
ἐκσῳζω	traer a salvo, salvar
ἐκταρασσω	incitar, alborotar, armar líos
ἐκτεινω	extender, tender
ἐκτελεω	acabar, terminar
ἐκτενεια (ἡ) -ας	la insistencia, la persistencia, la constancia
ἐκτενης -ες	constante, perseverante, ferviente, intenso
ἐκτενως	sin cesar, constantemente, insistentemente
ἐκτιθεμαι	exponer, discutir, explicar, ser abandonado o expuesto
ἐκτινασσω	sacudir
ἑκτος -η, -ον	sexto
ἐκτος	fuera de, exterior, a no ser que, a menos que, sino, aparte de
ἐκτρεπομαι	apartarse, desviarse, evitar

ἐκτρεφω	criar, sustentar, cuidar, alimentar
ἐκτρομος -ον	temblando, tembloroso
ἐκτρωμα (το) -ατος	el aborto
ἐκφερω	sacar, llevar afuera, mandar afuera, producir
ἐκφευγω	escapar, huir
ἐκφοβεω	intimidar, amedrentar, asustar, atemorizar
ἐκφοβος -ον	espantado, asustado
ἐκφυω	brotar, producir
ἐκφωνεω	gritar
ἐκχεω	derramar, verter (*voz pasiva*: entregarse)
ἐκχυν(ν)ω	derramar
ἐκχωρεω	irse, emigrar, salir, emigrar
ἐκψυχω	expirar, morir
ἑκων -ουσα, -ον	voluntario, de buena voluntad
ἐλαια (ἡ) -ας	el olivo, la aceituna
ἐλαιον (το) -ου	el aceite (de oliva)
ἐλαιων (ὁ) -ωνος	el olivar
ἐλασσων -ον	menor, inferior, menos
ἐλαττονεω	carecer, tener menos
ἐλαττοω	hacer menor o inferior (*voz pasiva*: disminuir, reducir)
ἐλαυνω	empujar, impeler, remar, llevar
ἐλαφρια (ἡ) -ας	la ligereza, el titubeo
ἐλαφρος -α, -ον	ligero, leve
ἐλαχιστος -η, -ον	el más pequeño, muy poco, muy pequeño, menos importante
ἐλεαω	practicar misericordia, ser misericordioso, tener compasión
ἐλεγμος (ὁ) -ου	la reprensión, el castigo, la prueba de la culpabilidad
ἐλεγξις (ἡ) -εως	la reprensión, la prueba de la culpabilidad
ἐλεγχος (ὁ) -ου	la prueba, la comprobación, la reprensión, la convicción, la certeza
ἐλεγχω	sacar a la luz, convencer, reprender, probar la culpabilidad, declarar culpable
ἐλεεινος -η, -ον	digno de compasión o lástima
ἐλεεω	tener misericordia, practicar misericordia (*voz pasiva*: alcanzar misericordia)
ἐλεημοσυνη (ἡ) -ης	la limosna
ἐλεημων -ον	misericordioso, compasivo
ἐλεος (το) -ους	la misericordia, la compasión
ἐλευθερια (ἡ) -ας	la libertad

ἐλευθερος -α, -ον	libre
ἐλευθεροω	librar, libertar, hacer libre
ἐλευσις (ἡ) -εως	la venida, la llegada
ἐλεφαντινος -η, -ον	de marfil
ἑλιγμα (το) -ατος	lo compuesto, lo enrollado, el paquete
ἑλισσω	envolver, enrollar
ἑλκος (το) -ους	la úlcera, la llaga
ἑλκοω	causar úlcera (*voz pasiva*: estar lleno de úlceras, estar cubierto de llagas)
ἑλκω	arrastrar, sacar, llevar
Ἑλλην (ὁ) -ηνος	el griego, el gentil, el no-judío
Ἑλληνιστης (ὁ) -ου	el helenista
ἐλλογεω	poner a la cuenta, cargar en
ἐλπιζω	esperar
ἐλπις (ἡ) -ιδος	la esperanza
ἐλωϊ	*hebr.* "eloí" (Dios mío)
ἐμαυτου -ης	mi mismo
ἐμβαινω	entrar, embarcarse
ἐμβαλλω	echar adentro
ἐμβαπτιζω	zambullir, sumergir, meter, mojar
ἐμβαπτω	zambullir, sumergir, meter, mojar
ἐμβατευω	entrar, acercarse, meterse, hacer caso
ἐμβιβαζω	embarcar, hacer subir a bordo
ἐμβλεπω	mirar, poner la mirada en, ver
ἐμβριμαομαι	encolerizarse, indignarse, reprender, amenazar
ἐμεω	vomitar, arrojar, escupir
ἐμμαινομαι	enfurecerse
ἐμμενω	permanecer
ἐμος -η, -ον	mi, mío
ἐμπαιγμονη (ἡ) -ης	la burla, el sarcasmo
ἐμπαιγμος (ὁ) -ου	la burla, la mofa, el escarnio
ἐμπαιζω	burlarse, escarnecer, hacer una mala partida a
ἐμπαικτης (ὁ) -ου	el burlador, el sarcástico
ἐμπεμπω	enviar adentro, enviar
ἐμπεριπατεω	andar en medio de
ἐμπι(μ)πλημι	llenar, cubrir, saciar, satisfacer
ἐμπι(μ)πρημι	encender, quemar, incendiar
ἐμπιπτω	caer en
ἐμπλεκομαι	enredarse, implicarse
ἐμπλοκη (ἡ) -ης	el trenzado, el peinado ingenioso/exagerado
ἐμπνεω	respirar, bufar de ira

ἐμπορευομαι	comerciar, comprar, hacer negocios
ἐμπορια (ἡ) -ας	el negocio
ἐμποριον (το) -ου	el mercado
ἐμπορος (ὁ) -ου	el comerciante, el mayorista
ἐμπροσθεν	delante de, hacia delante, ante, delante
ἐμπτυω	escupir
ἐμφανης -ες	manifiesto, visible, revelado
ἐμφανιζω	manifestar, presentar, aparecer, dar aviso, explicar, mostrar, dar a conocer (*voz pasiva*: presentarse, manifestarse)
ἐμφοβος -ον	espantado, atemorizado, aterrorizado
ἐμφυσαω	soplar
ἐμφυτος -ον	implantado
ἐν	en, adentro, con, por, en presencia, entre
ἐναγκαλιζομαι	tomar en los brazos
ἐναλιος -ον	perteneciendo al mar (*Sust.*: el animal marino)
ἐναλλομαι	empezar a correr
ἐνανθρωπεω	estar en aspecto humano
ἐναντι	frente a, según el juicio, delante de, en presencia de
ἐναντιον	delante de, en presencia de
ἐναντιοομαι	oponerse, contradecir
ἐναντιος -α, -ον	frente a, contra, contrario, adverso, opuesto
ἐναργης -ες	marcado, manifiesto, visible
ἐναρχομαι	empezar, comenzar
ἐνατος -η, -ον	noveno
ἐναφιημι	dejar
ἐνδεης -ες	necesitado
ἐνδειγμα (το) -ατος	el indicio, la señal, el presagio
ἐνδεικνυμαι	mostrar, demostrar, hacer
ἐνδειξις (ἡ) -εως	la manifestación, la prueba, la muestra, la evidencia
ἐνδεκα	once
ἐνδεκατος -η, -ον	undécimo
ἐνδεχομαι	ser posible
ἐνδημεω	tener la patria, morar
ἐνδιδυσκω	vestir (*voz media*: vestirse)
ἐνδικος -ον	de justicia, justo, merecido
ἐνδομησις (ἡ) -εως	el fundamento
ἐνδοξαζομαι	ser glorificado, ser honrado
ἐνδοξος -ον	distinguido, respetado, elegante, famoso, magnífico, glorioso, grandioso

ἐνδυμα (το) -ατος	el vestido, la ropa
ἐνδυναμοω	fortalecer, dar fuerza (*voz pasiva*: fortalecerse)
ἐνδυνω	introducirse furtivamente
ἐνδυσις (ἡ) -εως	el vestirse
ἐνδυω	vestir (*voz media*: vestirse)
ἐνδωμησις (ἡ) -εως	(el material de) el fundamento, el muro
ἐνεδρα (ἡ) -ας	la emboscada, la celada, la asechanza
ἐνεδρευω	acechar
ἐνεδρον (το) -ου	la emboscada, la celada, la asechanza
ἐνειλεω	envolver, apretar
ἐνειμι	estar dentro
ἑνεκα, ἑνεκεν	por causa de, a causa de
ἐνενηκοντα	noventa
ἐνεος -α, -ον	atónito, mudo
ἐνεργεια (ἡ) -ας	la eficiencia, la eficacia, el poder
ἐνεργεω	actuar, operar, obrar, surtir efecto, producir, causar, realizar, ser eficaz
ἐνεργημα (το) -ατος	la manifestación de poder, la operación
ἐνεργης -ες	eficaz, eficiente, poderoso
ἐνευλογεω	bendecir
ἐνεχω	haber puesto la mira en, hostigar (*voz pasiva*: estar sujeto)
ἐνθαδε	aquí, acá, en este lugar
ἐνθεν	de aquí, de este lugar
ἐνθυμεομαι	considerar, pensar
ἐνθυμησις (ἡ) -εως	la consideración, el pensamiento
ἐνι	hay
ἐνιαυτος (ὁ) -ου	el año
ἐνιστημι	estar presente, estar próximo, estar inminente
ἐνισχυω	fortalecer, recobrar fuerza
ἐννεα	nueve
ἐννενηκοντα	noventa
ἐννενηκονταεννεα	noventa y nueve
ἐννευω	hacer señas (con la mano)
ἐννοια (ἡ) -ας	el pensamiento, el entendimiento, la comprensión
ἐννομος -ον	legítimo, legal, según la ley, bajo la ley
ἐννομως	legítimamente, legalmente, según la ley
ἐννυχος -ον	de noche, oscuro (*también como adverbio*)
ἐνοικεω	morar, habitar, vivir dentro de
ἐνορκιζω	conjurar, implorar, encargar
ἑνοτης (ἡ) -ητος	la unidad

ἐνοχλεω	molestar, fastidiar, atormentar, hacer daño
ἐνοχος -ον	culpable, enredado, responsable
ἐνπ…	= ἐμπ
ἐνταλμα (το) -ατος	el mandamiento, el mandato
ἐνταφιαζω	sepultar, enterrar
ἐνταφιασμος (ὁ) -ου	la sepultura, el entierro
ἐντελλομαι	mandar, ordenar, dar órdenes
ἐντευθεν	de aquí
ἐντευξις (ἡ) -εως	la petición, la oración
ἐντιθημι	implantar
ἐντιμος -ον	estimado, apreciado, distinguido, precioso
ἐντολη (ἡ) -ης	el mandamiento, el mandato, la instrucción
ἐντοπιος -α, -ον	residente, del lugar mismo
ἐντος	dentro, en medio de, entre
ἐντρεπω	avergonzar (*voz pasiva*: respetar, avergonzarse)
ἐντρεφω	nutrir, criar, alimentar
ἐντρομος -ον	temblando, tembloroso
ἐντροπη (ἡ) -ης	la vergüenza, el respeto
ἐντρυφαω	deleitarse, gozarse, regalarse, regodearse
ἐντυγχανω	dirigirse a, pedir, interceder, demandar, apelar, recurrir a
ἐντυλισσω	envolver, enrollar, plegar
ἐντυποω	grabar
ἐνυβριζω	despreciar, hacer afrenta, hacer deshonra
ἐνυπνιαζομαι	soñar, tener sueños
ἐνυπνιον (το) -ου	el sueño, el ensueño
ἐνφ-	= ἐμφ
ἐνωπιον	delante de
ἐνωτιζομαι	prestar atención, oír (= coger por el oído)
ἐξ	= ἐκ
ἑξ	seis
ἐξαγγελλω	anunciar
ἐξαγοραζω	rescatar, redimir, libertar (*voz media*: aprovechar bien, satisfacer)
ἐξαγω	sacar, sacar fuera
ἐξαιρεω	sacar (*voz media*: rescatar, librar, escoger)
ἐξαιρω	quitar, expulsar
ἐξαιτεομαι	pedir permiso
ἐξαιφνης	de repente, repentinamente, inesperadamente
ἐξακολουθεω	seguir
ἑξακοσιοι -αι, -α	seiscientos

ἐξαλειφω	borrar, anular, quitar, secar, cancelar
ἐξαλλομαι	saltar
ἐξαναστασις (ἡ) -εως	la resurrección
ἐξανατελλω	brotar rápido
ἐξανιστημι	levantar, resucitar
ἐξανοιγω	abrir totalmente
ἐξαπαταω	engañar, seducir
ἐξαπινα	repentinamente, de pronto
ἐξαπορεομαι	perder toda la esperanza, estar totalmente desesperado, desesperarse
ἐξαποστελλω	enviar, mandar, despedir, despachar
ἐξαρταω	ser seguidor
ἐξαρτιζω	cumplir, preparar enteramente, hacer perfecto, equipar totalmente
ἐξαστραπτω	resplandecer, brillar, fulgurar
ἐξαυτης	ahora mismo, en seguida, al punto, luego
ἐξεγειρω	levantar, despertar, resucitar
ἐξειμι	salir, irse
ἐξελεγχω	dejar convictos
ἐξελκω	arrastrar, dejarse llevar
ἐξεραμα (το) -ατος	el vómito
ἐξεραυναω	indagar
ἐξερχομαι	salir, irse
ἐξεστι(ν)	es lícito, es permitido, es posible
ἐξεταζω	indagar, averiguar, preguntar, examinar, investigar, buscar
ἐξεχω	sobresalir
ἐξηγεομαι	contar, dar a conocer, compartir, describir
ἐξηκοντα	sesenta
ἑξης	después, siguiente
ἐξηχεομαι	resonar, (hacer) sonar, divulgar
ἑξις (ἡ) -εως	la habituación, el uso, la costumbre
ἐξιστημι	desconcertar, estar fuera de sí, no caber en sí, estar loco, maravillarse
ἐξισχυω	ser capaz
ἐξοδος (ἡ) -ου	la salida, la partida
ἐξολεθρευω	desarraigar, exterminar, destruir
ἐξομολογεω	comprometerse (*voz media*: confesar, reconocer, alabar)
ἐξορκιζω	implorar, conjurar, suplicar

ἐξορκιστης (ὁ) -ου	el exorcista
ἐξορυσσω	sacar, abrir
ἐξουδενεω	tratar con desprecio
ἐξουθενεω	menospreciar, despreciar, tener en nada, rechazar
ἐξουσια (ἡ) -ας	la facultad, la potestad, la autoridad, el derecho, la capacidad, la habilidad, la libertad
ἐξουσιαζω	tener la potestad, tener la autoridad, tener el derecho
ἐξοχη (ἡ) -ης	lo destacado, la prominencia
ἐξυπνιζω	despertar
ἐξυπνος -ον	despertado, despierto
ἐξω	fuera, afuera, exterior, extranjero
ἐξωθεν	de fuera, de afuera, desde afuera, externo
ἐξωθεω	empujar hacia fuera, echar, arrojar, varar, expulsar
ἐξωτερος -α, -ον	de afuera, al extremo, más lejano
ἐοικα	ser semejante, parecer a
ἑορταζω	celebrar
ἑορτη (ἡ) -ης	la fiesta
ἐπαγγελια (ἡ) -ας	la promesa, el consentimiento
ἐπαγγελλομαι	prometer, profesar
ἐπαγγελμα (το) -ατος	la promesa
ἐπαγω	traer, hacer pasar, traer sobre
ἐπαγωνιζομαι	luchar por
ἐπαθροιζομαι	agolparse, seguir congregándose
ἐπαινεω	alabar, elogiar
ἐπαινος (ὁ) -ου	la alabanza, el elogio, la aprobación
ἐπαιρω	alzar, levantar, izar, enaltecerse
ἐπαισχυνομαι	avergonzarse
ἐπαιτεω	mendigar, pedir limosna
ἐπακολουθεω	seguir, aparecer después, autenticar
ἐπακουω	atender, oír, escuchar
ἐπακροαομαι	escuchar
ἐπαν	tan pronto como, cuando
ἐπαναγκες	necesariamente, indispensablemente
ἐπαναγω	volver, bogar, apartarse de la orilla, salir al mar
ἐπαναμιμνῃσκω	hacer recordar de nuevo
ἐπαναπαυομαι	apoyarse, basarse, reposar, descansar
ἐπανερχομαι	regresar, volver
ἐπανιστημι	levantar (*voz media*: levantarse, rebelarse)
ἐπανορθωσις (ἡ) -εως	la restauración, el restablecimiento, la mejora, la corrección

ἐπανω	sobre, encima, más de, arriba de, más de
ἐπαρατος -ον	maldita
ἐπαρκεω	ayudar, socorrer
ἐπαρχεια (ἡ) -ας	la provincia
ἐπαρχειος -ον	perteneciendo a la provincia
ἐπαυλις (ἡ) -εως	la hacienda, la estancia, la finca
ἐπαυριον	el día siguiente
ἐπαφριζω	espumar, echar espuma
ἐπεγειρω	levantar, despertar, excitar, instigar, incitar
ἐπει	porque, puesto que, de otra manera, ya que, como, sino, cuando
ἐπειδη	después que, porque, puesto que, ya que
ἐπειδηπερ	puesto que, ya que
ἐπειπερ	puesto que
ἐπεισαγωγη (ἡ) -ης	la introducción
ἐπεισερχομαι	irrumpir a la fuerza o de golpe, venir sobre
ἐπειτα	luego, después, entonces
ἐπεκεινα	más allá
ἐπεκτεινομαι	extenderse, lanzarse hacia
ἐπενδυομαι	revestirse, vestirse además, ponerse encima
ἐπενδυτης (ὁ) -ου	la ropa exterior
ἐπερχομαι	sobrevenir, venir sobre
ἐπερωταω	preguntar, pedir
ἐπερωτημα (το) -ατος	la pregunta, la súplica, la petición
ἐπεχω	poner la mira en, tener cuidado, quedarse, observar, retener
ἐπηρεαζω	calumniar, maltratar, insultar, amenazar
ἐπι	sobre, en base de, en, a, más de, cerca de, ante, en tiempo de, durante
ἐπιβαινω	subir, embarcar, entrar
ἐπιβαλλω	echar sobre, echar mano, corresponder, poner, empezar
ἐπιβαρεω	gravar sobre, cargar, ser una carga
ἐπιβιβαζω	hacer montar a caballo, hacer subir
ἐπιβλεπω	mirar, mirar por, preocuparse por
ἐπιβλημα (το) -ατος	el remiendo, el pedazo
ἐπιβοαω	gritar a alguien
ἐπιβουλη (ἡ) -ης	el complot, la conspiración
ἐπιγαμβρευω	emparentarse por matrimonio, casarse, casarse con el cuñado

ἐπιγειος -ον	terrenal, de la tierra
ἐπιγινομαι	sobrevenir, levantarse (el viento), oscurecer
ἐπιγινωσκω	conocer, saber, reconocer, entender, darse cuenta, enterarse, apreciar
ἐπιγνωσις (ἡ) -εως	el conocimiento, la comprensión
ἐπιγραφη (ἡ) -ης	la inscripción, el título
ἐπιγραφω	inscribir, grabar, escribir
ἐπιδεικνυμι	mostrar, demostrar, exhibir, presentar
ἐπιδεχομαι	recibir, acoger, aceptar
ἐπιδημεω	residir, radicar como extranjero
ἐπιδιατασσομαι	añadir una cláusula
ἐπιδιδωμι	entregar, dar, dejar
ἐπιδιορθοω	poner en orden
ἐπιδυω	ponerse
ἐπιεικεια (ἡ) -ας	la ternura, la clemencia, la indulgencia
ἐπιεικης -ες	indulgente, clemente, benévolo, considerado
ἐπιζητεω	buscar, indagar, escudriñar, reclamar, exigir, pedir, procurar
ἐπιθανατιος -ον	sentenciado o condenado a muerte
ἐπιθεσις (ἡ) -εως	la imposición
ἐπιθυμεω	codiciar, anhelar, ansiar, desear, apetecer
ἐπιθυμητης (ὁ) -ου	el codiciador
ἐπιθυμια (ἡ) -ας	la codicia, el anhelo, la ansia, el deseo, la concupiscencia, la pasión
ἐπιθυω	sacrificar
ἐπικαθιζω	sentarse sobre
ἐπικαλεω	llamar, tener por sobrenombre (*voz media*: invocar, apelar)
ἐπικαλυμμα (το) -ατος	la capa, la cubierta, la tapadura
ἐπικαλυπτω	cubrir, tapar
ἐπικαταρατος -ον	maldita
ἐπικειμαι	estar puesto sobre, acosar, asediar, apretar, insistir, ser impuesto
ἐπικελλω	(hacer) encallar
ἐπικερδαινω	conseguir, ganar adicionalmente
ἐπικεφαλαιον (το) -ου	la capitación, el impuesto por "cabeza"
ἐπικουρια (ἡ) -ας	el auxilio, la ayuda
ἐπικραζω	gritar en tono amenazador
ἐπικρινω	decidir, sentenciar

ἐπιλαμβανομαι	tomar, prender, echar mano, agarrar, cuidar por
ἐπιλαμπω	resplandecer
ἐπιλανθανομαι	olvidar, no notar, descuidar
ἐπιλεγω	llamar (*voz media*: escoger)
ἐπιλειπω	faltar
ἐπιλειχω	lamer
ἐπιλησμονη (ἡ) -ης	la falta de memoria, el olvido
ἐπιλοιπος -ον	restante, sobrante
ἐπιλυσις (ἡ) -εως	la interpretación, la explicación
ἐπιλυω	interpretar, decidir, resolver, explicar
ἐπιμαρτυρεω	testificar, atestiguar
ἐπιμελεια (ἡ) -ας	la asistencia, la atención, el cuidado
ἐπιμελεομαι	cuidar, atender
ἐπιμελως	con diligencia, con empeño, cuidadosamente
ἐπιμενω	permanecer, perseverar, persistir, quedar, continuar, seguir
ἐπινευω	hacer seña con la cabeza, consentir, acceder
ἐπινοια (ἡ) -ας	el pensamiento, la idea
ἐπιορκεω	perjurar, quebrantar un juramento, jurar en falso
ἐπιορκος -ον	perjuro (*Sust.*: el perjuro)
ἐπιουσῃ	siguiente
ἐπιουσιος -ον	de cada día, de hoy, necesario para vivir
ἐπιπιπτω	caer sobre, echarse sobre, sobrecoger
ἐπιπλησσω	reprender, regañar
ἐπιποθεω	desear con vehemencia, anhelar ardientemente
ἐπιποθησις (ἡ) -εως	el deseo ardiente, la añoranza
ἐπιποθητος -ον	deseado
ἐπιποθια (ἡ) -ας	el deseo ardiente
ἐπιπορευομαι	venir a alguien
ἐπι(ρ)ραπτω	coser
ἐπι(ρ)ριπτω	echar sobre
ἐπισειω	instigar, incitar, mover la mano amenazando
ἐπισημος -ον	sobresaliente, destacado, prominente, distinguido, famoso, de mala fama
ἐπισιτισμος (ὁ) -ου	las provisiones, la alimentación, la comida
ἐπισκεπτομαι	visitar, buscar, inspeccionar
ἐπισκευαζομαι	prepararse, disponerse, hacer preparativos
ἐπισκηνοω	alojarse, habitar
ἐπισκιαζω	hacer sombra, caer la sombra sobre, sombrear, cubrir, dar sombra a
ἐπισκοπεω	cuidar, mirar bien, vigilar

ἐπισκοπη (ἡ) -ης la visitación, el cargo de supervisión
ἐπισκοπος (ὁ) -ου el supervisor, el inspector, el obispo
ἐπισπαομαι jalar hacia a sí mismo, recubrir con el prepucio
ἐπισπειρω sembrar entre
ἐπισταμαι entender, saber, conocer
ἐπιστασις (ἡ) -εως la concurrencia, la afluencia masiva, la presión
ἐπιστατης (ὁ) -ου el maestro
ἐπιστελλω escribir, comunicar por escrito
ἐπιστημη (ἡ) -ης el entendimiento, la comprensión, el conocimiento
ἐπιστημων -ον culto, instruido, entendido
ἐπιστηριζω fortalecer
ἐπιστολη (ἡ) -ης la carta
ἐπιστομιζω tapar la boca, mandar a callar
ἐπιστρεφω volver, regresar, hacer volver, volverse, convertir(se)
ἐπιστροφη (ἡ) -ης la conversión
ἐπισυναγω juntar, reunir
ἐπισυναγωγη (ἡ) -ης la reunión, el juntarse, la asamblea, la congregación
ἐπισυντρεχω agolparse, juntarse
ἐπισυστασις (ἡ) -εως el tumulto, el disturbio, la sublevación, el ponerse de pie
ἐπισφαλης -ες peligroso
ἐπισχυω porfiar, explicar encarecidamente, insistir
ἐπισωρευω amontonar, acumular
ἐπιταγη (ἡ) -ης el mandamiento, el mandato, la energía, la insistencia
ἐπιτασσω mandar, ordenar
ἐπιτελεω terminar, concluir, acabar, llevar a cabo, cumplir, perfeccionar, completar
ἐπιτηδειος -α, -ον necesario
ἐπιτιθημι poner sobre, imponer, cargar, añadir, golpear (*voz media*: dar, proveer, atacar, perseguir)
ἐπιτιμαω reprender, increpar, exigir severamente, castigar
ἐπιτιμια (ἡ) -ας la reprensión, el castigo
ἐπιτρεπω permitir, dejar, conceder
ἐπιτροπευω ser procurador
ἐπιτροπη (ἡ) -ης el permiso, el poder
ἐπιτροπος (ὁ) -ου el mayordomo, el administrador, el supervisor, el inspector, el tutor, el procurador
ἐπιτυγχανω alcanzar, llegar a, conseguir
ἐπιφαινω aparecer, iluminar (*voz pasiva*: manifestarse, mostrarse)
ἐπιφανεια (ἡ) -ας la manifestación, la aparición, la venida

ἐπιφανης -ες	manifiesto, magnífico, esplendoroso, glorioso
ἐπιφαυσκω	aparecer, resplandecer, brillar, alumbrar
ἐπιφερω	traer sobre, poner, presentar, imponer, infligir, añadir, llevar, proferir
ἐπιφωνεω	clamar, gritar, decir a gritos, dar voces
ἐπιφωσκω	alborear, empezar (el día), amanecer
ἐπιχειρεω	tratar, procurar, intentar, dar una mano
ἐπιχειρησις (ἡ) -εως	el dar una mano, el ataque
ἐπιχεω	echar sobre, verter
ἐπιχορηγεω	dar, suministrar, otorgar, apoyar, proveer, sustentar, alimentar, nutrir
ἐπιχορηγια (ἡ) -ας	el apoyo, la suministración, el sustento
ἐπιχριω	untar
ἐπιψαυω	tocar, alcanzar, coger
ἐποικοδομεω	edificar sobre, seguir edificando
ἐποκελλω	hacer encallar
ἐπονομαζω	llamar (*voz pasiva*: llamarse)
ἐποπτευω	observar, mirar, ver
ἐποπτης (ὁ) -ου	el observador, el testigo ocular
ἐπος (το) -ους	la palabra
ἐπουρανιος -ον	celestial
ἑπτα	siete
ἑπτακις	siete veces
ἑπτακισχιλιοι -αι, -α	siete mil
ἑπταπλασιων -ον	siete veces
ἐραυναω	escudriñar, examinar, investigar, indagar
ἐργαζομαι	trabajar, ser activo, hacer, obrar, efectuar, comerciar
ἐργασια (ἡ) -ας	la ocupación, la actividad, el oficio, el negocio, la ganancia, la práctica
ἐργατης (ὁ) -ου	el obrero, al trabajador, el hacedor
ἐργον (το) -ου	la obra, el hecho, el trabajo, la práctica, la tarea
ἐρεθιζω	instigar, provocar, desafiar, irritar, exasperar
ἐρειδω	hincar, precipitarse
ἐρευγομαι	declarar, pronunciar
ἐρευναω	escudriñar
ἐρημια (ἡ) -ας	el desierto, la región deshabitada
ἐρημοομαι	ser desolado, ser asolado, ser devastado
ἐρημος -ον	desierto, desolado (*Sust.*: el desierto, el lugar desolado)
ἐρημωσις (ἡ) -εως	el asolamiento, la devastación, la desolación

ἐριζω	pelearse, contender, reñir
ἐριθεια (ἡ) -ας	la riña, la querella, la contienda, la rivalidad
ἐριον (το) -ου	la lana
ἐρις (ἡ) -ιδος	la riña, la discrepancia, la contienda
ἐριφιον (το) -ου	el cabrío, el cabrito, el chivo
ἐριφος (ὁ) -ου	el cabrío, el cabrito, el chivo
ἑρμηνεια (ἡ) -ας	la traducción, la interpretación
ἑρμηνευτης (ὁ) -ου	el traductor, el intérprete
ἑρμηνευω	traducir, interpretar, explicar
ἑρπετον (το) -ου	el reptil, la serpiente
ἐρυθρος -α, -ον	rojo
ἐρχομαι	llegar, venir, entrar, ir
ἐρωταω	preguntar, rogar, pedir, solicitar
ἐσθης (ἡ) -ητος	la ropa, el vestido
ἐσθιω	comer, devorar
ἐσοπτρον (το) -ου	el espejo
ἑσπερα (ἡ) -ας	la tarde
ἑσπερινος -η, -ον	vespertino
ἑσσοομαι	ser menos o inferior, ser vencido, salir perdiendo
ἐσχατος -η, -ον	último, final, postrero
ἐσχατως	estar finalizando
ἐσω	adentro, dentro, dentro de, en el interior
ἐσωθεν	por dentro, adentro, desde adentro
ἐσωτερος -α, -ον	más adentro, interior (*Prep.*: detrás de)
ἑταιρος (ὁ) -ου	el compañero, el amigo
ἑτερογλωσσος -ον	en otra lengua
ἑτεροδιδασκαλεω	enseñar una doctrina diferente
ἑτεροζυγεω	ir bajo otro yugo
ἑτερος -α, -ον	otro, diferente (*Sust.*: el prójimo)
ἑτερως	de otro modo, de manera diferente
ἐτι	aún, todavía, más, ya, ya no, además
ἑτοιμαζω	preparar, poner a disposición
ἑτοιμασια (ἡ) -ας	la disposición, el apresto
ἑτοιμος -η, -ον	dispuesto, preparado, listo
ἑτοιμως	dispuesto, preparado, listo
ἐτος (το) -ους	el año
εὐ	bien
εὐαγγελιζω	anunciar buenas nuevas/buenas noticias, anunciar el evangelio, dar buenas noticias (*voz media*: mismo significado/*voz pasiva*: ser predicado, oír las buenas nuevas)

εὐαγγελιον (το) -ου	la buena noticia, las buenas nuevas, el evangelio
εὐαγγελιστης (ὁ) -ου	el evangelista
εὐαρεστεω	agradar, ser agradable
εὐαρεστος -ον	agradable, complaciente
εὐαρεστως	agradablemente
εὐγε	¡bien!, ¡excelente!
εὐγενης -ες	noble (de carácter, de nacimiento)
εὐδια (ἡ) -ας	el buen tiempo
εὐδοκεω	ver con agrado, tener complacencia, agradar, querer, parecer bien, decidir, estar contento
εὐδοκια (ἡ) -ας	el agrado, la complacencia, la buena voluntad, el anhelo
εὐεργεσια (ἡ) -ας	la buena acción, el beneficio, el acto de bondad
εὐεργετεω	hacer bien
εὐεργετης (ὁ) -ου	el bienhechor
εὐθετος -ον	apto, útil, provechoso, adecuado
εὐθεως	en seguida, al instante, inmediatamente, pronto
εὐθυδρομεω	ir con rumbo directo a, ir de frente
εὐθυμεω	tener buen ánimo, estar de buen humor
εὐθυμος -ον	de buen ánimo, de buen humor, animado
εὐθυμως	confiadamente, esperanzadamente, con buen ánimo, gustosamente
εὐθυνω	enderezar, timonear en línea recta
εὐθυς -εια, -υ	recto, derecho
εὐθυς (*adverbio*)	en seguida, al instante, luego, inmediatamente
εὐθυτης (ἡ) -ητος	la rectitud, la derechura, la honradez, la justicia
εὐκαιρεω	tener tiempo, tener la oportunidad
εὐκαιρια (ἡ) -ας	la oportunidad, el momento oportuno
εὐκαιρος -ον	oportuno, conveniente
εὐκαιρως	oportunamente, a tiempo, en tiempo oportuno
εὐκοπος -ον	fácil
εὐλαβεια (ἡ) -ας	el temor reverente, la reverencia
εὐλαβεομαι	temer, tener temor reverente
εὐλαβης -ες	piadoso, teniendo temor reverente
εὐλογεω	ensalzar, alabar, bendecir
εὐλογητος -η, -ον	alabado, bendito
εὐλογια (ἡ) -ας	la alabanza, la adulación, la lisonja, la bendición, la generosidad
εὐμεταδοτος -ον	generoso, desprendido, dadivoso
εὐνοεω	ser amigo, estar bien dispuesto, hacer las paces

εὐνοια (ἡ) -ας	la benevolencia, la buena voluntad, el entusiasmo, el fervor
εὐνουχιζω	hacer eunuco, castrar
εὐνουχος (ὁ) -ου	el eunuco
εὐοδοομαι	prosperar
εὐπαρεδρος -ον	insistente, perseverante, constante
εὐπειθης -ες	obediente, dispuesto a ceder
εὐπερισπαστος -ον	distrayendo fácilmente
εὐπεριστατος -ον	enredando fácilmente
εὐποιϊα (ἡ) -ας	la beneficencia, el hacer bien
εὐπορεομαι	estar adinerado, tener reservas o provisiones
εὐπορια (ἡ) -ας	la prosperidad, la riqueza
εὐπρεπεια (ἡ) -ας	la hermosura, la belleza
εὐπροσδεκτος -ον	agradable, aceptable, bienvenido
εὐπροσεδρος -ον	insistente, perseverante, persistente
εὐπροσωπεω	agradar, desempeñar un papel importante
εὐρακυλων (ὁ) -ωνος	un viento fuerte del noreste
εὑρισκω	hallar, encontrar, obtener, lograr (*voz pasiva*: encontrarse, hallarse)
εὐροκλυδων (ὁ) -ωνος	un viento fuerte del sureste
εὐρυχωρος -ον	espacioso, ancho, amplio
εὐσεβεια (ἡ) -ας	la piedad, la devoción, la religiosidad, la religión
εὐσεβεω	venerar, adorar, tratar piadosamente, tratar con reverencia, ser piadoso o reverente
εὐσεβης -ες	piadoso, devoto, reverente, religioso
εὐσεβως	piadosamente
εὐσημος -ον	bien claro, bien comprensible, inteligible
εὐσπλαγχνος -ον	misericordioso, compasivo
εὐσχημονως	decentemente, honestamente, honradamente
εὐσχημοσυνη (ἡ) -ης	la decencia, la dignidad, la modestia
εὐσχημων -ον	decoroso, decente, honesto, digno, distinguido, noble, respetable
εὐτονως	vehementemente, vigorosamente
εὐτραπελια (ἡ) -ας	la broma, el hacer bufonadas
εὐφημια (ἡ) -ας	la buena fama
εὐφημος -ον	armonioso, digno de alabanza, laudable, atractivo, atrayente, grato
εὐφορεω	producir mucho, producir bien
εὐφραινω	regocijar, alegrar (*voz pasiva*: alegrarse, regocijarse, celebrar)
εὐφροσυνη (ἡ) -ης	el gozo, la alegría, el buen humor

εὐχαριστεω	dar gracias, estar agradecido, agradecer
εὐχαριστια (ἡ) -ας	la gratitud, la acción de gracias, el agradecimiento
εὐχαριστος -ον	agradecido
εὐχη (ἡ) -ης	la oración, el voto
εὐχομαι	orar, desear, ansiar
εὐχρηστος -ον	útil
εὐψυχεω	estar de buen ánimo, tener buen ánimo
εὐωδια (ἡ) -ας	el olor agradable, la fragancia
εὐωνυμος -ον	izquierdo
εὐωχια (ἡ) -ας	la francachela, el banquete
ἐφαλλομαι	saltar sobre, pasar a, lanzarse
ἐφαπαξ	a la vez, una vez para siempre
ἐφευρετης (ὁ) -ου	el inventor, persona que trama/planea
ἐφημερια (ἡ) -ας	la sección semanal, la clase
ἐφημερος -ον	designado para el día, diario
ἐφικνεομαι	venir, llegar, alcanzar
ἐφιστημι	ponerse al lado, acercarse, llegar, venir, presentarse, asaltar, venir sobre (*perfecto*: estar cerca, estar presente)
ἐφοραω	mirar
ἐφφαθα	*hebr.* "efata" (¡ábrete!)
ἐχθες	ayer
ἐχθρα (ἡ) -ας	la enemistad
ἐχθρος -α, -ον	enemigo, aborrecido (*Sust.*: el enemigo)
ἐχιδνα (ἡ) -ης	la víbora, la serpiente
ἐχω	tener, poseer, guardar, recibir, tener que, deber, contener, considerar, poder (*participio de voz media*: perteneciendo, vecino, día siguiente, siguiente, pasado mañana)
ἑως	hasta, hasta que, mientras

Z - ζ

ζαφθανι	σαβαχθανι
ζαω	vivir
ζεστος -η, -ον	caliente
ζευγνυμι	unir, juntar
ζευγος (το) -ους	la yunta, el yugo, el par
ζευκτηρια (ἡ) -ας	la amarra, la soga
ζεω	hervir, arder
ζηλευω	ser fervoroso, ser apasionado, ser celoso
ζηλος (ὁ) -ου	el celo, el fervor, la pasión, la envidia, el entusiasmo
ζηλοω	esforzarse (con diligencia), afanarse con empeño, procurar con diligencia, estar lleno de envidia, estar celoso, mostrar gran interés
ζηλωτης (ὁ) -ου	el celoso, el zelote
ζημια (ἡ) -ας	la pérdida, la desventaja, el daño, el perjuicio
ζημιοω	perder, sufrir pérdida, sufrir daño, resultar perjudicado
ζητεω	buscar, procurar, demandar, investigar, querer, reclamar, pedir, intentar, preguntar, intentar
ζητημα (το) -ατος	la cuestión, el objeto de disputa, el punto de controversia
ζητησις (ἡ) -εως	la investigación, el estudio, la cuestión, la disputa verbal, la discusión, la controversia
ζιζανιον (το) -ου	la cizaña
ζοφος (ὁ) -ου	la oscuridad
ζυγος (ὁ) -ου	el yugo, la balanza
ζυμη (ἡ) -ης	la levadura
ζυμοω	leudar, hacer fermentar (*voz pasiva*: fermentar)
ζωγρεω	coger con vida, cautivar, capturar
ζωη (ἡ) -ης	la vida
ζωνη (ἡ) -ης	el cinturón
ζωννυμι	ceñir
ζῳογονεω	dar vida, vivificar, mantener vivo (*voz pasiva*: vivir)
ζῳον (το) -ου	el ser viviente, el animal
ζῳοποιεω	dar vida, vivificar

Η - η

ἤ	o
ἦ	verdaderamente
ἡγεμονευω	gobernar, tener el mando supremo
ἡγεμονια (ἡ) -ας	el gobierno, el mando supremo
ἡγεμων (ὁ) -ονος	el príncipe, el gobernador, el procurador
ἡγεομαι	guiar, dirigir, tener por, estimar, creer
ἥδε	= ὅδε
ἡδεως	con mucho gusto, de buena gana
ἤδη	ya, ahora
ἥδιστα	= ἡδεως (*superlativo*)
ἡδονη (ἡ) -ης	el placer, la delicia, el deleite, la pasión
ἡδυσμον (το) -ου	la menta
ἠθος (το) -ους	la costumbre
ἡκω	haber venido, haber llegado, venir, llegar
ἠλι	*hebr.* "eli" (Dios mío), Elí
ἡλικια (ἡ) -ας	la edad, la estatura, la edad para poder hacer algunas cosas determinadas (mayoría de edad, edad de la fuerza viril)
ἡλικος -η, -ον	cuán grande, cuán pequeño
ἡλιος (ὁ) -ου	el sol
ἡλος (ὁ) -ου	el clavo
ἡμερα (ἡ) -ας	el día, la época
ἡμετερος -α, -ον	nuestro
ἡμιθανης -ες	medio muerto
ἡμισυς -εια, -υ	medio, mitad
ἡμιωρον (το) -ου	la media hora
ἡνικα	cuando
ἤπερ	que
ἤπιος -α, -ον	tierno, suave, benigno, amable
ἤρεμος -ον	tranquilo, quieto, pacífico
ἡρῳδιανοι (οἱ) -ων	los herodianos
ἡσσων -ον	peor, menos, menor
ἡσυχαζω	estar tranquilo, callarse, desistir, mantenerse tranquilo, abstenerse de trabajar, guardar silencio
ἡσυχια (ἡ) -ας	la tranquilidad, el silencio
ἡσυχιος -ον	tranquilo, sosegado, apacible

ἤτοι	o
ἡττάομαι	ser vencido, ser dominado, sufrir una derrota, ser inferior, bajar velas
ἥττημα (τό) -ατος	la derrota, el fracaso
ἥττων -ον	= ἥσσων
ἠχέω	bramar, resonar
ἦχος (ὁ) -ου	el sonido, el bramido, la fama, el rumor, la noticia, el ruido
ἦχος (τό) -ους	el sonido, el bramido, la fama, el rumor, la noticia, el ruido

Θ - θ

θαλασσα (ἡ) -ης	el mar, el lago
θαλπω	cuidar con todo cariño, mimar
θαμβεω	asombrarse, maravillarse, espantarse, llevarse un susto (*el mismo significado en voz pasiva*)
θαμβος (το) -ους	el asombro, el temor, el susto
θανασιμος -ον	mortífero, mortal (*Sust.*: el veneno mortal)
θανατηφορος -ον	mortal, mortífero
θανατος (ὁ) -ου	la muerte
θανατοω	entregar a la muerte, hacer morir, traer la muerte
θαπτω	enterrar, sepultar
θαρρεω	estar confiado, tener confianza, ser osado, ser atrevido, tener ánimo
θαρσεω	= θαρρεω
θαρσος (το) -ους	el aliento, el ánimo, el coraje
θαυμα (το) -ατος	la maravilla, el asombro, lo maravilloso, el milagro
θαυμαζω	maravillarse, asombrarse, admirarse
θαυμασιος -α, -ον	maravilloso, digno de admiración y asombro
θαυμαστος -η, -ον	maravilloso, admirable, asombroso, extraordinario
θεα (ἡ) -ας	la diosa
θεαομαι	ver, mirar, contemplar
θεατριζω	exhibir, hacer espectáculo, exponer públicamente
θεατρον (το) -ου	el teatro, el espectáculo
θειον (το) -ου	el azufre
θειος -α, -ον	divino
θειοτης (ἡ) -ητος	la deidad, la naturaleza divina, la divinidad
θειωδης -ες	de azufre
θελημα (το) -ατος	la voluntad
θελησις (ἡ) -εως	la voluntad
θελω	querer, desear, deleitar, gustar
θεμελιον (το) -ου	el fundamento, el cimiento, la base
θεμελιος (ὁ) -ου	el fundamento, el cimiento, la base
θεμελιοω	fundar, cimentar, establecer, echar el fundamento
θεοδιδακτος -ον	enseñado por Dios, instruido por Dios
θεομαχεω	luchar contra Dios, resistir a Dios
θεομαχος -ον	luchando contra Dios, resistiendo a Dios
θεοπνευστος -ον	inspirado por Dios

θεος (ὁ) -ου	Dios
θεοσεβεια (ἡ) -ας	el temor a Dios, la piedad
θεοσεβης -ες	temeroso de Dios, piadoso
θεοστυγης -ες	odiando a Dios, aborreciendo a Dios, detestando a Dios
θεοτης (ὁ) -ητος	la deidad, la naturaleza divina
θεραπεια (ἡ) -ας	el tratamiento, la curación, la servidumbre, el servicio
θεραπευω	sanar, curar, servir
θεραπων (ὁ) -οντος	el siervo
θεριζω	segar, cosechar, recoger la cosecha
θερισμος (ὁ) -ου	la cosecha, la mies, la siega
θεριστης (ὁ) -ου	el segador
θερμαινομαι	calentarse
θερμη (ἡ) -ης	el calor
θερος (το) -ους	el verano
θεωρεω	mirar, ver, ser espectador, darse cuenta, percibir, observar
θεωρια (ἡ) -ας	el espectáculo
θηκη (ἡ) -ης	el recipiente, la vaina, la tumba
θηλαζω	mamar, dar el pecho, lactar
θηλυς -εια, -υ	femenino, hembra
θηρα (ἡ) -ας	la red, la trampa, el lazo
θηρευω	cazar, coger, captar, atrapar
θηριομαχεω	luchar con fieras
θηριον (το) -ου	el animal, la fiera, la bestia, la víbora
θησαυριζω	acumular, acumular tesoros, reservar, guardar, atesorar
θησαυρος (ὁ) -ου	el tesoro, el cofre donde se guarda el tesoro
θιγγανω	tocar
θλιβω	apretar, atribular (*voz pasiva*: estar en aprietos, padecer dificultades, llegar a ser estrecho)
θλιψις (ἡ) -εως	el apretar, la opresión, la presión, el aprieto, la tribulación, la aflicción, la situación difícil
θνησκω	morir (*perfecto*: estar muerto)
θνητος -η, -ον	mortal
θορυβαζω	perturbar, inquietar (*voz pasiva*: estar perturbado)
θορυβεω	inquietar, agitar, alborotar, alarmar (*voz pasiva*: estar inquieto, estar preocupado)
θορυβος (ὁ) -ου	el alboroto, el tumulto, el disturbio, la bulla, el ajetreo, la confusión
θραυματιζω	romper, quebrar, hacer pedazos

θραυω	destrozar, romper, abatir, agobiar, inclinar
θρεμμα (το) -ατος	el animal reproductor, el animal doméstico
θρηνεω	lamentar, deplorar, endechar, llorar
θρηνος (ὁ) -ου	el llanto fúnebre, la endecha
θρησκεια (ἡ) -ας	la religión, el culto, el culto divino
θρησκος -ον	religioso, venerando, adorando a Dios
θριαμβευω	llevar en triunfo, triunfar
θριξ (ἡ) τριχος	el cabello, el pelo
θροεομαι	asustarse, llevarse un susto, turbarse
θρομβος (ὁ) -ου	la gota, el coágulo sanguíneo
θρονος (ὁ) -ου	el trono
θρυπτω	partir en pedazos, desmenuzar
θυγατηρ (ἡ) -τρος	la hija
θυγατριον (το) -ου	la hijita
θυελλα (ἡ) -ης	la tempestad, la tormenta, el ciclón, el torbellino, el huracán
θυϊνος -η, -ον	de la madera de cítricos, de cedro
θυμιαμα (το) -ατος	el incienso
θυμιατηριον (το) -ου	el altar de incienso
θυμιαω	ofrecer un sacrificio de incienso
θυμομαχεω	estar (muy) enojado
θυμος (ὁ) -ου	la pasión, el furor, la ira, el enojo, la rabia
θυμοω	encolerizar, enojar (*voz pasiva*: enfurecerse)
θυρα (ἡ) -ας	la puerta, la entrada
θυρεος (ὁ) -ου	el escudo
θυρις (ἡ) -ιδος	la ventana
θυρωρος (ὁ, ἡ) -ου	el portero, la portera
θυσια (ἡ) -ας	el sacrificio, la ofrenda
θυσιαστηριον (το) -ου	el altar
θυω	sacrificar, matar
θωραξ (ὁ) -ακος	la coraza, el pecho

I - ι

ἰαμα (το) -ατος	la curación, la sanidad
ἰαομαι	sanar, curar, restablecer
ἰασις (ἡ) -εως	la curación
ἰασπις (ἡ) -ιδος	el jaspe
ἰατρος (ὁ) -ου	el médico
ἰδε	¡Mira! ¡Mirad! ¡He aquí!
ἰδεα (ἡ) -ας	la apariencia, el aspecto físico, la forma, el género
ἰδιος -α, -ον	propio, perteneciendo particularmente, aparte, apropiado, apartado, en particular, debido, (*traducir también con el pronombre posesivo*)
ἰδιωτης (ὁ) -ου	el no profesional, el laico, el plebeyo, el indocto, el inexperto, el no adiestrado
ἰδου	¡He aquí! ¡Mirad! ¡Aquí está!
ἱδρως (ὁ) -ωτος	el sudor, la transpiración
ἱερατεια (ἡ) -ας	el sacerdocio, el oficio sacerdotal
ἱερατευμα (το) -ατος	el clero, el grupo de los sacerdotes, el sacerdocio
ἱερατευω	ejercer el sacerdocio
ἱερευς (ὁ) -εως	el sacerdote
ἱεροθυτος -ον	sacrificado a los ídolos
ἱερον (το) -ου	el templo, el santuario
ἱεροπρεπης -ες	apropiado a lo santo, santo, venerable, reverente
ἱερος -α, -ον	sagrado
ἱεροσυλεω	robar cosas del templo, cometer sacrílego
ἱεροσυλος -ον	cometiendo sacrílego, robando cosas del templo
ἱερουργεω	ministrar, ejercer ministerio sacerdotal
ἱερωσυνη (ἡ) -ης	el sacerdocio
ἱκανος -η, -ον	suficientemente grande, bastante, mucho, digno, apropiado, adecuado, idóneo, apto, suficiente,
ἱκανοτης (ἡ) -ητος	la aptitud, la idoneidad, la capacidad, la habilidad
ἱκανοω	hacer apto, habilitar, capacitar
ἱκετηρια (ἡ) -ας	la súplica, la imploración, la petición
ἰκμας (ἡ) -αδος	la humedad
ἱλαρος -α, -ον	alegre, de buen humor
ἱλαροτης (ἡ) -ητος	la alegría
ἱλασκομαι	reconciliar, expiar (*voz pasiva*: reconciliarse, tener misericordia)

ἱλασμος (ὁ) -ου	la reconciliación, la expiación, la propiciación
ἱλαστηριον (το) -ου	el medio de expiación/reconciliación
ἱλεως -ων	propicio, misericordioso, benévolo, clemente
ἱμας (ὁ) -αντος	la correa, el cordón
ἱματιζω	vestir
ἱματιον (το) -ου	el vestido, la capa, el manto, la túnica exterior
ἱματισμος (ὁ) -ου	el ropaje, la ropa, el vestido
ἱμειρομαι	anhelar, ansiar ver alguien, tener sentimientos afectuosos o tiernos, tener gran afecto
ἱνα	para que, para, a fin de, a fin de que
ἱνατι	¿Por qué? ¿Para qué? ¿Por qué razón?
ἰος (ὁ) -ου	el veneno, la ponzoña, la herrumbre
ἰουδαϊζω	vivir según las costumbres judías, judaizar
ἰουδαϊκος -η, -ον	judaico, judío
ἰουδαϊκως	según la costumbre judía, como judío
ἰουδαϊος -α, -ον	judío
ἰουδαϊσμος (ὁ) -ου	el judaísmo
ἱππευς (ὁ) -εως	el jinete, el soldado de caballería
ἱππικος -η, -ον	perteneciente al jinete (*Sust.*: la caballería)
ἱππος (ὁ) -ου	el caballo
ἰρις (ἡ) -ιδος	el arco iris, la aureola de colores
ἰσαγγελος -ον	igual a los ángeles, semejante a los ángeles
ἰσκαριωτης (ὁ) -ου	Iscariote, el de Iscariot o Keriot (hay un debate erudito sobre el tema)
ἰσος -η, -ον	igual, acorde, mismo, de acuerdo
ἰσοτης (ἡ) -ητος	la igualdad, la equidad
ἰσοτιμος -ον	equivalente, del mismo valor, similar, análogo
ἰσοψυχος -ον	de un mismo sentir, solidario
ἰσραηλιτης (ὁ) -ου	el israelita
ἱστημι	poner, colocar, situar, establecer, levantar, poner firme, detener, detenerse, estar en pie, ponerse, agregarse, estar firme, oponerse, estar, permanecer, fijar, asignar, presentarse
ἱστιον (το) -ου	la vela
ἱστορεω	visitar
ἰσχυρος -α, -ον	fuerte, vigoroso, poderoso
ἰσχυς (ἡ) -υος	la fuerza, el poder
ἰσχυω	ser fuerte, ser sano, poder, tener la fuerza, valer, tener el poder, hacerse fuerte
ἰσως	quizás, probablemente
ἰταλικος -η, -ον	italiano, de Italia

ἰχθυδιον (το) -ου	el pececillo, el pequeño pez
ἰχθυς (ὁ) -υος	el pez, el pescado
ἰχνος (το) -ους	la pisada, la huella
ἰωτα (το)	la iota

Κ - κ

καβος (ὁ) -ου	el cab
καγω	y yo, pero yo, yo también, también yo
καδος (ὁ) -ου	el cad, el cántaro, la jarra, el balde
καθα	como, igual como, de la misma manera como
καθαιρεσις (ἡ) -εως	la destrucción, la demolición
καθαιρεω	bajar, derribar, destruir, vencer, quitar
καθαιρω	limpiar
καθαπερ	como, de la manera como, así como
καθαπτω	coger, prender, agarrar
καθαριζω	limpiar, purificar, declarar limpio según el rito
καθαρισμος (ὁ) -ου	la limpieza, la purificación
καθαρμα (το) -ατος	la basura, la escoria, lo que se bota en la limpieza
καθαρος -α, -ον	limpio, puro
καθαροτης (ἡ) -ητος	la pureza
καθεδρα (ἡ) -ας	la silla, el asiento, la cátedra
καθεζομαι	estar sentado, sentarse
καθεξης	por orden, uno tras uno, a continuación (*Sust.*: el sucesor, lo siguiente)
καθευδω	dormir, estar muerto
καθηγητης (ὁ) -ου	el maestro, el guía
καθηκω	convenir (*impersonal*: es conveniente, es debido)
καθημαι	estar sentado, sentarse, habitar, vivir, tener su sede
καθημερινος -η, -ον	diario, cada día
καθιζω	estar sentado, sentarse, designar, elegir, poner, vivir, radicar
καθιημι	bajar, descender
καθιστημι	poner al frente, encargar, establecer, constituir
καθο	como, así como, en la medida que, de acuerdo a
καθολου	de todos modos (*negación*: de ninguna manera)
καθοπλιζω	armar bien, equipar, estar en su armadura
καθοραω	percibir, observar
καθοτι	porque, en vista de que, conforme, según, en la medida que
καθως	como, así como, en cuanto que, de la manera que, según, en la medida que, ya que
καθωσπερ	como, igual como, tal como

και	y, pero, también, es decir, y de esta forma, y a pesar de esto
καινος -η, -ον	nuevo
καινοτης (ἡ) -ητος	la novedad
καιπερ	aunque, a pesar de que
καιρος (ὁ) -ου	el tiempo
καιτοι	claro que, a pesar de, aunque, sin embargo
καιτοιγε	claro que, a pesar de, aunque, sin embargo
καιω	encender (*voz pasiva*: arder, estar encendido)
κακει	y allí, allí también
κακειθεν	y de allí, de allí también, y luego, entonces
κακεινος -η, -ον	y aquel, y este, aquel también, este también, él también
κακια (ἡ) -ας	la maldad, la malicia, la desgracia
κακοηθεια (ἡ) -ας	la malicia, la malignidad
κακολογεω	hablar mal de, maldecir, insultar, increpar
κακοπαθεια (ἡ) -ας	la aflicción, el sufrimiento, el aprieto, el esfuerzo, la perseverancia, la resistencia
κακοπαθεω	sufrir desgracias, soportar aflicciones, sufrir
κακοποιεω	hacer lo malo, hacer mal, herir, lastimar
κακοποιος -ον	haciendo mal, delictivo (*Sust.*: el malhechor)
κακος -η, -ον	mal, malo, inútil, inferior, maligno, malvado
κακουργος (ὁ) -ου	el malhechor, el delincuente
κακουχεομαι	torturar, atormentar
κακοω	maltratar, hacer daño
κακως	mal (κακως ἐχειν = estar enfermo)
κακωσις (ἡ) -εως	el maltrato
καλαμη (ἡ) -ης	el tallo, la paja, la caña
καλαμος (ὁ) -ου	la caña, la vara, la pluma
καλεω	llamar, invitar, convocar
καλλιελαιος (ἡ) -ου	el olivo injertado, el olivo bueno o cultivado
καλλιον	muy bien
καλοδιδασκαλος -ον	instructivo en lo bueno, enseñando lo bueno
καλοι λιμενες (οἱ)	buenos puertos
καλοκαγαθια (ἡ) -ας	la excelencia
καλοποιεω	hacer el bien, hacer bien, hacer lo bueno
καλος -η, -ον	bueno, útil, hermoso, bello, sin defecto, delicioso, excelente, noble, de alta calidad, perfecto, correcto, fino
καλυμμα (το) -ατος	el velo, al cubierta, la envoltura
καλυπτω	cubrir, encubrir, ocultar, esconder

καλως	bien, honrosamente, adecuadamente, excelentemente, correctamente
καμηλος (ὁ) -ου	el camello
καμιλος (ἡ) -ου	la cuerda, la soga, la amarra
καμινος (ἡ) -ου	el horno
καμμυω	cerrar
καμνω	cansarse, agotarse, estar enfermo, morir
καμπτω	doblar
καν	y si, aunque, si aun siquiera, por lo menos, tan solamente
κανανaιος (ὁ) -ου	el cananita
κανων (ὁ) -ονος	la regla, el tendel, la norma, el área
καπηλευω	comerciar, hacer negocios, vender barato, falsificar
καπνος (ὁ) -ου	el humo
καραδοκια (ἡ) -ας	la espera ansiosa
καρδια (ἡ) -ας	el corazón
καρδιογνωστης (ὁ) -ου	el que conoce los corazones
καρπος (ὁ) -ου	el fruto, la fruta, el resultado, la cosecha, el provecho, el éxito, (*nombre*: Carpo)
καρποφορεω	llevar fruto, dar fruto, ser productivo
καρποφορος -ον	fructífero
καρτερεω	ser fuerte, estar fuerte, ser insistente, ser perseverante, estar firme, perseverar
καρφος (το) -ου	la astilla, la espina, el casco, la paja
κατα	<u>*con genitivo*</u>: desde, por, contra de, de lo alto de, en <u>*con acusativo*</u>: por, según, a lo largo de, a, hacia, para, por, en, cuando, mientras κατα κεφαλης = sobre la cabeza κατα βαθους = hasta lo profundo κατα τοπους = en diferentes lugares κατα προσωπον = en la cara, frente a κατ᾽ οἰκον ἐκκλησια = la iglesia en la casa κατ᾽ ἰδιαν = solo, aparte κατα μονας = solo, aparte κατ᾽ ἀρχας = en el principio κατα (τον) καιρον = en aquel tiempo καθ᾽ ἡμεραν = cada día κατα δυο = de dos κατα μερος = cada uno κατα τα αὐτα = así

	κατα το αὐτο = junto
	κατα τροπον = así como
καταβαινω	descender, bajar, tirar, arrojar
καταβαλλω	derribar, echar abajo (*voz media*: asentar)
καταβαρεω	abrumar, ser una carga
καταβαρυνω	estar pesado, abrumar, abatir
καταβασις (ἡ) -εως	la bajada, la cuesta
καταβιβαζω	abatir, arrojar, tirar, echar abajo
καταβοαω	gritar, insultar, increpar, formular la acusación, quejarse
καταβολη (ἡ) -ης	la fundación, el principio, el inicio, la creación
καταβραβευω	privar del premio, condenar, fallar en contra
καταγγελευς (ὁ) -εως	el pregonero, el heraldo, el predicador
καταγγελλω	proclamar, anunciar, dar a conocer
καταγελαω	burlarse
καταγ(ε)ινωσκω	condenar
καταγνυμι	quebrar, romper, destrozar
καταγραφω	escribir, dibujar
καταγω	traer abajo, llevar abajo, entrar, sacar (*voz pasiva*: arribar de barcos)
καταγωνιζομαι	vencer, triunfar sobre, conquistar
καταδεω	vendar (heridas)
καταδηλος -ον	manifiesto, claro, marcado, evidente
καταδικαζω	condenar
καταδικη (ἡ) -ης	la condenación, la condena
καταδιωκω	correr detrás de, seguir de inmediato
καταδουλοω	esclavizar, subyugar
καταδυναστευω	tiranizar, tratar con brutalidad, oprimir
καταθεμα (το) -ατος	lo maldito, lo que está bajo maldición de Dios
καταθεματιζω	maldecir
καταισχυνω	deshonrar, manchar, afear, avergonzar, humillar
κατακαιω	quemar
κατακαλυπτω	cubrir (*voz media*: cubrirse)
κατακαυχαομαι	gloriarse, vanagloriarse, jactarse, triunfar
κατακειμαι	estar echado o reclinado, yacer, estar enfermo
κατακλαω	romper en dos, romper, partir en pedazos
κατακλειω	encerrar
κατακληροδοτεω	repartir echando suerte
κατακληρονομεω	dar en herencia, recibir la herencia
κατακλινω	hacer recostar (*voz pasiva*: recostarse, sentarse)

κατακλυζω	inundar
κατακλυσμος (ὁ) -ου	la inundación, el diluvio
κατακολουθεω	seguir, seguir tras, alcanzar, aproximarse
κατακοπτω	pegar, lastimar, cortar
κατακρημνιζω	arrojar (desde un cerro), despeñar
κατακριμα (το) -ατος	el castigo, la condenación
κατακρινω	condenar, enjuiciar
κατακρισις (ἡ) -εως	la condena, la condenación
κατακυπτω	bajarse, inclinarse
κατακυριευω	enseñorearse, subyugar, dominar con violencia, reinar, tener poder sobre
καταλαλεω	calumniar, hablar mal de, hablar en contra de
καταλαλια (ἡ) -ας	la maledicencia, la calumnia, la difamación
καταλαλος -ον	hablando mal, calumniando (*Sust.*: el que habla mal de otra persona, el calumniador)
καταλαμβανω	tomar, tomar posesión de, obtener, apoderarse, ganar, alcanzar, prender, agarrar, sorprender (en el acto) (*voz media*: darse cuenta, comprender)
καταλεγω	escoger, poner en la lista
καταλειμμα (το) -ατος	el resto, el remanente, las sobras
καταλειπω	dejar, abandonar, desatender (*voz pasiva también*: estar pendiente, faltar)
καταλιθαζω	apedrear
καταλλαγη (ἡ) -ης	la reconciliación
καταλλασσω	reconciliar
καταλοιπος -ον	sobrante, restante
καταλυμα (το) -ατος	el albergue, el hospedaje, el aposento, el mesón
καταλυω	soltar totalmente, destruir, derribar, deshacer, derogar, abrogar, abolir, descansar, hospedarse
καταμανθανω	considerar, darse cuenta, observar, mirar
καταμαρτυρεω	testificar contra
καταμενω	quedarse, morar, vivir, radicar, permanecer
καταμονας	solo, aparte
καταναθεματιζω	maldecir
καταναλισκω	consumir, devorar
καταναρκαω	ser una carga para
κατανευω	hacer una señal, hacer señas
κατανοεω	considerar, observar, mirar, darse cuenta, notar, ver, fijarse

καταντάω	llegar, venir a, arribar, alcanzar, lograr
κατανυξις (ἡ) -εως	el ensordecimiento, el aturdimiento, el estupor
κατανυσσομαι	sentir un dolor atroz, ser perforado, ser pinchado
καταξιοω	apreciar, tener por digno, hacer digno
καταπατεω	pisar, pisotear, hollar, despreciar
καταπαυσις (ἡ) -εως	el descanso, el reposo, el lugar de descanso
καταπαυω	terminar, hacer descansar, hacer desistir, descansar, reposar, cesar
καταπετασμα (το) -ατος	la cortina, el telón, el velo
καταπινω	tragar, devorar, absorber
καταπιπτω	caer, caer sobre
καταπλεω	bajar a, navegar hasta/a
καταπονεω	oprimir, cansar, desmoralizar, incomodar, molestar
καταποντιζω	hundir (*voz pasiva*: hundirse)
καταρα (ἡ) -ας	la maldición
καταραομαι	maldecir
καταργεω	anular, hacer ineficaz, debilitar, abrogar, derogar, cancelar, abolir, destruir, acabar
καταριθμεω	contar, contar con, formar parte de
καταρτιζω	poner en orden, restaurar, remendar, perfeccionar, completar, preparar
καταρτισις (ἡ) -εως	el perfeccionamiento, la perfección
καταρτισμος (ὁ) -ου	el equipamiento, el perfeccionamiento, la capacitación
κατασειω	mover vivamente, hacer señas, hacer señales
κατασκαπτω	demoler, destruir
κατασκευαζω	preparar, edificar, equipar, proveer
κατασκηνοω	morar, hacer nidos, anidar, descansar
κατασκηνωσις (ἡ) -εως	la morada, el nido
κατασκιαζω	cubrir
κατασκοπεω	espiar
κατασκοπος (ὁ) -ου	el espía
κατασοφιζομαι	engañar con trampa/astucia
καταστελλω	calmar, apaciguar, sosegar
καταστημα (το) -ατος	el porte, la postura, el comportamiento
καταστολη (ἡ) -ης	el porte, la conducta, el comportamiento
καταστρεφω	volcar, tumbar, derribar, destruir
καταστρηνιαω	ser ávido, sucumbir impulsos sensuales, ser vencido por sentimientos voluptuosos

καταστροφη (ἡ) -ης la destrucción, la ruina, la caída
καταστρωννυμι derribar, matar
κατασυρω arrastrar, llevar a la fuerza
κατασφαζω degollar, matar
κατασφραγιζω sellar
κατασχεσις (ἡ) -εως la posesión, la toma de posesión
κατατιθημι poner en el suelo, poner, colocar (*voz media*: conceder, hacer un favor)
κατατομη (ἡ) -ης el despedazamiento, el descuartizamiento, la mutilación
κατατοξευω derribar de un tiro
κατατρεχω correr, bajar corriendo
καταυγαζω brillar, resplandecer, alumbrar
καταφερω dar el voto contra, presentar acusaciones (*voz pasiva*: ser vencido o dominado)
καταφευγω huir, recurrir a, buscar refugio
καταφθειρω perecer, corromper, pervertir, sucumbir
καταφιλεω besar
καταφρονεω menospreciar, despreciar, no hacer caso
καταφρονητης (ὁ) -ου el despreciador, el burlón
καταφωνεω clamar, gritar, decir a gritos
καταχεω derramar sobre
καταχθονιος -ον subterráneo, debajo de la tierra
καταχραομαι usar, utilizar, hacer pleno uso de
καταψηφιζομαι unirse a, juntarse con
καταψυχω refrescar
κατειδωλος -ον lleno de ídolos
κατεναντι frente a, delante de, enfrente
κατενωπιον delante de, en presencia de
κατεξουσιαζω abusar la autoridad, ejercer autoridad
κατεργαζομαι hacer, producir, crear, realizar, terminar, concluir, llevar a cabo, vencer
κατερχομαι descender, bajar, hacer escala, arribar
κατεσθιω devorar, consumir
κατευθυνω dirigir, dirigir hacia, conducir a, guiar
κατευλογεω bendecir
κατεφιστημι levantarse contra, rebelarse, sublevarse
κατεχω retener, impedir, detener, poseer, tener, mantener, dirigirse hacia
κατηγορεω acusar

κατηγορια (ἡ) -ας	la acusación
κατηγορος (ὁ) -ου	el acusador
κατηγωρ (ὁ) -ορος	el acusador
κατηφεια (ἡ) -ας	el abatimiento, el desaliento
κατηχεω	instruir, informar, enseñar
κατιοομαι	oxidarse, enmohecerse, aherrumbrarse
κατισχυω	ser fuerte, prevalecer, dominar, tener fuerza, imponerse, vencer
κατοικεω	vivir, habitar, morar, residir
κατοικησις (ἡ) -εως	el vivir, la morada, la residencia
κατοικητηριον (το) -ου	la morada, la vivienda, la casa
κατοικια (ἡ) -ας	la morada, la vivienda, la habitación
κατοικιζω	hacer vivir, hacer morar, asignar una vivienda
κατοπτριζομαι	mirarse en el espejo
κατορθωμα (το) -ατος	la situación controlada, el estado ordenado
κατω	abajo, bajo, hacia abajo, debajo
κατωτερος -α, -ον	más abajo
κατωτερω	abajo, bajo, más bajo, menor
καυμα (το) -ατος	el calor, el ardor
καυματιζω	arder, quemar
καυματοω	ser torturado por el ardor del fuego
καυσις (ἡ) -εως	el quemar, el ser quemado
καυσοομαι	arder, consumirse en el fuego
καυστηριαζω	marcar con hierro candente, marcar con marca de fuego, cauterizar
καυσων (ὁ) -ωνος	el calor, el ardor
καυτηριαζω	marcar con hierro candente, marcar con marca de fuego, cauterizar
καυχαομαι	gloriarse, preciarse, jactarse, vanagloriarse
καυχημα (το) -ατος	el motivo de orgullo, la jactancia, la gloria
καυχησις (ἡ) -εως	la gloria, los elogios, el gloriarse, la jactancia
κεδρος (ἡ) -ου	el cedro
κειμαι	estar puesto o acostado, existir, servir, ser destinado
κειρια (ἡ) -ας	la venda
κειρω	trasquilar, esquilar, cortar el cabello, rapar
κελευσμα (το) -ατος	el mando, la voz de mando
κελευω	mandar, ordenar
κενεμβατευω	dar un traspié en la cuerda
κενοδοξια (ἡ) -ας	la jactancia, la vanagloria

κενοδοξος -ον vanaglorioso, jactancioso, presumido
κενος -η, -ον vacío, vano, hueco
κενοφωνια (ἡ) -ας la palabrería vana o vacía
κενοω vaciar, despojar, aniquilar, hacer inválido, privar
κεντρον (το) -ου el pincho, la púa, el aguijón, la espina, el palo de púas, el palo de espinas
κεντυριων (ὁ) -ωνος el centurión
κενως en vano
κεραια (ἡ) -ας la pequeña raya que va junto a una letra, la tilde
κεραμευς (ὁ) -εως el alfarero
κεραμικος -η, -ον del alfarero, de barro, de arcilla
κεραμιον (το) -ου el recipiente de barro, el cántaro
κεραμος (ὁ) -ου el barro, la vajilla de barro, la teja, el tejado
κεραννυμι mezclar (verter)
κερας (το) -ατος el cuerno
κερατιον (το) -ου la fruta del algarrobo, la algarroba
κερδαινω ganar, conseguir, triunfar, evitar, eludir
κερδος (το) -ους la ganancia
κερμα (το) -ατος la moneda, el dinero
κερματιστης (ὁ) -ου el cambista
κεφαλαιον (το) -ου el punto principal, lo esencial, el capital, la suma de dinero
κεφαλαιοω pegar en la cabeza
κεφαλη (ἡ) -ης la cabeza
κεφαλιοω pegar en la cabeza, herir en la cabeza
κεφαλις (ἡ) -ιδος el rollo
κηδευω enterrar, sepultar
κημοω poner bozal, abozalar
κηνσος (ὁ) -ου el impuesto, el tributo
κηπος (ὁ) -ου el jardín, el huerto
κηπουρος (ὁ) -ου el jardinero, el hortelano
κηριον (το) -ου el panal, la cera
κηρυγμα (το) -ατος la anunciación, la publicación, la proclamación, el anuncio, la predicación
κηρυξ (ὁ) -υκος el heraldo, el pregonero, el predicador
κηρυσσω hacer saber, dar a conocer, hacer público, publicar, anunciar, proclamar, predicar
κητος (το) -ους el monstruo marítimo
κηφας -ᾶ Cefas, la roca
κιβωριον (το) -ου la caja, el ingreso
κιβωτος (ἡ) -ου la caja, el cofre, el arca

κιθαρα (ἡ) -ας	la cítara, el laúd, el arpa
κιθαριζω	tocar la cítara, tocar el arpa
κιθαρῳδος (ὁ) -ου	el citarista, el arpista
κινδυνευω	correr peligro, estar en peligro, peligrar
κινδυνος (ὁ) -ου	el peligro
κινεω	mover, menear la cabeza, promover, motivar
κινησις (ἡ) -εως	el movimiento
κινναμωμον (το) -ου	la canela
κιχρημι	prestar
κλαδος (ὁ) -ου	la rama
κλαιω	llorar
κλασις (ἡ) -εως	el rompimiento, el partimiento
κλασμα (το) -ατος	el pedazo, el trozo
κλαυθμος (ὁ) -ου	el llanto, el lloro, el lamento
κλαω	romper, partir
κλεις (ἡ) -δος	la llave
κλειω	cerrar, encerrar, candar, atrancar
κλεμμα (το) -ατος	el robo, el hurto
κλεος (το) -ους	la gloria, el mérito, el honor
κλεπτης (ὁ) -ου	el ladrón
κλεπτω	robar, hurtar
κλημα (το) -ατος	el sarmiento, el pámpano
κληρονομεω	heredar, recibir por herencia
κληρονομια (ἡ) -ας	la herencia, la propiedad, las posesiones
κληρονομος (ὁ) -ου	el heredero
κληρος (ὁ) -ου	la suerte, el destino, la parte, la participación
κληροω	designar por sorteo (*voz media*: recibir)
κλησις (ἡ) -εως	la invitación, el llamamiento, la vocación
κλητος -η, -ον	invitado, llamado
κλιβανος (ὁ) -ου	el horno
κλιμα (το) -ατος	la región
κλιναριον (το) -ου	la cama, la camilla, el catre
κλινη (ἡ) -ης	la cama, el lecho, la camilla
κλινιδιον (το) -ου	la camilla
κλινω	bajar, inclinar, poner, recostar, declinar (el día), poner en fuga
κλισια (ἡ) -ας	los convidados, un grupo de personas que comen juntos
κλοπη (ἡ) -ης	el robo, el hurto
κλυδων (ὁ) -ωνος	el embate de las olas, el oleaje, las olas
κλυδωνιζομαι	ser echado de un lado para otro por las olas

κνηθομαι	picar, tener comezón, sentir cosquillas
κοδραντης (ὁ) -ου	el cuadrante
κοιλια (ἡ) -ας	el vientre, el estómago, el seno, la matriz
κοιμαομαι	dormir, dormirse, morir
κοιμησις (ἡ) -εως	el dormir, el sueño
κοινος -η, -ον	común, vulgar, profano, grosero, impuro
κοινοω	ensuciar, impurificar, contaminar, profanar, considerar impuro, manchar
κοινωνεω	participar en, compartir, hacer partícipe
κοινωνια (ἡ) -ας	la comunión, la participación, el compañerismo
κοινωνικος -η, -ον	haciendo participar, compartiendo
κοινωνος (ὁ) -ου	el compañero, el cómplice, el partícipe
κοιτη (ἡ) -ης	la cama, el coito, las relaciones sexuales, el libertinaje sexual, el exceso sexual
κοιτων (ὁ) -ωνος	el dormitorio
κοκκινος -η, -ον	escarlata (rojo)
κοκκος (ὁ) -ου	el grano, la semilla
κολαζω	castigar
κολακεια (ἡ) -ας	el halago, la lisonja, la adulación
κολασις (ἡ) -εως	el castigo
κολαφιζω	dar puñetazos, pegar una bofetada, abofetear, golpear, hostigar
κολλαω	unir, juntar (*voz pasiva*: unirse, juntarse, pegarse, asociarse)
κολλουριον (το) -ου	la pomada oftálmica, el colirio
κολλυβιστης (ὁ) -ου	el cambista
κολοβοω	mutilar, dañar, acortar, reducir
κολπος (ὁ) -ου	el pecho, el seno, la bahía, el golfo, el pliegue de la ropa, el regazo
κολυμβαω	nadar
κολυμβηθρα (ἡ) -ας	la piscina, el estanque
κολωνια (ἡ) -ας	la colonia
κομαω	dejar crecer el cabello, tener cabellera larga
κομη (ἡ) -ης	el cabello
κομιζω	traer, llevar (*voz media*: recibir, obtener, recobrar, recuperar)
κομψοτερον	mejor
κονιαω	blanquear
κονιορτος (ὁ) -ου	el polvo
κοπαζω	disminuir, aflojar, calmar, cesar
κοπετος (ὁ) -ου	el lamento de dolor, el llanto

κοπη (ἡ) -ης	la derrota, la matanza
κοπιαω	afanarse, esforzarse, trabajar, cansarse (trabajando), fatigarse, agotarse
κοπος (ὁ) -ου	el agobio, las fatigas, la pena, la molestia, el esfuerzo, el trabajo
κοπρια (ἡ) -ας	el estiércol amontonado, el estercolero, el muladar
κοπριον (το) -ου	el abono, el estiércol
κοπτω	cortar (*voz media*: lamentarse, llorar la muerte, estar de luto, gemir)
κοραξ (ὁ) -ακος	el cuervo
κορασιον (το) -ου	la niña, la muchacha, la chica
κορβαν	*hebr.* "corbán" (dádiva consagrada a Dios)
κορβανας (ὁ) -α	el tesoro del templo
κορεννυμι	llenar (*voz pasiva*: saciarse, estar satisfecho)
κορος (ὁ) -ου	el cor (= una medida de capacidad)
κοσμεω	arreglar, ordenar, adornar, decorar, ataviar
κοσμικος -η, -ον	terrenal, mundano
κοσμιος -α, -ον	decente, decoroso, digno, respetable
κοσμιως	decentemente, decorosamente
κοσμοκρατωρ (ὁ) -ορος	el señor del mundo, el soberano del mundo, el gobernante del mundo
κοσμος (ὁ) -ου	el universo, el mundo, la tierra, el adorno, el atavío
κουμ	*hebr.* "cumi" (¡levántate!)
κουμι	*hebr.* "cumi" (¡levántate!)
κουστωδια (ἡ) -ας	la guardia
κουφιζω	aligerar, quitar peso
κοφινος (ὁ) -ου	el canasto, la cesta
κραβαττος (ὁ) -ου	el lecho, la cama, la camilla
κραζω	gritar, dar voces, clamar
κραιπαλη (ἡ) -ης	el aturdimiento de la cabeza, la embriaguez, el mareo
κρανιον (το) -ου	el cráneo, la calavera
κρασπεδον (το) -ου	el borde, la borla, el fleco, la orla
κραταιος -α, -ον	fuerte, poderoso
κραταιοω	fortalecer (*voz pasiva*: fortalecerse)
κρατεω	echar mano, prender, apoderar, apoderarse, tomar, lograr, retener, sostener, impedir, refrenar, detener
κρατιστος -η, -ον	muy apreciado, excelentísimo
κρατος (το) -ους	el poder, la potencia, el dominio, el imperio, la fuerza
κραυγαζω	gritar, chillar, clamar, vociferar, dar voces
κραυγη (ἡ) -ης	el clamor, el griterío, el grito, la voz
κρεας (το) κρεατος	la carne

κρεισσων -ον	mejor, mayor, superior, más preferible
κρειττων -ον	mejor, mayor, superior, más preferible
κρεμαννυμι	colgar (*voz media*: depender)
κρεπαλη (ἡ) -ης	el aturdimiento de la cabeza, la embriaguez, el mareo
κρημνος (ὁ) -ου	el despeñadero, el pendiente, el declive, el barranco
κρης (ὁ) κρητος	el cretense
κριθη (ἡ) -ης	la cebada
κριθινος -η, -ον	(de harina) de cebada
κριμα (το) -ατος	el litigio, el juicio, el pleito, el juzgar, la sentencia, el veredicto, la condenación, el castigo
κρινον (το) -ου	la azucena, el lirio
κρινω	juzgar, separar, diferenciar, escoger, preferir, opinar, explicar, tener por, decidir, condenar, decretar, determinar, resolver, considerar
κρισις (ἡ) -εως	el juicio, el derecho, la justicia, la condenación
κριτηριον (το) -ου	el tribunal, la corte, el caso
κριτης (ὁ) -ου	el juez
κριτικος -η, -ον	hábil en discernir, capaz de juzgar
κρουω	tocar la puerta, llamar
κρυπτη (ἡ) -ης	el rincón oculto, el sitio escondido, el sótano
κρυπτος -η, -ον	escondido, secreto, oculto, íntimo
κρυπτω	esconder, ocultar, encubrir
κρυσταλλιζω	ser transparente, brillar como un cristal
κρυσταλλος (ὁ) -ου	el cristal, el hielo
κρυφαιος -α, -ον	escondido, secreto, oculto
κρυφῃ	secretamente, a escondidas, en secreto
κταομαι	adquirir, ganar, obtener, comprar, poseer
κτημα (το) -ατος	la posesión, la propiedad, el terreno
κτηνος (το) -ους	el animal doméstico, la cabalgadura, el ganado
κτητωρ (ὁ) -ορος	el dueño, el propietario
κτιζω	crear
κτισις (ἡ) -εως	la creación, la criatura, la cosa creada, las autoridades
κτισμα (το) -ατος	la criatura, lo creado
κτιστης (ὁ) -ου	el creador
κυβεια (ἡ) -ας	el juego de dados, el juego tramposo
κυβερνησις (ἡ) -εως	la dirección, la capacidad de administración
κυβερνητης (ὁ) -ου	el timonel, el capitán, el piloto
κυβια (ἡ) -ας	el juego de dados, el juego tramposo
κυκλευω	rodear
κυκλοθεν	alrededor de (*adverbio*: alrededor)
κυκλοω	rodear, cercar

κυκλῳ	alrededor de (*adverbio*: alrededor)
κυλισμα (το) -ατος	la revolcadura, el revolcar
κυλισμος (ὁ) -ου	la revolcadura, el revolcar
κυλιω	revolcar, arrollar (*voz pasiva*: revolcarse)
κυλλος -η, -ον	manco, mutilado, deformado
κυμα (το) -ατος	la ola, la onda
κυμβαλον (το) -ου	el címbalo
κυμινον (το) -ου	el comino
κυναριον (το) -ου	el perrillo, el perrito
κυπριος (ὁ) -ου	el chipriota
κυπτω	inclinarse, bajarse, agacharse
κυρια (ἡ) -ας	la señora
κυριακος -η, -ον	del señor, concerniente al Señor
κυριευω	enseñorearse, señorear, dominar, gobernar
κυριος (ὁ) -ου	el señor
κυριοτης (ἡ) -ητος	el señorío, el dominio
κυροω	ratificar, confirmar, decidir
κυων (ὁ) κυνος	el perro
κωλον (το) -ου	el cadáver
κωλυω	impedir, prohibir, negar, estorbar, obstaculizar
κωμη (ἡ) -ης	la aldea, el pueblo
κωμοπολις (ἡ) -εως	el pueblo, la villa, el poblado
κωμος (ὁ) -ου	la orgía, la glotonería, la juerga
κωνωψ (ὁ) -ωπος	el mosquito
κωφος -η, -ον	mudo, sordo, sordomudo

Λ - λ

λαγχανω	determinar echando suerte, echar suerte, alcanzar, recibir, recibir asignado, obtener
λαθρᾳ	secretamente, en secreto, encubiertamente
λαϊλαψ (ἡ) -απος	el tornado, la tormenta, el huracán
λακαω	reventar
λακτιζω	dar coces, patear
λαλεω	hablar, decir, proclamar, anunciar
λαλια (ἡ) -ας	el hablar, la manera de hablar, lo que se habla
λαμα	*hebr.* "lama" (= ¿por qué?)
λαμβανω	tomar, recibir, obtener, conseguir, quitar, prender, coger, acoger, escoger
λαμπας (ἡ) -αδας	la antorcha, la lámpara
λαμπρος -α, -ον	resplandeciente, transparente, radiante, brillante
λαμπροτης (ἡ) -ητος	el brillo, el resplandor
λαμπρως	estupendamente, grandiosamente
λαμπω	resplandecer, brillar, alumbrar
λανθανω	estar escondido, esconderse, pasar inadvertido, quedar oculto, escapar, ignorar
λαξευτος -η, -ον	(ex)cavado en una peña o roca
λαοδικευς (ὁ) -εως	el laodicense
λαος (ὁ) -ου	el pueblo, la gente, la multitud, el gentío
λαρυγξ (ὁ) -γγος	la garganta
λασκω	reventar
λατομεω	cavar en una peña, labrar en una roca
λατρεια (ἡ) -ας	el culto (divino), el oficio del culto, el servicio
λατρευω	servir, ministrar, rendir culto, dar culto
λαχανον (το) -ου	la verdura, las hortalizas, la legumbre
λεγιων (ἡ) -ωνος	la legión
λεγω	decir, hablar, llamar, preguntar, ordenar, contestar, declarar, afirmar, contar
λειμμα (το) -ατος	el remanente, el resto
λειος -α, -ον	llano, plano
λειπω	dejar, abandonar, carecer, faltar, estar desprovisto
λειτουργεω	ministrar, servir
λειτουργια (ἡ) -ας	el ministerio, el servicio
λειτουργικος -η, -ον	ministrando, estando en el servicio

λειτουργος (ὁ) -ου	el servidor, el ministro
λειχω	lamer
λεμα	*hebr.* “lama” (¿por qué?)
λεντιον (το) -ου	la toalla
λεπις (ἡ) -ιδος	la escama
λεπρα (ἡ) -ας	la lepra
λεπρος -α, -ον	leproso (*Sust.*: el leproso)
λεπτον (το) -ου	la blanca (= la moneda más pequeña)
λευιτης (ὁ) -ου	el levita
λευιτικος -η, -ον	levítico
λευκαινω	hacer blanco, emblanquecer, blanquear
λευκος -η, -ον	blanco, resplandeciente como la luz
λεων (ὁ) -οντος	el león
ληθη (ἡ) -ης	el olvidar, el olvido
λημψις (ἡ) -εως	el ingreso, la ganancia, el recibir
ληνος (ἡ) -ου	el lagar
ληρος (ὁ) -ου	el parloteo, la habladuría, las tonterías, las bobadas, el disparate
λῃστης (ὁ) -ου	el salteador de caminos, el atracador, el saqueador, el ladrón
ληψις (ἡ) -εως	el ingreso, la ganancia, el recibir
λιαν	muy, mucho, grande, bastante
λιβανος (ὁ) -ου	el incienso, el olíbano
λιβανωτος (ὁ) -ου	el incienso, el incensario
λιβερτινος (ὁ) -ου	el libertino, el liberto
λιθαζω	apedrear
λιθινος -η, -ον	de piedra, pétreo
λιθοβολεω	tirar piedras, apedrear
λιθος (ὁ) -ου	la piedra
λιθοστρωτος -ον	enlosado con losas de mármol, enlosado con un mosaico (*Sust.*: el mosaico, lo enlosado)
λικμαω	aplastar, desmenuzar, destrozar
λιμην (ὁ) -ενος	el puerto
λιμμα (το) -ατος	el remanente, el resto
λιμνη (ἡ) -ης	el lago, el estanque
λιμος (ὁ) -ου	el hambre, la hambruna
λινον (το) -ου	el lino, la mecha, el pabilo
λιπαρος -α, -ον	graso, fértil, bendito, exquisito, precioso, espléndido
λιτρα (ἡ) -ας	la libra
λιψ (ὁ) λιβος	el sudeste, el viento del sureste
λογεια (ἡ) -ας	la colecta

λογιζομαι	calcular, contar, cargar a la cuenta, considerar, pensar, evaluar, estimar
λογικος -η, -ον	espiritual, racional
λογιον (το) -ου	el dicho, la palabra
λογιος -α, -ον	elocuente, culto, erudito
λογισμος (ὁ) -ου	la consideración, el razonamiento, el sentimiento, la convicción, el pensamiento
λογομαχεω	enfrentarse verbalmente, disputar, altercar
λογομαχια (ἡ) -ας	la disputa sobre palabras, el enfrentamiento verbal
λογος (ὁ) -ου	la palabra, el hablar, el dicho, el discurso, la pregunta, la causa, la razón, el asunto, la cosa, la cuenta, el logos, la reputación
λογχη (ἡ) -ης	la lanza, la pica
λοιδορεω	insultar, maldecir, injuriar
λοιδορια (ἡ) -ας	el insulto, la injuria, el ultraje, la maldición
λοιδορος (ὁ) -ου	el maldiciente, el injurioso
λοιμος (ὁ) -ου	la peste, la pestilencia, la plaga, la epidemia
λοιπος -η, -ον	sobrante, restante, lo demás, demás, por lo demás, otro, ya, de aquí en adelante
λουτρον (το) -ου	el bañarse, el baño, el lavamiento
λουω	bañar, lavar
λυκαονιστι	en lengua licaónica
λυκος (ὁ) -ου	el lobo
λυμαινομαι	dañar, hacer daño, destruir
λυπεω	entristecer, contristar, ofender, afligir, mortificar (*voz pasiva*: entristecerse, estar triste, afligirse)
λυπη (ἡ) -ης	la tristeza, el dolor, la molestia, la pena, la aflicción
λυσις (ἡ) -εως	la separación, la división, el divorcio
λυσιτελεω	servir, ser útil, ser provechoso, ser mejor
λυτρον (το) -ου	el rescate, el precio de libertad
λυτροομαι	rescatar, redimir, salvar, libertar
λυτρωσις (ἡ) -εως	el rescate, la redención, la salvación, la liberación
λυτρωτης (ὁ) -ου	el salvador, el redentor, el libertador
λυχνια (ἡ) -ας	el candelero, el candelabro
λυχνος (ὁ) -ου	la lámpara
λυω	desatar, desamarrar, soltar, librar, derrumbar, partir en dos, destruir, deshacer, abolir, quitar, levantar (la sesión)

M - μ

μαγεια (ἡ) -ας	el arte mágico, la magia, la hechicería
μαγευω	practicar magia
μαγος (ὁ) -ου	el mago, el hechicero, el hombre sabio
μαθητευω	hacerse discípulo, hacer discípulos, instruir, ir a clase
μαθητης (ὁ) -ου	el discípulo, el aprendiz, el estudiante, el alumno, el seguidor
μαθητρια (ἡ) -ας	la discípula, la seguidora, la alumna
μαινομαι	estar fuera de sí, estar loco, rabiar
μακαριζω	glorificar, considerar feliz, tomar por bienaventurado
μακαριος -α, -ον	dichoso, bienaventurado, feliz, bendito
μακαρισμος (ὁ) -ου	la bienaventuranza, la felicidad
μακεδων (ὁ) -ονος	el macedonio
μακελλον (το) -ου	el mercado de la carne, el mercado de víveres
μακραν	lejos, distante
μακροθεν	lejos, de lejos
μακροθυμεω	tener paciencia, ser paciente, tardarse en
μακροθυμια (ἡ) -ας	la paciencia, la longanimidad
μακροθυμως	con paciencia, pacientemente
μακρος -α, -ον	largo, lejano, distante
μακροχρονιος -ον	de larga vida, longevo
μαλακια (ἡ) -ας	la delicadeza, la debilidad
μαλακος -η, -ον	delicado, suave, blando, afeminado
μαλιστα	mayormente, especialmente, en gran manera, sobre todo
μαλλον	más, mucho más, más bien, mejor, ante todo
μαμμη (ἡ) -ης	la abuela
μαμωνας (ὁ) -α	la fortuna, los bienes, la riqueza
μανθανω	aprender, conocer, enterarse
μανια (ἡ) -ας	la locura, la excentricidad
μαννα (το)	el maná
μαντευομαι	vaticinar, consultar el oráculo, adivinar, predecir el futuro
μαραινομαι	marchitarse, desvanecerse
μαρανα θα	*hebr.*: maranata (el señor viene, ¡Señor ven!)
μαργαριτης (ὁ) -ου	la perla

μαρμαρος (ὁ) -ου	el mármol
μαρτυρεω	dar testimonio, confirmar, testificar, ser testigo, recomendar, aprobar, afirmar, ratificar (*voz pasiva también*: tener buen testimonio o reputación)
μαρτυρια (ἡ) -ας	el testimonio, el dar testimonio, la reputación
μαρτυριον (το) -ου	el testimonio
μαρτυρομαι	dar testimonio, afirmar, suplicar, implorar
μαρτυς (ὁ) -υρος	el testigo, el mártir
μασαομαι	morder
μασθος (ὁ) -ου	el pecho, el pezón, el seno materno
μαστιγοω	azotar, golpear con un látigo
μαστιζω	azotar, golpear con un látigo
μαστιξ (ἡ) -ιγος	el látigo, el azote, la plaga, el sufrimiento
μαστος (ὁ) -ου	el pecho, el pezón, el seno materno
ματαιολογια (ἡ) -ας	la palabrería vana
ματαιολογος -ον	hablando vanidades (*Sust.*: el palabrero)
ματαιοομαι	envanecerse
ματαιος -α, -ον	vano, inútil, sin valor
ματαιοτης (ἡ) -ητος	la vanidad, la inutilidad
ματην	en vano, inútilmente
μαχαιρα (ἡ) -ης	la espada
μαχη (ἡ) -ης	la pelea, la lucha, la contienda, el conflicto, el pleito, la riña
μαχομαι	pelear, luchar, combatir, reñir, discutir
μεγαλαυχεω	ufanarse, enorgullecerse
μεγαλειος -α, -ον	grandioso, maravilloso, majestuoso (*Sust.*: la magnificencia, la obra maravillosa)
μεγαλειοτης (ἡ) -ητος	la grandeza, la majestad
μεγαλοπρεπης -ες	magnífico, majestuoso, supremo
μεγαλυνω	engrandecer, hacer más grande, magnificar
μεγαλως	en gran manera, grandemente
μεγαλωσυνη (ἡ) -ης	la majestad, la grandeza
μεγας, μεγαλη, μεγα	grande
μεγεθος (το) -ους	la grandeza
μεγισταν (ὁ) -ανος	el noble, el grande
μεγιστος -η, -ον	extremamente grande
μεθερμηνευω	traducir

μεθη (ἡ) -ης	la embriaguez, la borrachera
μεθιστημι	poner a otro sitio, trasladar, quitar, destronar, descarriar
μεθοδεια (ἡ) -ας	la malicia, la perfidia, las artimañas
μεθοριον (το) -ου	el límite, la frontera, el término, la región
μεθυσκω	emborrachar (*voz pasiva*: emborracharse, embriagarse)
μεθυσος (ὁ) -ου	el borracho
μεθυω	estar borracho, emborracharse
μειγνυμι	mezclar
μειζων	mayor, más, mejor
μελαν (το) -ανος	la tinta
μελας, μελαινα, μελαν	negro, malo, malvado
μελει	importa, tiene cuidado, da cuidado
μελεταω	cuidar, esforzarse, pensar, reflexionar, meditar, practicar, ejercer, tramar
μελι (το) -ιτος	la miel
μελισσιος -ον	de abejas
μελλω	*expresa futuro* (haber de, ir a, tener que, venidero, futuro), estar a punto de, disponerse a, vacilar
μελος (το) -ους	el miembro
μεμβρανα (ἡ) -ης	el pergamino, el libro
μεμφομαι	reprender, reprochar
μεμψιμοιρος -ον	estando descontento con su suerte
μεμψις (ἡ) -εως	la riña, la querella, la reprensión
μεν	*expresa contraste; mayormente no se traduce, sino solamente la siguiente partícula*
μενουν	antes bien, más bien, al contrario
μενουνγε	antes bien, más bien, al contrario
μεντοι	sin embargo, con todo eso, por cierto que, a pesar de todo
μενω	quedar, permanecer, durar, esperar
μεριζω	dividir, partir, descomponer, fraccionar, partir en trozos, dar, proporcionar, asignar (*voz media*: repartir)
μεριμνα (ἡ) -ης	la preocupación, el afán, la ansiedad
μεριμναω	preocuparse, afanarse, tener cuidado, interesarse
μερις (ἡ) -ιδος	la parte, la provincia, la porción
μερισμος (ὁ) -ου	la división, el reparto, la distribución
μεριστης (ὁ) -ου	el repartidor, el distribuidor

μερος (το) -ους	la parte, el pedazo, el partido, la región, la comarca, el lado, el ramo de negocios, el asunto, el turno, el lugar
	ἀνα μερος — por turno, uno por uno
	ἀπο μερους — en parte, parcialmente, en cierto modo
	ἐκ μερους — parcialmente
	ἐν μερει — en cuanto a, referente
	κατα μερος — en detalle, parte por parte
μεσαζω	encontrarse en el centro, estar en el centro
μεσημβρια (ἡ) -ας	el mediodía, el sur
μεσιτευω	garantizar, ser garante
μεσιτης (ὁ) -ου	el mediador, el intermediario
μεσονυκτιον (το) -ου	la medianoche
μεσος -η, -ον	en medio, entre
μεσοτοιχον (το) -ου	la pared intermedia, el tabique, la pared separadora
μεσουρανημα (το) -ατος	el cenit, el medio del cielo, lo alto del cielo
μεσοω	estar en medio, estar a la mitad, estar a mediados
μεστος -η, -ον	lleno
μεστοω	estar lleno
μετα	*con genitivo*: con, junto con, en medio de, por, en, al lado de, contra *con acusativo*: después de, detrás de
μεταβαινω	ir a otro sitio, pasar, mudar, cambiar de lugar
μεταβαλλομαι	cambiar de parecer, cambiar de opinión, volverse hacia
μεταγω	dirigir, dirigir en otra dirección, dar otro rumbo
μεταδιδωμι	repartir, hacer partícipe, compartir, entregar, dar
μεταθεσις (ἡ) -εως	el cambio de lugar, el traslado, el cambio, la sacudida
μεταιρω	irse, marcharse
μετακαλεομαι	hacer venir, hacer llamar, hacer traer
μετακινεω	mover del sitio, salir del sitio, mover, cambiar, mudar
μεταλαμβανω	recibir su parte, recibir su porción, participar, tomar
μεταλημψις (ἡ) -εως	la recepción, el participar
μεταλλασσω	cambiar, canjear
μεταμελομαι	arrepentirse, sentir pesar o remordimiento
μεταμορφοομαι	transformarse, transfigurarse
μετανοεω	cambiar su opinión, su pensamiento, su mente, su inclinación; arrepentirse, convertirse
μετανοια (ἡ) -ας	el cambio de opinión, de mente, de inclinación; el arrepentimiento

μεταξυ	entre, siguiente (*Adv.*: mientras tanto, después)
μεταπεμπομαι	hacer venir, hacer llamar, hacer traer, ordenar venir
μεταστρεφω	cambiar, convertir, pervertir, transformar, tergiversar
μετασχηματιζω	transformar, cambiar (*voz media*: disfrazarse)
μετατιθημι	poner en otro sitio, trasladar, cambiar, convertir, transportar, transformar, arrebatar (*voz media*: abandonar, renegar)
μετατρεπω	convertir, cambiar, tornar
μεταφυτευω	trasplantar
μετεπειτα	después
μετεχω	participar, pertenecer, disfrutar, saborear
μετεωριζομαι	estar intranquilo, estar miedoso, inquietarse
μετοικεσια (ἡ) -ας	la deportación, el destierro
μετοικιζω	trasplantar, trasladar, desterrar
μετοχη (ἡ) -ης	la comunidad, la comunión, la posesión común, la participación, la asociación
μετοχος -ον	partícipe, participando (*Sust.*: el compañero)
μετρεω	medir
μετρητης (ὁ) -ου	el cántaro (medida)
μετριοπαθεω	moderar, limitar la pasión, sentir compasión
μετριως	moderadamente, hasta cierto punto
μετρον (το) -ου	la medida
μετωπον (το) -ου	la frente
μεχρι	hasta, hasta que
μη	no *después de algunos verbos*: que *en preguntas*: ¿Por si acaso? οὐ μη = de ninguna manera, nunca jamás
μηγε	en caso contrario, de lo contrario, pero si no
μηδαμως	de ningún modo
μηδε	ni, tampoco, ni siquiera
μηδεις, μηδεμια, μηδεν	ninguno, nada, nadie
μηδεποτε	nunca, jamás
μηδεπω	aún, todavía no
μηθεν	= μηδεις
μηκετι	ya no, nunca más, no más, de aquí en adelante
μηκος (το) -ους	la longitud
μηκυνω	alargar (*voz media*: alargarse, crecer)
μηλωτη (ἡ) -ης	la piel de oveja
μην (ὁ) μηνος	el mes

μην	ciertamente, de vera
μηνυω	descubrir, avisar, denunciar, indicar, hacer saber
μηποτε	*negación*: no, nunca
	conjunción: para que no
	pregunta: ¿será que? ¿acaso?
μηπου	para que no en algún lugar
μηπω	aún no
μηπως	para que no, no sea que
μηρος (ὁ) -ου	el muslo
μητε	ni…ni, y no
μητηρ (ἡ) -τρος	la madre
μητι	¿Acaso…?
μητιγε	menos aún, cuanto más
μητρα (ἡ) -ας	el seno materno, la matriz
μητρολῳας (ὁ) -ου	el matricida
μιαινω	manchar, ensuciar, contaminar, mancillar
μιασμα (το) -ατος	la mancha, la mancilla, la contaminación
μιασμος (ὁ) -ου	el ensuciamiento, la mancilla, la contaminación
μιγμα (το) -ατος	la mezcla, la mixtura
μιγνυμι	mezclar
μικρον	un poco
μικρος -α, -ον	pequeño, poco, corto, menor
μιλιον (το) -ου	la milla
μιμεομαι	imitar, seguir el ejemplo
μιμητης (ὁ) -ου	el imitador
μιμνῃσκομαι	acordarse, tener en mente, recordar
μισεω	odiar, aborrecer, detestar, despreciar
μισθαποδοσια (ἡ) -ας	la retribución, la recompensa, el castigo
μισθαποδοτης (ὁ) -ου	él que da la retribución o la recompensa
μισθιος (ὁ) -ου	el jornalero, el peón
μισθοομαι	contratar, alquilar (para sí mismo)
μισθος (ὁ) -ου	el salario, la recompensa, el pago
μισθωμα (το) -ατος	el alquiler, la casa o el departamento alquilado
μισθωτος (ὁ) -ου	el jornalero, el asalariado
μνα (ἡ) μνας	la mina
μναομαι	desear como esposa (*Participio*: prometido)
μνεια (ἡ) -ας	la memoria, la mención, el recuerdo
μνημα (το) -ατος	el sepulcro, la tumba
μνημειον (το) -ου	el monumento, el sepulcro, la tumba

μνημη (ἡ) -ης	el recuerdo, la memoria
μνημονευω	acordarse, recordar, tener en mente
μνημοσυνον (το) -ου	la memoria, el memorial
μνηστευω	pedir en matrimonio (*voz pasiva*: llegar a ser novia, estar desposada)
μογγιλαλος -ον	hablando con dificultad, mudo
μογιλαλος -ον	hablar con dificultad, mudo
μογις	a duras penas, a penas
μοδιος (ὁ) -ου	el almud
μοιχαλις (ἡ) -ιδος	la adúltera
μοιχαομαι	inducir al adulterio, cometer adulterio
μοιχεια (ἡ) -ας	el adulterio
μοιχευω	cometer adulterio
μοιχος (ὁ) -ου	el adúltero
μολις	a duras penas, apenas, raras veces, con dificultad
μολυνω	manchar, ensuciar, contaminar
μολυσμος (ὁ) -ου	la mancha, la mancilla, el ensuciamiento, la contaminación
μομφη (ἡ) -ης	la queja
μονη (ἡ) -ης	la morada, el paradero, el lugar de residencia
μονογενης -ες	único, unigénito
μονον	solamente, sólo
μονος -η, -ον	solo, único
μονοφθαλμος -ον	tuerto, con un solo ojo
μονοω	hacer solitario (*voz pasiva*: quedarse solo)
μορφη (ἡ) -ης	la forma, la apariencia
μορφοω	formar, tomar forma, tomar cuerpo
μορφωσις (ἡ) -εως	la forma, la apariencia, la personificación
μοσχοποιεω	hacer un becerro
μοσχος (ὁ) -ου	el becerro, el novillo
μουσικος (ὁ) -ου	el músico
μοχθος (ὁ) -ου	el esfuerzo, el trabajo
μυελος (ὁ) -ου	el tuétano, la médula
μυεω	introducir, poner en el secreto, enseñar
μυθος (ὁ) -ου	la historia inventado, la ficción, la saga, la fábula, el mito
μυκαομαι	rugir
μυκτηριζω	burlarse, mofarse
μυλικος -η, -ον	de molino
μυλινος -η, -ον	de molino
μυλος (ὁ) -ου	la piedra de molino, el molino

μυλων (ὁ) -ωνος	el molino, el edificio del molino
μυριας (ἡ) -αδος	la miríada, el grupo de diez mil
μυριζω	ungir, embalsamar
μυριοι -αι, -α	diez mil
μυριος -α, -ον	innumerable, incontable, millares
μυρον (το) -ου	el ungüento, el ungüento perfumado, el perfume, el bálsamo
μυστηριον (το) -ου	el secreto, el misterio
μυωπαζω	estar corto de vista
μωλωψ (ὁ) -ωπος	la roncha del azote o del látigo, la herida
μωμαομαι	burlarse, mofarse
μωμος (ὁ) -ου	la mancha, el defecto, la crítica, el reproche
μωραινω	hacer necio, resultar estúpido (*voz pasiva*: hacerse insípido, perder el sabor)
μωρια (ἡ) -ας	la necedad, la insensatez, la estupidez, la tontería
μωρολογια (ἡ) -ας	el parloteo de necedades, el hablar tonterías
μωρος -α, -ον	necio, insensato, estúpido, tonto

N - ν

ναζαρηνος -η, -ον	de Nazaret, nazareno
ναζωραιος -η, -ον	de Nazaret, nazareno
ναι	sí, ciertamente, seguramente
ναος (ὁ) -ου	el templo, el santuario
ναρδος (ἡ) -ου	el nardo, el aceite de nardo
ναυαγεω	naufragar
ναυκληρος (ὁ) -ου	el naviero, el dueño de la nave, el capitán de la nave
ναυς (ἡ) ναυν (*ac.*)	la nave, el buque
ναυτης (ὁ) -ου	el marinero
νεανιας (ὁ) -ου	el joven, el muchacho
νεανισκος (ὁ) -ου	el joven, el muchacho
νεκρος -α, -ον	muerto, sin vida (*Sust.*: el muerto)
νεκροω	matar, amortiguar, hacer morir
νεκρωσις (ἡ) -εως	el matar, la mortificación, la necrosis, la esterilidad
νεομηνια (ἡ) -ας	la luna nueva
νεος -α, -ον	nuevo, joven, fresco
νεοσσος (ὁ) -ου	el pichón
νεοτης (ἡ) -ητος	la juventud
νεοφυτος -ον	recién plantado, neófito
νευω	hacer señas
νεφελη (ἡ) -ης	la nube
νεφος (το) -ους	la nube
νεφρος (ὁ) -ου	el riñón
νεωκορος (ὁ) -ου	el guardián del templo
νεωτερικος -η, -ον	juvenil, relacionado con la juventud
νη	ciertamente, por …
νηθω	hilar
νηπιαζω	ser como un niño
νηπιος -α, -ον	menor de edad, inmaduro
νησιον (το) -ου	la pequeña isla, el islote
νησος (ἡ) -ου	la isla
νηστεια (ἡ) -ας	el ayuno
νηστευω	ayunar
νηστις (*Ac/Pl* νηστεις)	en ayunas, no comiendo
νηφαλιος -α, -ον	sobrio, moderado

νηφω	ser sobrio
νικαω	vencer, salir victorioso
νικη (ἡ) -ης	la victoria
νικολαϊτης (ὁ) -ου	el nicolaíta
νικος (το) -ους	la victoria
νινευιτης (ὁ) -ου	una persona de Nínive
νιπτηρ (ὁ) -ηρος	el lavabo, el lavamano
νιπτω	lavar
νοεω	entender, darse cuenta, discernir, pensar, reconocer, considerar
νοημα (το) -ατος	el pensamiento, el entendimiento, el sentido, la maquinación, la trama
νοθος -η, -ον	ilegítimo, bastardo
νομη (ἡ) -ης	el pasto, el carcomer
νομιζω	ser costumbre, pensar, suponer, creer
νομικος -η, -ον	conociendo las leyes, acerca de la ley
νομιμως	según la ley, legítimamente, legalmente
νομισμα (το) -ατος	la moneda
νομοδιδασκαλος (ὁ) -ου	el doctor de la ley, el intérprete de la ley, el maestro de la ley
νομοθεσια (ἡ) -ας	la legislación, la constitución, la ley, la promulgación de la ley
νομοθετεομαι	recibir leyes, actuar como legislador, establecer legalmente
νομοθετης (ὁ) -ου	el legislador, el dador de la ley
νομος (ὁ) -ου	la ley, la regla
νοσεω	estar enfermo, enfermarse, tener la enfermedad
νοσημα (το) -ατος	la enfermedad
νοσος (ἡ) -ου	la enfermedad
νοσσια (ἡ) -ας	el nido, la pollada, la nidada
νοσσιον (το) -ου	el polluelo, el pollito
νοσσος (ὁ) -ου	el pichón, el ave joven
νοσφιζομαι	malversar, defraudar, sustraer, cometer fraude
νοτος (ὁ) -ου	el viento del sur, el viento del sudoeste, el sur
νουθεσια (ἡ) -ας	la amonestación, la advertencia, la reprensión, la exhortación
νουθετεω	amonestar, advertir, reprender, exhortar
νουμηνια (ἡ) -ας	la luna nueva
νουνεχως	sabiamente, prudentemente, bien pensado, con sensatez

νους (ὁ) νοος, νοϊ — la mente, la razón, el entendimiento, el pensamiento, el modo de pensar
νυμφη (ἡ) -ης — la novia, la desposada, la recién casada, la nuera
νυμφιος (ὁ) -ου — el novio, el desposado, el recién casado
νυμφων (ὁ) -ωνος — la sala de bodas, el amigo del novio, los invitados de la boda
νυν — ahora, actualmente
νυνι — ahora, actualmente
νυξ (ἡ) νυκτος — la noche
νυσσω — pinchar, punzar, dar un empujón
νυσταζω — adormitarse, dar una cabezada, estar soñoliento, estar medio dormido, estar perezoso, estar apático
νυχθημερον (το) -ου — un día y una noche, las veinticuatro horas de un día
νωθρος -α, -ον — perezoso, apático, lento, indolente
νωτος (ὁ) -ου — la espalda

ξαινω	cardar, peinar lana
ξενια (ἡ) -ας	la hospitalidad, el cuarto de huéspedes, el alojamiento
ξενιζω	alojar, hospedar, parecer extraño, asombrar
ξενοδοχεω	practicar la hospitalidad
ξενος -η, -ον	extraño, extranjero, forastero, ajeno, raro (*Sust.*: el extranjero, el forastero, el anfitrión)
ξεστης (ὁ) -ου	el jarro, el cántaro
ξηραινω	secar, marchitar (*voz pasiva*: secarse)
ξηρος -α, -ον	seco
ξυλινος -η, -ον	de madera
ξυλον (το) -ου	la madera, el palo, la vara, el árbol, el cepo, la viga (de la cruz)
ξυραομαι	afeitarse, raparse

O - o

ὀγδοηκοντα	ochenta
ὀγδοος -η, -ον	octavo
ὀγκος (ὁ) -ου	lo oneroso, lo pesado, el peso
ὁδε, ἡδε, τοδε	este, tal, así
ὁδευω	ir, caminar, viajar (a pie)
ὁδηγεω	guiar, llevar, enseñar, instruir, adiestrar
ὁδηγος (ὁ) -ου	la guía
ὁδοιπορεω	viajar, estar de viaje, ir de camino
ὁδοιπορια (ἡ) -ας	la caminata, el viaje
ὁδοποιεω	abrir el camino
ὁδος (ἡ) -ου	el camino
ὀδους (ὁ) ὀδοντος	el diente
ὀδυναομαι	sufrir dolores, sentir dolores o angustia
ὀδυνη (ἡ) -ης	el dolor, el sufrimiento
ὀδυρμος (ὁ) -ου	el llanto, el gemido, el lamento
ὀζω	despedir un olor, exhalar un aroma, oler bien, oler mal, heder, apestar
ὁθεν	de donde, desde donde, donde, por lo cual, por eso
ὀθονη (ἡ) -ης	la sábana, el lienzo grande
ὀθονιον (το) -ου	la venda, el lienzo
οἰδα	saber, conocer, entender, darse cuenta
οἰκειος -α, -ον	de la familia, de la casa
οἰκετεια (ἡ) -ας	la servidumbre, los criados, los empleados
οἰκετης (ὁ) -ου	el criado, el esclavo, el siervo
οἰκεω	vivir, habitar, morar, residir
οἰκημα (το) -ατος	el cuarto, la celda, la cárcel
οἰκητηριον (το) -ου	la residencia, el domicilio, la morada
οἰκια (ἡ) -ας	la casa
οἰκιακος (ὁ) -ου	el miembro de la casa, el familiar
οἰκοδεσποτεω	gobernar, dirigir, llevar la casa
οἰκοδεσποτης (ὁ) -ου	el dueño de la casa, el amo de la casa, el padre de familia
οἰκοδομεω	edificar, construir, levantar
οἰκοδομη (ἡ) -ης	la edificación, la construcción, el edificio
οἰκοδομια (ἡ) -ας	la edificación, la construcción, el edificio

οἰκοδομος (ὁ) -ου	el arquitecto, el maestro de obra, el edificador, el constructor
οἰκονομεω	ser mayordomo o administrador, administrar, llevar la administración
οἰκονομια (ἡ) -ας	la administración de la casa, la mayordomía
οἰκονομος (ὁ) -ου	el administrador, el mayordomo, el tesorero de una ciudad
οἰκος (ὁ) -ου	la casa, la familia, el pueblo, la propiedad
οἰκουμενη (ἡ) -ης	la tierra habitada, el mundo, la tierra
οἰκουργος -ον	hogareño, casero, doméstico
οἰκουρος -ον	hogareño, casero, doméstico
οἰκτειρω	tener misericordia, compadecer
οἰκτιρμος (ὁ) -ου	la misericordia, la compasión
οἰκτιρμων -ον	misericordioso, compasivo
οἰκτιρω	tener misericordia, compadecer
οἰμαι	pensar, creer, suponer
οἰνοποτης (ὁ) -ου	el bebedor de vino, el borracho
οἰνος (ὁ) -ου	el vino
οἰνοφλυγια (ἡ) -ας	el alcoholismo, la embriaguez, la borrachera
οἰομαι	pensar
οἰος -α, -ον	cual, que, tal, como, así como
ὀκνεω	tardar, permanecer indeciso, vacilar, titubear
ὀκνηρος -α, -ον	perezoso, apático, negligente, molesto
ὀκταημερος -ον	de ocho días, al octavo día, a los ocho días
ὀκτω	ocho
ὀλεθριος -ον	fatal, mortal, siniestro
ὀλεθρος (ὁ) -ου	la desgracia, el desastre, la perdición, la ruina, la destrucción
ὀλιγοπιστια (ἡ) -ας	la poca fe
ὀλιγοπιστος -ον	de poca fe
ὀλιγος -η, -ον	poco, breve, un poco, unos pocos
ὀλιγοψυχος -ον	pusilánime, apocado, de poco ánimo, desanimado
ὀλιγωρεω	menospreciar
ὀλιγως	apenas, por poco
ὀλοθρευτης (ὁ) -ου	el destructor, el corruptor
ὀλοθρευω	arruinar, destruir
ὁλοκαυτωμα (το) -ατος	el holocausto
ὁλοκληρια (ἡ) -ας	la totalidad, la integridad, la salud completa
ὁλοκληρος -ον	total, completo, íntegro, entero
ὀλολυζω	aullar, gritar, dar alaridos

ὁλος -η, -ον	entero, completo, todo
ὁλοτελης -ες	totalmente completo, completamente (intacto)
ὀλυνθος (ὁ) -ου	el higo tardío, el higo verde
ὁλως	en general, después de todo, en absoluto, en efecto (*negación*: de ninguna manera)
ὀμβρος (ὁ) -ου	el aguacero, el chaparrón
ὁμειρομαι	sentir (un profundo) afecto por, tener ansia, sentimientos afectuosos y tiernos
ὁμιλεω	hablar, predicar, platicar, conversar
ὁμιλια (ἡ) -ας	el trato social, las relaciones, la compañía, el sermón
ὁμιλος (ὁ) -ου	la compañía, el grupo, la multitud
ὁμιχλη (ἡ) -ης	la niebla, la nube de nieblas, la neblina
ὀμμα (το) -ατος	el ojo
ὀμνυμι	= ὀμνυω
ὀμνυω	jurar
ὁμοθυμαδον	unánime, de común acuerdo, todos a una, juntos
ὁμοιαζω	ser semejante, parecerse, asemejarse
ὁμοιοπαθης -ες	de igual naturaleza, homogéneo
ὁμοιος -α, -ον	semejante, parecido
ὁμοιοτης (ἡ) -ητος	la semejanza, la similitud
ὁμοιοω	ser semejante, asemejarse, hacer semejante, hacer como, hacerse como (*voz pasiva*: parecerse)
ὁμοιωμα (το) -ατος	la semejanza, la homogeneidad, la igualdad, la apariencia, la imagen, la imitación
ὁμοιως	igualmente, de la misma manera, asimismo
ὁμοιωσις (ἡ) -εως	la semejanza, la homogeneidad, la conformidad
ὁμολογεω	asegurar, garantizar, prometer, reconocer, admitir, confesar, profesar, declarar (abiertamente), alabar
ὁμολογια (ἡ) -ας	la confesión, la profesión
ὁμολογουμενως	indiscutiblemente, sin lugar a dudas, según el parecer de todos
ὁμοσε	en el mismo lugar, juntos
ὁμοτεχνος -ον	del mismo oficio, ejerciendo el mismo oficio
ὁμου	juntos, en el mismo lugar
ὁμοφρων -ον	congenial, de un mismo sentir, en armonía
ὁμως	a pesar de esto, aunque, no obstante, sin embargo, con todo esto, ciertamente
ὀναρ (το)	el sueño (κατ' ὀναρ = en sueños)
ὀναριον (το) -ου	el asnillo, el asno
ὀνειδιζω	vituperar, insultar, injuriar, sufrir oprobio o insulto o injuria, reprochar

ὀνειδισμος (ὁ) -ου	el vituperio, la injuria, el insulto, el ultraje
ὀνειδος (το) -ους	la afrenta, el oprobio, la vergüenza, la desgracia
ὀνικος -η, -ον	de asno
ὀνιναμαι	llegar a ser feliz, sentir alegría o gozo, gozar
ὀνομα (το) -ατος	el nombre, el título, la categoría, la persona, la reputación, el oficio
ὀνομαζω	llamar, nombrar, invocar, dar un nombre, tomar el nombre, mencionar
ὀνος (ὁ, ἡ) -ου	el asno, la asna
ὀντως	en verdad, verdaderamente, realmente, de veras
ὀξος (το) -ου	el vinagre de vino, el vinagre
ὀξυς -εια, -υ	agudo, rápido, veloz
ὀπη (ἡ) -ης	el hueco, la abertura, la caverna, la quebradura
ὀπισθεν	por detrás, tras, atrás, por el reverso, detrás de
ὀπισω	detrás de, tras de, después de, hacia atrás
ὁπλιζω	armar (*voz media*: armarse de)
ὁπλον (το) -ου	el instrumento, la herramienta, el arma, el utensilio
ὁποιος -α, -ον	tal, cual, tal como
ὁποτε	cuando
ὁπου	donde, adonde, dondequiera, mientras
ὀπτανομαι	aparecerse, presentarse, dejarse ver
ὀπτασια (ἡ) -ας	la visión, la aparición
ὀπτος -η, -ον	asado, cocinado, cocido, frito
ὀπωρα (ἡ) -ας	la fruta, el fruto
ὁπως	para que, como
ὁραμα (το) -ατος	lo visto, la visión, la aparición
ὁρασις (ἡ) -εως	el aspecto, la apariencia, la visión
ὁρατος -η, -ον	visible
ὁραω	ver, mirar, observar, darse cuenta, experimentar, entender, tener cuidado, mirar que (*voz pasiva*: aparecer)
ὀργη (ἡ) -ης	la ira, la cólera
ὀργιζομαι	estar enojado, enojarse
ὀργιλος -η, -ον	enojado, encolerizado, iracundo
ὀργυια (ἡ) -ας	la braza
ὀρεγομαι	anhelar, codiciar, aspirar, estirarse, extenderse
ὀρεινη (ἡ) -ης	la montaña, la sierra
ὀρεινος -η, -ον	montañoso
ὀρεξις (ἡ) -εως	el deseo, la concupiscencia, la pasión
ὀρθοποδεω	andar rectamente, avanzar bien
ὀρθος -η, -ον	derecho, recto, erguido

ὀρθοτομεω	ir sin hacer un rodeo, trazar rectamente
ὀρθριζω	irse muy de mañana, madrugar para acudir
ὀρθρινος -η, -ον	muy de mañana, de madrugada
ὀρθριος -α, -ον	muy de mañana
ὀρθρος (ὁ) -ου	el alba, el crepúsculo, la madrugada
ὀρθως	bien, correctamente, rectamente, debidamente
ὁριζω	determinar, constituir, declarar, designar
ὁριον (το) -ου	el límite, la frontera, la región, el territorio
ὁρκιζω	suplicar, implorar, conjurar, rogar
ὁρκος (ὁ) -ου	el juramento
ὁρκωμοσια (ἡ) -ας	la afirmación, la garantía bajo juramento
ὁρμαω	precipitarse, lanzarse, arrojarse
ὁρμη (ἡ) -ης	el impulso, el anhelo, el esfuerzo
ὁρμημα (το) -ατος	el ímpetu, la violencia
ὀρνεον (το) -ου	el ave, el pájaro
ὀρνιξ (ὁ, ἡ) -ικος	el ave, la gallina, el gallo
ὀρνις (ὁ, ἡ) -ιθος	el ave, la gallina, el gallo
ὁροθεσια (ἡ) -ας	el límite fijo, el límite determinado
ὀρος (το) -ους	el monte, la montaña, el cerro
ὁρος (ὁ) -ου	el límite
ὀρυσσω	excavar, cavar (un hoyo), remover
ὀρφανος -η, -ον	huérfano, abandonado, desamparado
ὀρχεομαι	bailar, danzar
ὅς, ἥ, ὅ	Pronombre relativo
ὁσακις	todas las veces, cuantas veces
ὁσγε	= ὅς γε
ὁσιος -α, -ον	piadoso, santo, consagrado
ὁσιοτης (ἡ) -ητος	la piedad, la santidad, la devoción
ὁσιως	piadosamente, de manera agradable
ὀσμη (ἡ) -ης	el olor, el aroma
ὁσος -η, -ον	cuan grande, cuan largo, cuan ancho, cuanto, todo lo que, cuanto tiempo
ὁσπερ, ἡπερ, ὁπερ	que, quien, el que, el cual
ὀστεον (το) -ου	el hueso
ὁστις, ἡτις, ὅ τι	cualquier que, quien, que, todo aquel que, hasta que, el que, el cual
ὀστουν (το) -ου	el hueso
ὀστρακινος -η, -ον	de barro
ὀσφρησις (ἡ) -εως	el olfato, la nariz
ὀσφυς (ἡ) -υος	la cadera, los lomos

ὅταν	cuando, cada vez que, cuantas veces que, todas las veces que, después que
ὅτε	cuando, después de, al + *infinitivo*
ὅτι	que, porque, : (= *comienzo de una cita directa*)
οὗ	donde, que, adonde
οὐ	no (οὐ μη = de ninguna manera, nunca jamás)
οὐα	¡Bah!
οὐαι	¡Ay!
οὐδαμως	de ningún modo, no
οὐδε	y no, tampoco, ni, ni aun, ni siquiera
οὐδεις, οὐδεμια, οὐδεν	ninguno, nadie, nada, en absoluto
οὐδεποτε	nunca
οὐδεπω	aún no, no todavía
οὐθεις	ninguno, nadie, nada
οὐκετι	ya no, no... más
οὐκουν	por lo tanto, por consiguiente, así que, pues
οὐν	así que, de manera que, por consiguiente, pues
οὐπω	aún no, no todavía
οὐρα (ἡ) -ας	la cola
οὐρανιος -ον	celestial
οὐρανοθεν	desde el cielo
οὐρανος (ὁ) -ου	el cielo
οὐς (το) ὠτος	el oído, la oreja
οὐσια (ἡ) -ας	los bienes, la fortuna, la propiedad, la riqueza
οὐτε	ni, ni aún, ni…ni
οὑτος, αὑτη, τουτο	este, esta, esto
οὑτω, οὑτως	así, de esta manera, igualmente
οὐχ	no
οὐχι	no, no de ninguna manera, ya no... sino
ὀφειλετης (ὁ) -ου	el deudor, el culpable, el obligado
ὀφειλη (ἡ) -ης	la deuda, la obligación, el deber
ὀφειλημα (το) -ατος	la deuda, lo que se debe, la culpa, el pecado
ὀφειλω	deber, ser deudor, tener que, estar obligado a
ὀφελον	¡ojalá!
ὀφελος (το) -ους	el provecho, el beneficio
ὀφθαλμοδουλια (ἡ) -ας	el servicio al ojo, el servicio hecho para que el otro se dé cuenta
ὀφθαλμος (ὁ) -ου	el ojo
ὀφις (ὁ) -εως	la serpiente, la culebra
ὀφρυς (ἡ) -υος	la ceja, la cuesta, el pendiente, el precipicio

ὀχετος (ὁ) -ου	el canal, la cloaca
ὀχλεω	incomodar, atormentar, molestar, fastidiar
ὀχλοποιεω	incitar un gentío popular, juntar una turba de gente
ὀχλος (ὁ) -ου	la gente, la multitud, el pueblo, la masa
ὀχυρωμα (το) -ατος	la fortaleza, la bastión, la baluarte
ὀψαριον (το) -ου	el pescado, el pez
ὀψε	tarde, después de, a una hora avanzada
ὀψια (ἡ) -ας	la tarde, la noche, el atardecer
ὀψιμος -ον	tarde, tardío (*Sust.*: la lluvia tardía)
ὀψιος -α, -ον	tarde, tardío
ὀψις (ἡ) -εως	el ver, la apariencia, el rostro
ὀψωνιον (το) -ου	la paga, el salario, el pago, la compensación

Π - π

παγιδευω	coger con un lazo, hacer caer en la trampa
παγις (ἡ) -ιδος	el lazo, la trampa, la red
παθημα (το) -ατος	el sufrimiento, el padecimiento, la aflicción, la pasión
παθητος -η, -ον	expuesto al sufrimiento, sujeto al dolor
παθος (το) -ους	la pasión, el sufrimiento, el padecimiento, la aflicción
παιδαγωγος (ὁ) -ου	el ayo, el instructor, el maestro, el guía
παιδαριον (το) -ου	el muchacho
παιδεια (ἡ) -ας	la educación, la instrucción, la exhortación, la corrección, el castigo, la disciplina
παιδευτης (ὁ) -ου	el educador, el instructor, el corrector, el maestro
παιδευω	educar, instruir, corregir, disciplinar, castigar
παιδιοθεν	desde niño, desde la niñez o la infancia
παιδιον (το) -ου	el bebé, el niño, el muchacho, el infante
παιδισκη (ἡ) -ης	la muchacha, la criada, la esclava
παιζω	jugar, bailar, entretenerse, divertirse
παις (ὁ) παιδος	el muchacho, el criado, el esclavo, el siervo, el niño
παις (ἡ) παιδος	la muchacha, la niña, la sierva, la esclava, la criada
παιω	golpear, pegar, empujar, herir
παλαι	antiguamente, antes, en tiempos pasados, ya
παλαιος -α, -ον	viejo, antiguo, añejo
παλαιοτης (ἡ) -ητος	la vejez, lo viejo
παλαιοω	envejecer, dar por viejo, declarar viejo (*voz pasiva:* deteriorarse, estar caduco)
παλη (ἡ) -ης	la lucha, la pelea, la pugna
παλιγγενεσια (ἡ) -ας	el renacimiento, la regeneración, la renovación
παλιν	volver a, otra vez, de nuevo, asimismo, además
παλινγενεσια (ἡ) -ας	el renacimiento, la regeneración, la renovación
παμπληθει	todos, todos a una, todos juntos
παμπολυς, -πολλη, -πολυ	muy grande
πανδοχειον (το) -ου	el albergue, el hospedaje, la posada, el caravasar
πανδοχευς (ὁ) -εως	el jefe del albergue, de la posada, del alojamiento
πανηγυρις (ἡ) -εως	la asamblea/reunión festiva
πανοικει	con toda la casa o familia

πανοπλια (ἡ) -ης	la armadura (completa)
πανουργια (ἡ) -ας	la astucia, la viveza, la artimaña
πανουργος -ον	astuto, vivo, sagaz
πανταχῃ	por todas partes, en todas partes, en todo
πανταχοθεν	de todas partes, de todos lados, totalmente
πανταχου	por todas partes, en todas partes
παντελης -ες	completo, entero, para siempre, definitivo
παντῃ	de todos modos, en todo tiempo, en todo
παντοθεν	de todas partes, por todas partes, totalmente
παντοκρατωρ (ὁ) -ορος	el todopoderoso
παντοτε	siempre, en todo tiempo
παντως	en todo caso, cierto, seguro, de todos modos, ciertamente, sin duda, totalmente, absolutamente, indudablemente
παρα	<u>con genitivo</u>: de, de parte de <u>con dativo</u>: junto a, al lado de, con, ante, delante de, para <u>con acusativo</u>: junto a, a lo largo de, más que, en comparación con, por eso, en contra de, menos
παραβαινω	traspasar, pasarse, descuidar, extraviarse
παραβαλλω	echar, comparar, acercarse, aproximarse
παραβασις (ἡ) -εως	el extra-límite, la transgresión, la infracción
παραβατης (ὁ) -ου	la persona que infringe o desobedece
παραβιαζομαι	obligar, instar, forzar, insistir
παραβολευομαι	poner en juego, arriesgar
παραβολη (ἡ) -ης	la parábola
παραβουλευομαι	poner en juego, arriesgar
παραγγελια (ἡ) -ας	el mandato, la orden, el mandamiento
παραγγελλω	mandar, ordenar, dar instrucciones
παραγινομαι	venir, llegar, presentarse, estar al lado, ayudar, estar presente
παραγω	pasar
παραδειγματιζω	poner en la picota, desenmascarar, exponer, ridiculizar, poner en ridículo
παραδεισος (ὁ) -ου	el paraíso
παραδεχομαι	recibir, acoger, aceptar, admitir, declarar valedero, legitimar
παραδιατριβη (ἡ) -ης	la actividad inútil, ocuparse de cosas de poca importancia

παραδιδωμι entregar, traicionar, confiar, encargar, transmitir, encomendar, permitir, enseñar

παραδοξος -ον contradictorio al parecer, inesperado, maravilloso, escandaloso, increíble

παραδοσις (ἡ) -εως la tradición, la entrega

παραζηλοω provocar celos

παραθαλασσιος -α, -ον situado junto al mar o del lago

παραθεωρεω desatender, no hacer caso, descuidar

παραθηκη (ἡ) -ης lo encomendado, los bienes que son encomendados

παραινεω exhortar, amonestar, advertir, animar

παραιτεομαι pedir, disculparse, no tolerar, mantenerse alejado de, no permitir, no consentir, desechar, negarse, rehusar

παρακαθεζομαι sentarse, sentarse al lado de

παρακαθιζω sentarse, sentarse al lado de

παρακαλεω llamar, convocar, invitar, pedir auxilio, exhortar, pedir, rogar, consolar, animar, alentar

παρακαλυπτω esconder, encubrir, ocultar, velar

παρακαταθηκη (ἡ) -ης lo encomendado, los bienes que son encomendados

παρακειμαι estar presente, estar preparado, estar al alcance

παρακλησις (ἡ) -εως la exhortación, la consolación, el consuelo, la animación, el aliento, el estímulo, la ayuda, el ruego, la súplica

παρακλητος (ὁ) -ου el intercesor, el abogado, el auxiliador

παρακοη (ἡ) -ης la desobediencia, la deslealtad

παρακολουθεω seguir, acompañar, investigar

παρακουω no oír, no hacer caso, desobedecer, oír por casualidad, no prestar atención

παρακυπτω inclinarse, echar una mirada adentro, mirar atentamente, formarse una idea, mirar furtivamente, contemplar

παραλαμβανω recibir, tomar, aceptar, hacerse cargo

παραλεγομαι navegar por delante de, costear

παραλιος (ἡ) -ου la costa

παραλλαγη (ἡ) -ης el cambio, la alteración, la variación

παραλογιζομαι engañar

παραλυτικος -η, -ον paralítico

παραλυτος -ον paralítico

παραλυω debilitar (*voz pasiva*: estar débil o paralizado)

παραμενω quedarse, permanecer, continuar, perseverar

παραμυθεομαι	consolar, exhortar, alentar, dar el pésame
παραμυθια (ἡ) -ας	la consolación, el consuelo
παραμυθιον (το) -ου	el consuelo
παρανοια (ἡ) -ας	la insensatez, la necedad, la locura
παρανομεω	infringir la ley, violar la ley, transgredir la ley
παρανομια (ἡ) -ας	la ilegalidad, el delito, la violación
παραπικραινω	irritar, enojar, rebelarse
παραπικρασμος (ὁ) -ου	la irritación, la rebelión
παραπιπτω	caer, recaer, desviarse, extraviarse
παραπλεω	pasar de largo
παραπλησιος -α, -ον	a punto de, semejante, acercándose
παραπλησιως	de semejante manera, igualmente, asimismo
παραπορευομαι	pasar, ir
παραπτωμα (το) -ατος	la falta, el delito, el traspié, el pecado, la ofensa
παραρρεω	arrastrarse, ir a la deriva, ir arrastrado por
παρασημος -ον	marcado, señalado, teniendo como mascarón de proa
παρασκευαζω	preparar
παρασκευη (ἡ) -ης	la preparación, la víspera de la pascua
παρατεινω	alargar, prolongar, demorar
παρατηρεω	observar, acechar, vigilar, guardar, espiar
παρατηρησις (ἡ) -εως	la observación
παρατιθημι	poner delante, servir, dar, repartir (*voz media*: encomendar, confiar, encargar, exponer)
παρατυγχανω	estar presente por casualidad, encontrarse casualmente
παραυτικα	momentáneo
παραφερω	llevar, quitar, apartar, extraviar
παραφρονεω	estar loco, estar fuera de juicio
παραφρονια (ἡ) -ας	la locura, la insensatez
παραχειμαζω	invernar, pasar el invierno
παραχειμασια (ἡ) -ας	el invernar
παραχραομαι	abusar, hacer mal uso
παραχρημα	al instante, en seguida, inmediatamente
παρδαλις (ἡ) -εως	el leopardo
παρεδρευω	servir permanentemente, ocuparse ininterrumpidamente, atender
παρειμι	estar presente, venir, llegar

παρεισαγω introducir encubiertamente/solapadamente
παρεισακτος -ον introducido a escondidas/solapadamente
παρεισδυω introducirse a escondidas
παρεισερχομαι entrar clandestinamente, entrar además, infiltrar
παρεισφερω poner, invertir, emplear, dedicar, aportar
παρεκτος excepto, externo, fuera de, exterior
παρεμβαλλω levantar, construir
παρεμβολη (ἡ) -ης el cuartel, la fortaleza, el campamento, el ejército puesto en orden de batalla
παρενοχλεω inquietar, dificultar, poner trabas, molestar
παρεπιδημος (ὁ) -ου el extranjero, el forastero
παρερχομαι pasar, pasar de largo, traspasar, atravesar, venir, llegar, dejar de ser, desatender
παρεσις (ἡ) -εως el dejar pasar por alto, el no hacer caso, el condenar una deuda
παρεχω dar, presentar, conceder, causar, mostrarse, producir
παρηγορια (ἡ) -ας el consuelo
παρθενια (ἡ) -ας la virginidad
παρθενος (ἡ) -ου la virgen, el varón que no tuvo contacto con mujeres
παριημι omitir, debilitarse, aflojarse, descuidar
παριστημι poner a disposición, presentar, llevar a la presencia, mostrar, ofrecer, dar, dedicar, proveer, probar, ayudar, comparecer, estar presente, estar al lado, presentarse ante
παροδος (ἡ) -ου el pasar, el paso
παροικεω vivir como extranjero, residir temporalmente
παροικια (ἡ) -ας la estancia como extranjero, la estadía como forastero, la estancia entre extranjeros
παροικος (ὁ) -ου el extranjero, el extraño
παροιμια (ἡ) -ας el refrán, el proverbio, el discurso en enigmas
παροινος -ον borracho
παροιχομαι pasar
παρομοιαζω ser semejante, ser como, parecerse a
παρομοιος -α, -ον semejante, parecido, similar
παροξυνω irritar, enardecer (*voz pasiva*: enojarse, irritarse)
παροξυσμος (ὁ) -ου el estímulo, la animosidad, el furor
παροραω no hacer caso
παροργιζω provocar a ira, encolerizar, enfurecer
παροργισμος (ὁ) -ου el enojo, la ira
παροτρυνω instigar, impulsar, incitar

παρουσια (ἡ) -ας	la presencia, la venida, la llegada
παροψις (ἡ) -ιδος	la fuente, el plato
παρρησια (ἡ) -ας	la franqueza, la sinceridad, el denuedo, la confianza, la firmeza, la entereza, el público
παρρησιαζομαι	hablar con denuedo, con franqueza, con confianza, con libertad, con valentía
πας, πασα, παν	todo, cualquiera, siempre, cada, todas las cosas, entero, completo
πασχα (το)	la pascua
πασχω	experimentar, sufrir, padecer, soportar, sobrellevar
πατασσω	pegar, golpear, dar un empujón
πατεω	pisar, pisotear, saquear, merodear, caminar
πατηρ (ὁ) πατρος	el padre, el antepasado
πατραλῳας (ὁ) -ου	el patricida
πατρια (ἡ) -ας	el linaje, la familia, la tribu
πατριαρχης (ὁ) -ου	el patriarca, el fundador de una familia
πατρικος -η, -ον	del padre, paterno
πατρις (ἡ) -ιδος	la patria
πατρολῳας (ὁ) -ου	el patricida
πατροπαραδοτος -ον	heredado/recibido de los padres, transmitido desde los padres
πατρῳος -α, -ον	del padre, viniendo de los antepasados
παυω	refrenar, calmar, sanar (*voz media*: terminar con, cesar, dejar de)
παχυνω	engrosar, hacer impermeable, hacer hermético, insensibilizar (*voz pasiva*: volverse insensible, endurecerse)
πεδη (ἡ) -ης	los grillos, la cadena para los pies
πεδινος -η, -ον	llano, plano
πεζευω	ir a pie, viajar a pie, viajar por tierra
πεζῃ	a pie, por tierra
πειθαρχεω	obedecer, hacer caso
πειθος -η, -ον	persuasivo
πειθω	persuadir, convencer, seducir, sobornar, apaciguar, buscar el favor (*tiempo perfecto*: confiar, contar con, estar seguro/convencido/*voz pasiva*: obedecer, creer, dejarse convencer)
πειθω (ἡ) -ους	el don/el arte de persuasión, la fuerza persuasiva, la persuasión
πειναω	tener hambre, pasar hambre, desear vehementemente
πειρα (ἡ) -ας	la prueba, el experimento, la tentativa

πειραζω	probar, tentar, examinar, tratar, intentar, poner a prueba
πειραομαι	intentar, tratar, emprender
πειρασμος (ὁ) -ου	la prueba, la tentación
πεισμονη (ἡ) -ης	la persuasión
πελαγος (το) -ους	el mar, el alta mar, la profundidad del mar
πελεκιζω	decapitar, degollar
πεμπταιος -α, -ον	de cinco días
πεμπτος -η, -ον	quinto
πεμπω	enviar, comisionar
πενης (ὁ) -ου	el pobre, el necesitado
πενθερα (ἡ) -ας	la suegra
πενθερος (ὁ) -ου	el suegro
πενθεω	lamentarse, estar de luto, estar triste, afligirse, llorar
πενθος (το) -ους	el llanto, el dolor
πενιχρος -α, -ον	pobre, necesitado
πεντακις	cinco veces
πεντακισχιλιοι -αι, -α	cinco mil
πεντακοσιοι -αι, -α	quinientos
πεντε	cinco
πεντεκαιδεκατος -ον	decimoquinto
πεντηκοντα	cincuenta
πεντηκοστη (ἡ) -ης	Pentecostés
πεποιθησις (ἡ) -εως	la confianza, la seguridad
περαιτερω	algo más, más aún
περαν	al otro lado, más allá de
περας (το) -ατος	el fin, el límite
περι	*con genitivo*: acerca de, concerniente a, en cuanto a, de, por (motivo de) *con acusativo*: alrededor de, cerca de, junto a, con, referente a
περιαγω	ir alrededor, recorrer, traer o llevar consigo, dar vueltas
περιαιρεω	quitar, destruir, cortar, soltar (*voz pasiva*: desaparecer, perderse)
περιαπτω	encender, prender fuego
περιαστραπτω	brillar alrededor, rodear de resplandor
περιβαλλω	vestir, rodear, envolver
περιβλεπομαι	mirar al rededor

περιβολαιον (το) -ου — la capa, la envoltura, el velo, el manto
περιδεω — envolver
περιεργαζομαι — hacer algo inútil, entremeterse en lo ajeno
περιεργος -ον — interesado por asuntos que no le competen, entremetido, perteneciente a la magia
περιερχομαι — deambular, vagar, ir de acá para allá, bordear la costa
περιεχω — rodear, contener, apoderarse, decir
περιζωννυμι — ceñir, envolver (*voz pasiva*: ceñirse)
περιθεσις (ἡ) -εως — el colgarse, el ponerse, el atavío
περιιστημι — estar alrededor, rodear (*voz media*: evitar)
περικαθαρμα (το) -ατος — la escoria, la basura
περικαθιζω — sentarse alrededor
περικαλυπτω — cubrir, vendar, tapar
περικειμαι — atarse, colgarse, colgar alrededor, rodear, estar rodeado
περικεφαλαια (ἡ) -ας — el yelmo, el casco
περικρατης -ες — apoderado, adueñado, dominando
περικρυβω — ocultar, esconder
περικυκλοω — rodear, sitiar, cercar
περιλαμπω — rodear de resplandor, brillar alrededor
περιλειπομαι — quedar
περιλειχω — lamer
περιλυπος -ον — muy triste, profundamente afligido
περιμενω — esperar
περιξ — alrededor
περιοικεω — vivir en la vecindad
περιοικος -ον — viviendo en la vecindad (*Sust.*: el vecino)
περιουσιος -ον — escogido, selecto
περιοχη (ἡ) -ης — el contenido, el pasaje
περιπατεω — andar, caminar, pasearse
περιπειρω — traspasar, atravesar
περιπιπτω — caer sobre, caer en, caer bajo, tropezar con
περιποιεομαι — salvar, ganar, lograr por su propia fuerza, obtener
περιποιησις (ἡ) -εως — la conservación, la preservación, lo adquirido, la adquisición, la posesión, la propiedad, la ganancia
περιραινω — salpicar
περι(ρ)ρηγνυμι — rasgar por todos lados, arrancar por todos lados, desgarrar

περισπαομαι	estar muy ocupado, estar abrumado de trabajo o de pensamientos, estar atareado
περισσεια (ἡ) -ας	la abundancia, la plenitud, la opulencia
περισσευμα (το) -ατος	la abundancia, las sobras
περισσευω	sobrar, abundar, tener más, ser más, desbordar, sobresalir, aventajar, proveer en abundancia, aumentar, crecer
περισσος -η, -ον	más, extraordinario, más allá de la cantidad normal, en abundancia, por demás
περισσοτερος -α,-ον	más, mayor, más abundantemente
περισσοτερως	más, mucho más, más abundantemente
περισσως	sobremanera, en forma extraordinaria, aún más
περιστερα (ἡ) -ας	la paloma
περιτεμνω	circuncidar
περιτιθημι	poner alrededor, echar alrededor, cercar, vestir, poner
περιτομη (ἡ) -ης	la circuncisión
περιτρεπω	cambiar de un estado a otro, volver loco
περιτρεχω	recorrer, ir de acá por allá, dar vueltas
περιφερω	llevar de acá para allá, llevar, traer, zarandear
περιφρονεω	no hacer caso, menospreciar, despreciar
περιχωρος -ον	vecino, colindante, ubicado alrededor (*Sust.*: la región circunvecina)
περιψημα (το) -ατος	la escoria, el desecho, la basura, la porquería
περπερευομαι	jactarse, actuar como calavera, ser presumido
περυσι	el año pasado, hace un año
πεταομαι	volar
πετεινον (το) -ου	el ave, el pájaro
πετομαι	volar
πετρα (ἡ) -ας	la roca, la peña, la piedra
πετρωδης -ες	pedregoso, rocoso (*Sust.*: el pedregal)
πηγανον (το) -ου	la ruda
πηγη (ἡ) -ης	la fuente, el manantial, el pozo
πηγνυμι	levantar, erigir
πηδαλιον (το) -ου	el timón, el gobernalle
πηλικος -η, -ον	cuán grande, cuán grandioso
πηλος (ὁ) -ου	el barro, la arcilla, el lodo
πηρα (ἡ) -ας	la alforja, la talega, la bolsa de viaje
πηροω	paralizar, cegar
πηρωσις (ἡ) -εως	la deformación, la mutilación, la ceguera, la estrechez de miras

πηχυς (ὁ) -εως	el codo
πιαζω	agarrar, prender, tomar, coger, tomar preso, arrestar, atrapar, cazar, pescar
πιεζω	apretar
πιθανολογια (ἡ) -ας	el arte de persuasión, la palabra de persuasión, la elocuencia persuasiva
πικραινω	amargar, hacer amargo (*voz pasiva*: amargarse)
πικρια (ἡ) -ας	la amargura
πικρος -α, -ον	amargo
πικρως	amargamente
πιμπλημι	llenar, llenarse, cumplir, cumplirse, empapar
πιμπραμαι	hincharse, arder en fiebre
πινακιδιον (το) -ου	la tablilla (para escribir)
πινακις (ἡ) -ιδος	la tablilla
πιναξ (ἡ) -ακος	el plato, la bandeja
πινω	beber
πιοτης (ἡ) -ητος	la grosura, la riqueza de las plantas, la savia
πιπρασκω	vender
πιπτω	caer(se), postrarse, derrumbarse, dejar de existir
πιστευω	creer, confiar, encomendar, tener fe
πιστικος -η, -ον	fidedigno, fiel, puro, genuino
πιστις (ἡ) -εως	le fe, la fidelidad, la confianza, la convicción
πιστοομαι	persuadirse, demostrarse fiel, ganar confianza
πιστος -η, -ον	fiel, creyendo, fidedigno, de confianza, confiable
πλαναω	desviar del camino, extraviar, errar, engañar, descarriar, errar, seducir
πλανη (ἡ) -ης	el error, el extravío, el engaño
πλανης (ὁ) -ητος	el errante, el andar errando, el vagar
πλανητης (ὁ) -ου	el errante, el andar errando, el vagar
πλανος (ὁ) -ου	el engañador, el impostor
πλαξ (ἡ) πλακος	la tabla
πλασμα (το) -ατος	lo formado, lo creado, lo modelado, el producto, la obra
πλασσω	formar, modelar
πλαστος -η, -ον	fingido, inventado, falseado
πλατεια (ἡ) -ας	la calle, el camino ancho
πλατος (το) -ους	la anchura
πλατυνω	ensanchar, ampliar
πλατυς -εια, -υ	ancho
πλεγμα (το) -ατος	lo trenzado, la trenza, el peinado (complicado)
πλειστος -η, -ον	mucho, muy, el mayor, a lo más

πλειων -ον	mucho, más, mayor, muy
πλεκω	trenzar, tejer, entretejer
πλεοναζω	abundar, aumentar, crecer, tener mucho, ser mucho, multiplicarse
πλεονεκτεω	engañar, defraudar
πλεονεκτης (ὁ) -ου	el avaro
πλεονεξια (ἡ) -ας	la avaricia
πλευρα (ἡ) -ας	el costado
πλεω	navegar, viajar en bote
πληγη (ἡ) -ης	el golpe, el azote, la herida, la plaga, la desgracia
πληθος (το) -ους	la cantidad, la multitud, la muchedumbre, la gente, la población, la congregación
πληθυνω	multiplicar, aumentar, crecer
πληκτης (ὁ) -ου	el pendenciero
πλημμυρα (ἡ) -ης	la inundación
πλην	pero, sin embargo, sino, salvo, no obstante, excepto
πληρης -ες	lleno, completo
πληροφορεω	cumplir, convencer plenamente, asegurar plenamente, llevar a cabo
πληροφορια (ἡ) -ας	la plena certidumbre, la plena seguridad, la plena convicción, la certeza
πληροω	llenar, cumplir, completar, llevar a cabo, acabar (*voz pasiva*: transcurrir, cumplirse, llenarse)
πληρωμα (το) -ατος	la llenura, la plenitud, el cumplimiento, la integridad, la entereza, la totalidad, la consumación
πλησιον	cerca, próximo (*Sust.*: el prójimo)
πλησμονη (ἡ) -ης	la satisfacción
πλησσω	pegar, golpear
πλοιαριον (το) -ου	el bote pequeño, la barquilla
πλοιον (το) -ου	el bote grande, la nave, el barco
πλοκη (ἡ) -ης	el trenzado
πλοος (ὁ) πλουν (*Ac*)	la navegación, el viaje por mar
πλουσιος -α, -ον	rico
πλουσιως	ricamente, abundantemente, en abundancia
πλουτεω	estar rico, ser rico, hacerse rico, enriquecer, prosperar
πλουτιζω	enriquecer, hacerse rico
πλουτος (ὁ) -ου	la riqueza, la abundancia, la fortuna
πλυνω	lavar
πνευμα (το) -ατος	el espíritu, el viento, el soplo, el aliento
πνευματικος -η, -ον	espiritual, concerniente al espíritu
πνευματικως	espiritualmente

πνεω	soplar
πνιγω	ahogar, estrangular
πνικτος -η, -ον	ahogado, estrangulado
πνοη (ἡ) -ης	el viento, el soplo, el aliento
ποδηρης -ες	llegando hasta los pies (*Sust.*: la túnica larga)
ποδονιπτηρ (ὁ) -ηρος	el lavabo para los pies
ποθεν	¿de dónde? ¿cómo? ¿por qué? de dónde
ποιεω	hacer, causar, realizar, llevar a cabo, producir, preparar, celebrar, pretender, mostrar, actuar, cometer, ejercer, dar
ποιημα (το) -ατος	la cosa hecha, la obra, lo formado, lo creado
ποιησις (ἡ) -εως	la actividad, la obra, la acción
ποιητης (ὁ) -ου	el hacedor, el poeta, el cumplidor
ποικιλος -η, -ον	diverso, multiforme, variado, heterogéneo
ποιμαινω	pastorear
ποιμην (ὁ) -ενος	el pastor
ποιμνη (ἡ) -ης	el rebaño (de ovejas)
ποιμνιον (το) -ου	el rebaño (de ovejas)
ποιος -α, -ον	cuál, qué, qué clase de
πολεμεω	hacer guerra, luchar, pelear, combatir
πολεμος (ὁ) -ου	la guerra, la batalla, el conflicto
πολις (ἡ) -εως	la ciudad
πολιταρχης (ὁ) -ου	la autoridad de la ciudad, el jefe civil
πολιτεια (ἡ) -ας	la ciudadanía
πολιτευμα (το) -ατος	la comunidad, el estado, el lugar de ciudadanía
πολιτευομαι	vivir, comportarse
πολιτης (ὁ) -ου	el ciudadano, el conciudadano
πολλακις	muchas veces, con frecuencia, a menudo
πολλαπλασιων -ον	mucho más
πολυευσπλαγχνος -ον	lleno de compasión, abundante en misericordia
πολυλαλος -ον	locuaz, hablador
πολυλογια (ἡ) -ας	la palabrería, la verborrea
πολυμερως	en muchas formas, variadamente
πολυπληθεια (ἡ) -ας	la gran multitud
πολυποικιλος -ον	muy multiforme, muy variado
πολυς, πολλη, πολυ	mucho, grande, avanzado, largo
πολυσπλαγχνος -ον	misericordioso, muy compasivo
πολυτελης -ες	muy precioso, muy costoso, muy estimado

πολυτιμος -ον	muy precioso, de gran valor, muy preciado
πολυτροπως	de muchas maneras
πομα (το) -ατος	la bebida
πονηρια (ἡ) -ας	la maldad, la infamia, la vileza, la malicia
πονηρος -α, -ον	mal, malo, maligno, malvado, infame, vil
πονος (ὁ) -ου	el trabajo, la pena, las fatigas, el dolor
ποντικος -η, -ον	de Ponto
ποντος (ὁ) -ου	el alta mar
πορεια (ἡ) -ας	el andar, el caminar, la caminata, el viaje, la empresa, el viaje de negocios, la conducta, la manera de vivir
πορευομαι	ir, andar, caminar, viajar, marchar(se), vivir, comportarse
πορθεω	destruir, devastar, asolar, aniquilar
πορισμος (ὁ) -ου	la fuente de ganancia, el medio de subsistencia
πορνεια (ἡ) -ας	la impudicia, la lujuria, la lascivia, la fornicación, la prostitución, la inmoralidad sexual
πορνευω	fornicar, ir de prostitutas, prostituirse, cometer inmoralidad sexual
πορνη (ἡ) -ης	la ramera, la prostituta
πορνος (ὁ) -ου	el fornicario, el que practica inmoralidad sexual
πορρω	lejos, más lejos
πορρωθεν	de lejos, a distancia
πορφυρα (ἡ) -ας	la púrpura, el color púrpura, la tela de púrpura, la ropa de púrpura
πορφυροπωλις (ἡ) -ιδος	la comerciante de (tela de) púrpura
πορφυρους -α, -ουν	purpúreo, púrpura, de púrpura
ποσακις	¿cuántas veces?
ποσις (ἡ) -εως	el beber, la bebida
ποσος -η, -ον	¿cuánto? ¿cuán grande? ¿cuánto tiempo?
ποταμος (ὁ) -ου	el río
ποταμοφορητος -ον	arrastrado por el rió
ποταπος -η, -ον	¿qué? ¿qué clase? ¿qué tipo? ¿qué manera?
ποταπως	de que manera
πότε	¿cuándo? ¿cuánto tiempo?
ποτέ	en otro tiempo, una vez, alguna vez
ποτερον	si ... o si
ποτηριον (το) -ου	el vaso, la copa
ποτιζω	dar de beber, hacer beber, regar
ποτος (ὁ) -ου	el beber, el bacanal
ποῦ	¿dónde?

πού	en alguna parte, en cierto lugar, casi, más o menos
πους (ὁ) ποδος	el pie
πραγμα (το) -ατος	el hecho, el acontecimiento, la tarea, el evento, la cosa, el asunto, el litigio, el pleito, la cosa, el negocio
πραγματεια (ἡ) -ας	la actividad, la empresa, el negocio, el asunto
πραγματευομαι	hacer negocios, negociar
πραιτωριον (το) -ου	el pretorio, la guardia del palacio
πρακτωρ (ὁ) -ορος	el alguacil, el oficial
πραξις (ἡ) -εως	el hacer, el hecho, la actividad, la obra, la acción, la función, la práctica
πραος -εια, -υ	manso, apacible, benigno
πραοτης (ἡ) -ητος	la mansedumbre
πρασια (ἡ) -ας	la sección, el grupo
πρασσω	hacer, practicar, obrar, cometer, comportarse, actuar, demandar, exigir, ocuparse
πραϋπαθεια (ἡ) -ας	la mansedumbre, la apacibilidad, la amabilidad
πραϋς -εια, -υ	manso, apacible, benigno, gentil
πραϋτης (ἡ) -ητος	la mansedumbre, la apacibilidad, la amabilidad
πρεπω	convenir, corresponder, ser apropiado, ser propio, ser debido, ser adecuado, ser decente
πρεσβεια (ἡ) -ας	el enviado, la legación, la delegación, el mensajero
πρεσβευω	ser enviado, ser embajador, ser representante
πρεσβυτεριον (το) -ου	el consejo de los ancianos
πρεσβυτερος (ὁ) -ου	el anciano
πρεσβυτης (ὁ) -ου	el viejo, el anciano, el hombre mayor
πρεσβυτις (ἡ) -ιδος	la vieja, la anciana, la mujer mayor
πρηνης -ες	boca abajo, de cabeza
πριζω	aserrar, cortar con la sierra
πριν	antes que
προ	delante de, antes de, antes
προαγω	ir delante de, avanzar, ir más allá, continuar, sacar, llevar adelante, traer ante, ir/venir antes
προαιρεομαι	proponerse, preferir, escoger, decidir (*voz activa*: sacar afuera)
προαιτιαομαι	acusar antes
προακουω	escuchar anteriormente
προαμαρτανω	pecar anteriormente
προαυλιον (το) -ου	el vestíbulo, la sala de entrada, la entrada
προβαινω	avanzar, continuar su camino, seguir adelante
προβαλλω	empujar hacia adelante, brotar

προβατικος -η, -ον	perteneciendo a las ovejas, teniendo que ver con las ovejas, concerniente a las ovejas
προβατιον (το) -ου	el cordero, la oveja
προβατον (το) -ου	la oveja
προβιβαζω	empujar al primer plano, inducir, instruir
προβλεπομαι	prever, proveer
προγινομαι	cometer anteriormente, originarse antes
προγινωσκω	saber antes, conocer de antemano, destinar antes, escoger de antemano
προγνωσις (ἡ) -εως	la presciencia, el conocimiento previo o anticipado, el saber de antemano
προγονος (ὁ) -ου	el antecesor, el antepasado, los padres
προγραφω	escribir antes, destinar, presentar
προδηλος -ον	manifiesto, universalmente conocido, notorio, muy obvio, muy evidente
προδιδωμι	dar antes, dar primero, traicionar
προδοτης (ὁ) -ου	el traidor
προδρομος -ον	corriendo delante (*Sust.*: el precursor)
προειμι	estar antes
προελπιζω	esperar antes, ser el primero en esperar
προεναρχομαι	empezar antes, comenzar antes
προεπαγγελλομαι	prometer antes, prometer desde hace tiempo
προερχομαι	ir adelante, llegar antes, ir delante, adelantarse, avanzar, estar primero
προετοιμαζω	preparar de antemano, alistar antes
προευαγγελιζομαι	anunciar las buenas nuevas de antemano
προεχω	destacar, tener ventaja (*voz media*: pretextar, tener ventaja)
προηγεομαι	ir delante, ir al frente, presidir, estimar mayor, considerar más digno
προθεσις (ἡ) -εως	la proposición, el propósito, el plan
προθεσμια (ἡ) -ας	el tiempo señalado, la fecha establecida, la fecha fijada
προθυμια (ἡ) -ας	la buena voluntad, la simpatía, la disposición, el ahínco
προθυμος -ον	dispuesto
προθυμως	con disposición, de buena voluntad
προϊμος -ον	temprano (*Sust.*: la lluvia temprana)
προϊστημι	gobernar, presidir, ser jefe, tener autoridad sobre, mirar por, ocuparse en
προκαλεομαι	desafiar, retar
προκαταγγελλω	anunciar antes, anunciar de antemano

προκαταρτιζω	preparar antes
προκατεχω	tener previamente, tener ventaja
προκειμαι	tener a la vista, existir, estar presente, estar puesto delante
προκηρυσσω	anunciar antes, predicar antes
προκοπη (ἡ) -ης	el progreso, el provecho, el avance
προκοπτω	prosperar, avanzar, crecer, progresar
προκριμα (το) -ατος	el prejuicio
προκυροω	hacer antes que tenga fuerza de ley, ratificar de antemano
προλαμβανω	tomar antes, hacer algo antes del tiempo habitual, atrapar de sorpresa, sorprender
προλεγω	decir de antemano, decir antes, predecir, advertir
προμαρτυρομαι	testificar de antemano
προμελεταω	preparar, ensayar antes o anticipadamente
προμεριμναω	preocuparse antes
προνοεω	proveer, procurar, cuidar, pensar antes
προνοια (ἡ) -ας	la providencia, la provisión
προοιδα	saber antes, conocer de antemano
προοραω	ver antes, prever (*voz media*: tener delante de sus ojos, no perder de vista)
προοριζω	determinar antes, predestinar
προπασχω	sufrir antes
προπατωρ (ὁ) -ορος	el antecesor, el antepasado
προπεμπω	acompañar, alistar para el viaje, equipar para el viaje, encaminar
προπετης -ες	imprudente, precipitado
προπορευομαι	ir delante
προς	<u>con genitivo</u>: a favor de, para, por <u>con dativo</u>: a, cerca de, junto a, en <u>con acusativo</u>: a, para, hacia, contra, referente a, según, con, a fin de que, junto a, cerca de, junto con, al lado de, ante, en presencia de
προσσαββατον (το) -ου	la víspera del día de reposo
προσαγορευω	saludar, llamar, nombrar, designar
προσαγω	traer (ante), llevar, presentar, acercarse
προσαγωγη (ἡ) -ης	el acceso, la entrada
προσαιτεω	mendigar, pedir limosna
προσαιτης (ὁ) -ου	el mendigo

προσαναβαινω	subir, mover hacia arriba, subir más arriba
προσαναλαμβανω	añadir junto a
προσαναλισκω	gastar
προσαναπληροω	suplir, proveer
προσανατιθεμαι	consultar, presentar, imponer adicionalmente
προσανεχω	dirigirse hacia, acercarse a
προσαπειλεομαι	añadir una amenaza más
προσαχεω	sonar hacia, resonar
προσδαπαναω	gastar de más, invertir más
προσδεομαι	necesitar además
προσδεχομαι	recibir, aceptar, esperar, aguardar, acoger
προσδιδωμι	ofrecer, entregar
προσδοκαω	esperar, aguardar, estar a la expectativa
προσδοκια (ἡ) -ας	la expectativa, la expectación
προσεαω	dejar llegar, permitir ir más allá
προσεγγιζω	acercarse
προσεδρευω	participar con esmero, servir con diligencia, estar presente diligentemente
προσεργαζομαι	adquirir además, ganar adicionalmente, producir más
προσερχομαι	venir, llegar, acercarse, poner su atención, estar de acuerdo, venir sobre
προσευχη (ἡ) -ης	la oración, el lugar de oración
προσευχομαι	orar
προσεχω	seguir, prestar atención, guardar(se), entregarse o mirar por, ocuparse de, tener cuidado, velar por,
προσηλοω	clavar, atar
προσηλυτος (ὁ) -ου	el prosélito
προσθεσις (ἡ) -εως	la ayuda, el apoyo, el auxilio
προσκαιρος -ον	pasajero, de corta duración, temporal
προσκαλεομαι	llamar, hacer venir, convocar
προσκαρτερεω	perseverar, ser fiel, persistir, estar listo siempre, continuar en
προσκαρτερησις (ἡ) -εως	la perseverancia
προσκεφαλαιον (το) -ου	la almohada, el cojín
προσκληροω	asignar por echar suerte (*voz pasiva*: recaer en, juntarse con)
προσκλινομαι	juntarse con, unirse a, asociarse a
προσκλισις (ἡ) -εως	la parcialidad, el favoritismo
προσκολλαομαι	unirse firmemente, ser muy fiel, ser muy leal

προσκομμα (το) -ατος	el tropiezo, el escándalo, la ocasión para tropezar
προσκοπη (ἡ) -ης	la ocasión para tropezar, la cause de tropiezo
προσκοπτω	tropezar, golpear, causar escándalo, escandalizarse, ofender
προσκυλιω	hacer rodar, rodar hacia
προσκυνεω	postrarse, arrodillarse, adorar, rendir homenaje
προσκυνητης (ὁ) -ου	el adorador
προσλαλεω	hablar con
προσλαμβανω	tomar, ingerir, abusar (*voz media*: acoger, aceptar, recibir, tomar aparte, llevar consigo, comer)
προσλεγω	contestar
προσλημψις (ἡ) -εως	la recepción, la admisión, la aceptación
προσμενω	perseverar, permanecer (fiel a), quedar(se con)
προσορμιζομαι	arribar en el puerto, anclar
προσοφειλω	deber, deber además
προσοχθιζω	tener asco, estar indignado, estar enojado, airarse, encolerizarse, disgustarse
προσπεινος -ον	hambriento, empezando a tener hambre
προσπηγνυμι	clavar, fijar
προσπιπτω	postrarse, caer ante, atacar, asaltar
προσποιεομαι	fingir, hacer como que, dar la impresión
προσπορευομαι	acercarse, venir hacia
προσρησσω	romper, romperse
προστασσω	mandar, ordenar, disponer, decretar
προστατις (ἡ) -ιδος	la protectora, la auxiliadora
προστιθημι	añadir, agregar, aumentar, ser reunido con, dar, volver a hacer, hacer otra vez, continuar, seguir
προστρεχω	correr hacia, acudir
προσφαγιον (το) -ου	lo que se come junto con el pan, el pescado
προσφατος -ον	nuevo, reciente
προσφατως	últimamente, recientemente
προσφερω	traer, llevar, entregar, ofrecer, presentar, tratar
προσφιλης -ες	amable, agradable, grato
προσφορα (ἡ) -ας	la ofrenda, la presentación de la ofrenda, el sacrificio
προσφωνεω	llamar, hablar a
προσχαιρω	alegrarse
προσχυσις (ἡ) -εως	la aspersión, el riego, el recubrir
προσψαυω	tocar
προσωπολημπτεω	hacer acepción de personas, juzgar con parcialidad, mostrar favoritismo

προσωπολημπτης (ὁ) -ου	el que hace acepción de personas, el que juzga con parcialidad, el que muestra favoritismo
προσωποληµψια (ἡ) -ας	la parcialidad, la acepción de personas
προσωπον (το) -ου	la cara, el rostro, la apariencia, el aspecto, la faz (de la tierra), la persona
προτασσω	determinar, fijar
προτεινω	tender, extender
προτερος -α, -ον	antes, primero, hasta ahora, pasado
προτιθεμαι	proponerse, poner públicamente, planear
προτρεπομαι	animar, requerir, ordenar
προτρεχω	adelantarse, tomar la delantera, correr más
προϋπαρχω	estar/ser anteriormente
προφασις (ἡ) -εως	la excusa, el pretexto, el antifaz
προφερω	sacar, sacar a la luz, mostrar, producir
προφητεια (ἡ) -ας	el ministerio de la profecía, el don de profecía, la profecía
προφητευω	profetizar
προφητης (ὁ) -ου	el profeta
προφητικος -η, -ον	profético, del profeta
προφητις (ἡ) -ιδος	la profetiza
προφθανω	adelantarse, anticiparse, hacer lago primero
προχειριζομαι	escoger, designar, ser escogido/designado
προχειροτονεω	escoger antes, destinar antes
πρυμνα (ἡ) -ης	la popa
πρωϊ	muy de mañana, de madrugada, al amanecer
πρωϊα (ἡ) -ας	la hora muy temprana del día, la madrugada, la mañana
πρωϊμος -η, -ον	temprano
πρωϊνος -η, -ον	de la mañana, matutino
πρῳρα (ἡ) -ης	la proa
πρωτευω	ser el primero, tener preeminencia, ocupar el primer puesto
πρωτοκαθεδρια (ἡ) -ας	el asiento de honor, la primera silla
πρωτοκλισια (ἡ) -ας	el asiento de honor
πρωτομαρτυς (ὁ) -υρος	el primer mártir
πρωτος -η, -ον	primero, primeramente, en primer lugar, por primera vez, al principio, principal, influyente, noble, importante, anterior, antes (que)

πρωτοστατης (ὁ) -ου	la cabecilla
πρωτοτοκια (τα) -ων	el derecho de primogenitura
πρωτοτοκος -ον	primogénito
πρωτως	por primera vez
πταιω	tropezar, cometer, perecer, cometer un error, pecar
πτερνα (ἡ) -ης	el talón
πτερυγιον (το) -ου	el fin de algo, el borde, el término, el pináculo
πτερυξ (ἡ) -υγος	el ala
πτηνος -ον	con plumas, alado (*Sust.*: el ave)
πτοεω	espantar (*voz pasiva*: espantarse, asustarse)
πτοησις (ἡ) -εως	el temor, el espanto, la intimidación
πτυον (το) -ου	el aventador, la pala para aventar
πτυρω	espantar, intimidar (*voz pasiva*: asustarse, intimidarse)
πτυσμα (το) -ατος	la saliva
πτυσσω	plegar, doblar, enrollar
πτυω	escupir
πτωμα (το) -ατος	el cadáver
πτωσις (ἡ) -εως	la caída, el derrumbamiento
πτωχεια (ἡ) -ας	la pobreza
πτωχευω	hacerse pobre, llegar a ser pobre
πτωχος -η, -ον	pobre, mendigando
πυγμη (ἡ) -ης	el puño
πυθων (ὁ) -ωνος	el pitón, el espíritu de adivinanza
πυκνα	a menudo, frecuentemente
πυκνος -η, -ον	frecuente, con frecuencia, a menudo
πυκτευω	pelear como boxeador, luchar como púgil
πυλη (ἡ) -ης	la puerta, el portal
πυλων (ὁ) -ωνος	la puerta, el portal, la entrada, el vestíbulo
πυνθανομαι	preguntar, inquirir, enterarse, averiguar
πυρ (το) πυρος	el fuego
πυρα (ἡ) -ας	la pira, la hoguera, la leña amontonada, el fuego, la fogata
πυργος (ὁ) -ου	la torre, la atalaya
πυρεσσω	tener fiebre, estar con fiebre
πυρετος (ὁ) -ου	la fiebre
πυρινος -η, -ον	de fuego, de color de fuego
πυροομαι	consumirse, arder, quemarse, estar candente
πυρραζω	estar rojo (encendido)

πυρρος -α, -ον	escarlata, rojo encendido, rojo vivo
πυρωσις (ἡ) -εως	la brasa, el hecho de ser quemado, el incendio
πωλεω	vender, poner a la venta
πωλος (ὁ) -ου	el animal joven, el potro, el pollino
πωποτε (+ *negación*)	nunca, jamás
πωροω	endurecer, petrificar, hacer insensible
πωρωσις (ἡ) -εως	el endurecimiento, la dureza
πῶς	¿cómo? ¿cómo es que? ¡cómo! ¡cuán!
πώς	de algún modo, de alguna manera

Ρ - ρ

Ῥαββι	*aram.* "Rabí" (mi Señor, mi maestro)
Ῥαββουνι	*aram.* "Raboni" (mi Señor, mi amo)
ῥαβδιζω	azotar, apalear
ῥαβδος (ἡ) -ου	la vara, el palo, el cetro, la varilla, el bastón
ῥαβδουχος (ὁ) -ου	el alguacil
ῥᾳδιουργημα (το) -ατος	la travesura, la picardía, la bribonada, la canallada, la fechoría
ῥᾳδιουργια (ἡ) -ας	la ligereza, la imprudencia, la maldad, la malicia
ῥαινω	rociar, regar, salpicar
ῥακα	necio, tonto, estúpido, imbécil (*del arameo*)
ῥακος (το) -ους	el harapo, el remiendo, el pedazo de tela
ῥαντιζω	rociar, salpicar, purificar, limpiar (*voz media*: limpiarse, lavarse, purificarse)
ῥαντισμος (ὁ) -ου	el rociamiento, la rociada, la aspersión
ῥαπιζω	pegar, abofetear, golpear
ῥαπισμα (το) -ατος	la bofetada, el latigazo, el golpe
ῥασσω	pegar, derribar, atropellar
ῥαφις (ἡ) -ιδος	la aguja
ῥαχα	= ῥακα
ῥεδη (ἡ) -ης	el carro (de cuatro ruedas)
ῥεω	fluir, correr
ῥηγμα (το) -ατος	el derrumbamiento, la ruina, la destrucción
ῥηγνυμι	romper, reventar, despedazar, prorrumpir
ῥημα (το) -ατος	la palabra, lo que se dice, la cosa, la noticia
ῥησσω	derribar
ῥητωρ (ὁ) -ορος	el orador, el abogado
ῥητως	explícitamente, expresamente
ῥιζα (ἡ) -ης	la raíz, el vástago
ῥιζοομαι	estar arraigado
ῥιπη (ἡ) -ης	el pestañeo, el instante, el abrir y cerrar los ojos
ῥιπιζω	bambolear, tambalear (*voz pasiva*: ser llevado de un lado al otro)
ῥιπτω	echar, arrojar
ῥοιζηδον	con gran estruendo, con ruido ensordecedor
ῥομφαια (ἡ) -ας	la espada
ῥοπη (ἡ) -ης	el inclinarse, el movimiento

ῥυμη (ἡ) -ης	la calle, el callejón
ῥυομαι	librar, salvar, guardar, rescatar
ῥυπαινομαι	estar manchado, estar ensuciado
ῥυπαρευω	ensuciar
ῥυπαρια (ἡ) -ας	la suciedad, la inmundicia, la impureza
ῥυπαρος -α, -ον	sucio, inmundo, mugriento, manchado, impuro
ῥυπος (ὁ) -ου	la suciedad, la inmundicia
ῥυποω	ensuciar, manchar
ῥυσις (ἡ) -εως	el flujo
ῥυτις (ἡ) -ιδος	la arruga
ῥωμαϊκος -η, -ον	latín, romano
ῥωμαιος -α, -ον	romano
ῥωμαϊστι	en latín
ῥωννυμαι	pasarlo bien, conservarse en buen estado de salud, ¡Adiós!

Σ - σ

σαβαχθανι	*hebr.* "sabactani" (tú me has abandonado)
σαββατισμος (ὁ) -ου	el descanso del día sabbat, el reposo
σαββατον (το) -ου	el día de reposo, el sabbat, la semana
σαγηνη (ἡ) -ης	la red (barredera)
σαινω	sacudir, mover
σακκος (ὁ) -ου	el vestido de arpillera o áspero, el silicio
σαλευω	sacudir, mover, conmover, remecer, agitar
σαλος (ὁ) -ου	el oleaje
σαλπιγξ (ἡ) -ιγγος	la trompeta
σαλπιζω	tocar la trompeta
σαλπιστης (ὁ) -ου	el trompetista
σανδαλιον (το) -ου	la sandalia
σανις (ἡ) -ιδος	la tabla
σαπρος -α, -ον	malo, corrompida, podrido, mohoso, inútil
σαπφιρος (ἡ) -ου	el zafiro
σαργανη (ἡ) -ης	el canasto, el cesto
σαρδινος (ὁ) -ου	la cornalina
σαρδιον (το) -ου	la cornalina
σαρδονυξ (ὁ) -υχος	el ónice, el sardónice
σαρκικος -η, -ον	carnal, material, de carne
σαρκινος -η, -ον	carnal, de carne
σαρξ (ἡ) σαρκος	la carne, el cuerpo físico
σαροω	barrer
σαταν (ὁ)	el adversario, Satanás
σατανας (ὁ) -α	el adversario, Satanás
σατον (το) -ου	la sat (= *una medida*)
σβεννυμι	apagar, extinguir, reprimir
σεαυτου -ης	ti mismo
σεβαζομαι	adorar, venerar
σεβασμα (το) -ατος	el objeto de la veneración, el santuario
σεβαστος -η, -ον	perteneciente al emperador, imperial, venerable, respetable, santo (*Sust.*: el emperador, la majestad)
σεβομαι	venerar, adorar, rendir culto
σειρα (ἡ) -ας	la cadena, el grillo
σειρος (ὁ) -ου	la caverna, la cueva

σεισμος (ὁ) -ου	la sacudida, el terremoto, el temblor de tierra, la tempestad
σειω	sacudir, temblar, conmover, agitar
σεληνη (ἡ) -ης	la luna
σεληνιαζομαι	ser lunático
σεμιδαλις (ἡ) -εως	la flor de harina, la harina más fina
σεμνος -η, -ον	honesto, noble, serio, respetable, venerable, decente, digno, sobrio
σεμνοτης (ἡ) -ητος	la honestidad, la seriedad, la integridad, la decencia, la venerabilidad, la dignidad, la sobriedad, la respetabilidad
σημαινω	dar a entender, avisar, anunciar, dar a conocer, declarar, informar, predecir
σημειον (το) -ου	la señal, la seña, el signo, la indicación
σημειοομαι	tomar nota, anotarse, señalar
σημερον	hoy, el día de hoy
σημικινθιον (το) -ου	el pañuelo, el paño, la venda, el taparrabo
σηπω	estar podrido, podrirse
σηρικος -η, -ον	de seda
σης (ὁ) σητος	la polilla
σητοβρωτος -ον	comido de polilla, apolillado
σθενοω	fortalecer, dar fuerza, robustecer
σιαγων (ἡ) -ονος	la mejilla
σιαινομαι	tener aversión a
σιγαω	callarse, dejar de hablar, guardar silencio
σιγη (ἡ) -ης	el silencio
σιδηρος (ὁ) -ου	el hierro
σιδηρους -α, -ουν	de hierro
σιδωνιος -α, -ον	de Sidón
σικαριος (ὁ) -ου	el sicario, el asesino
σικερα (το)	la bebida embriagadora, la sidra, el licor
σιμικινθιον (το) -ου	el pañuelo, el paño, la venda, el taparrabo, el delantal, el mandil
σιναπι (το) -εως	la mostaza
σινδων (ἡ) -ονος	la sábana, el lienzo, la camisa, la camiseta
σινιαζω	tamizar, zarandear, sacudir
σιρικος -η, -ον	de seda (*Sust.*: el vestido o la tela de seda)
σιρος (ὁ) -ου	la caverna, la cueva, la fosa
σιτευτος -η, -ον	engordado, cebado, gordo
σιτιον (το) -ου	el trigo, el alimento preparado de trigo
σιτιστος -η, -ον	engordado, cebado

σιτομετριον (το) -ου	la ración de trigo o pan
σιτος (ὁ) -ου	el trigo, el grano, el cereal
σιωπαω	callarse, guardar silencio, dejar de hablar, calmarse
σιωπῃ	en secreto, a escondidas, tácitamente, sin decir palabra
σκανδαλιζω	inducir al pecado, hacer caer, ofender, escandalizar (*voz pasiva*: escandalizarse, indignarse, renegar, caer en pecado)
σκανδαλον (το) -ου	el lazo, la trampa, la seducción, la tentación, el obstáculo, el tropezadero
σκαπτω	cavar
σκαφη (ἡ) -ης	el esquife, el bote auxiliar, el bote
σκελος (το) -ους	el fémur
σκεπασμα (το) -ατος	el abrigo, la ropa
σκευη (ἡ) -ης	el aparejo, el equipo de la nave
σκευος (το) -ους	el utensilio, los efectos personales, el vaso, el recipiente, la vasija, el instrumento, el lienzo, el receptáculo, el equipo, el objeto
σκηνη (ἡ) -ης	la morada, la vivienda, la carpa, la tienda de los nómadas, el tabernáculo, la enramada
σκηνοπηγια (ἡ) -ας	la fiesta de los tabernáculos
σκηνοποιος (ὁ) -ου	el fabricante de tiendas de campaña
σκηνος (το) -ους	la tienda, la morada, la carpa
σκηνοω	habitar, morar, vivir
σκηνωμα (το) -ατος	la morada, la carpa, la tienda, el lugar de residencia
σκια (ἡ) -ας	la sombra
σκιρταω	saltar
σκληροκαρδια (ἡ) -ας	la dureza, la terquedad, la obstinación, la testarudez
σκληρος -α, -ον	duro, impetuoso, pesado, insoportable
σκληροτης (ἡ) -ητος	la dureza, la obstinación
σκληροτραχηλος -ον	terco, testarudo, obstinado
σκληρυνω	endurecer (*voz pasiva*: ser obstinado, endurecerse)
σκολιος -α, -ον	torcido, corvo
σκολοψ (ὁ) -οπος	el palo agudo, la astilla, la espina, el agujón
σκοπεω	mirar, fijarse, poner atención, cuidarse de
σκοπος (ὁ) -ου	la meta
σκορπιζω	dispersar, desparramar, repartir
σκορπιος (ὁ) -ου	el escorpión, el alacrán

σκοτεινος -η, -ον	oscuro, sombrío
σκοτια (ἡ) -ας	la oscuridad, las tinieblas
σκοτιζομαι	oscurecer(se)
σκοτοομαι	oscurecerse
σκοτος (το) -ους	la oscuridad, las tinieblas
σκυβαλον (το) -ου	la basura, el estiércol
σκυθρωπος -η, -ον	triste, sombrío, adusto, hosco, austero
σκυλλω	cansar, fatigar, molestar, incomodar, afligir
σκυλον (το) -ου	el botín
σκωληκοβρωτος -ον	comido de gusanos
σκωληξ (ὁ) -ηκος	el gusano
σμαραγδινος -η, -ον	como una esmeralda
σμαραγδος (ὁ) -ου	la esmeralda
σμηγμα (το) -ατος	el ungüento
σμιγμα (το) -ατος	= μιγμα
σμυρνα (ἡ) -ης	la mirra, (*nombre*: Esmirna)
σμυρναιος -α, -ον	de Esmirna
σμυρνιζω	mezclar con mirra, aromatizar con mirra
σορος (ἡ) -ου	el ataúd, el féretro
σος, ση, σον	tu (*pronombre posesivo*)
σουδαριον (το) -ου	el pañuelo contra el sudor, el sudario
σοφια (ἡ) -ας	la sabiduría
σοφιζω	hacer sabio, instruir, idear, discurrir con sutileza
σοφος -η, -ον	sabio, hábil, instruido
σπαομαι	sacar, desenvainar
σπαρασσω	sacudir con violencia, convulsionar
σπαργανοω	envolver en pañales
σπαταλαω	vivir en la opulencia, en la suntuosidad
σπειρα (ἡ) -ης	la cohorte, el batallón
σπειρω	sembrar
σπεκουλατωρ (ὁ) -ορος	el espía, el mensajero de mensajes urgentes, el verdugo
σπενδομαι	ser derramado en libación, ser sacrificado
σπερμα (το) -ατος	la semilla, la descendencia, el simiente
σπερμολογος (ὁ) -ου	el hablador, el palabrero
σπευδω	apresurarse, darse prisa, procurar
σπηλαιον (το) -ου	la cueva, la guarida
σπιλας (ἡ) -αδος	la mancha (vergonzosa), la roca
σπιλος (ὁ) -ου	la mancha (vergonzosa)
σπιλοω	manchar, contaminar, ensuciar
σπλαγχνα (τα) -ων	las entrañas, lo más íntimo del ser

σπλαγχνιζομαι — tener misericordia, compadecerse, tener compasión
σπογγος (ὁ) -ου — la esponja
σποδος (ἡ) -ου — la ceniza
σπορα (ἡ) -ας — lo sembrado, la siembra, la semilla, el simiente
σποριμος -ον — sembrado
σπορος (ὁ) -ου — la semilla
σπουδαζω — procurar, esforzarse, tomarse la molestia, afanarse, esmerarse, hacer todo lo posible
σπουδαιος -α, -ον — diligente, solícito
σπουδαιως — con diligencia, encarecidamente, con insistencia
σπουδη (ἡ) -ης — la diligencia, la aplicación, el celo, el esfuerzo, la solicitud
σπυρις (ἡ) -ιδος — la canasta, el cesto
σταδιον (το) -ου — el estadio, la arena, estadio (= *medida: 192m*)
σταμνος (ὁ) -ου — la jarra, la urna, la vasija
στασιαστης (ὁ) -ου — el sedicioso, el rebelde, el revolucionario
στασις (ἡ) -εως — la existencia, la sedición, la revuelta, la discordia, la controversia, la disputa, la rebelión, el altercado
στατηρ (ὁ) -ηρος — el estáter (= *moneda griega*)
σταυρος (ὁ) -ου — la cruz
σταυροω — crucificar
σταφυλη (ἡ) -ης — la uva, el racimo de uvas
σταχυς (ὁ) -υος — la espiga, Estaquis
στεγη (ἡ) -ης — el techo, el tejado
στεγω — cubrir, soportar, aguantar, tolerar
στειρα -ας — estéril (*Sust.*: la mujer estéril)
στελλομαι — apartarse, retirarse, evitar, huir
στεμμα (το) -ατος — la guirnalda
στεναγμος (ὁ) -ου — el gemido, el lamento
στεναζω — gemir, quejarse, lamentarse
στενος -η, -ον — estrecho, angosto
στενοχωρεω — poner en aprieto (*voz pasiva*: estar en un apuro, estar en estrechez, estar angustiado o abatido)
στενοχωρια (ἡ) -ας — la angustia, el apuro
στερεος -α, -ον — firme, sólido, duradero, permanente
στερεοω — fortalecer, fortificar, afirmar, consolidar
στερεωμα (το) -ατος — la firmeza, la solidez
στεφανος (ὁ) -ου — la corona, la guirnalda, el premio, (*nombre*: Esteban)
στεφανοω — coronar, premiar
στηθος (το) -ους — el pecho
στηκω — estar de pie, estar parado, estar firme, quedar

στηριγμος (ὁ) -ου la firmeza
στηριζω fortalecer, consolidar, afirmar, asegurar, confirmar, fijar, establecer
στιβας (ἡ) -αδος la fronda, el haz, el manojo, el ramillete, la rama
στιγμα (το) -ατος la marca (de fuego), el tatuaje
στιγμη (ἡ) -ης el punto, el momento, el instante
στιλβω resplandecer, brillar
στοα (ἡ) -ας el pórtico, la arcada, el salón columnario
στοιβας (ἡ) -αδος la fronda, el haz, el manojo, el ramillete
στοϊκος -η, -ον estoico
στοιχεια (τα) -ων la enseñanza básica, la materia básica, lo elemental, el fundamento elemental, los principios básicos, los elementos que constituyen el mundo material, los rudimentos, el astro, la constelación
στοιχεω tomar partido por, seguir, conducirse
στολη (ἡ) -ης la ropa larga, el vestido largo que ondea
στομα (το) -ατος la boca, la capacidad de hablar, el filo (de espada)
στομαχος (ὁ) -ου el estómago
στρατεια (ἡ) -ας la campaña, la expedición militar
στρατευμα (το) -ατος el ejército, el pelotón, la tropa
στρατευομαι militar, estar en el servicio militar, batallar, ser soldado, pelear
στρατηγος (ὁ) -ου el jefe, el magistrado
στρατια (ἡ) -ας el ejército
στρατιωτης (ὁ) -ου el soldado
στρατολογεω reclutar soldados
στρατοπεδαρχης (ὁ) -ου el comandante del campamento, el prefecto militar
στρατοπεδον (το) -ου el campamento, el ejército
στρεβλοω torcer, deformar
στρεφω volver hacia, convertir, volverse, darse vuelta, cambiar, devolver
στρηνιαω vivir a cuerpo de rey, llevar una vida de lujo
στρηνος (το) -ους la opulencia, la suntuosidad, el lujo
στρουθιον (το) -ου el gorrión, el pajarito
στρωννυω/στρωννυμι tender, hacer la cama, extender
στυγητος -η, -ον abominable, horrible, aborrecible, odioso
στυγναζω espantarse, horrorizarse, estar afligido, estar triste, entristecerse, estar nublado u oscuro (el cielo)

στυλος (ὁ) -ου	la columna
στωϊκος -η, -ον	estoico
συ, σου, σῳ, σον	tú
συγγενεια (ἡ) -ας	la parentela, los parientes
συγγενης -ες	pariente (*Sust.*: el compatriota, el paisano, el pariente)
συγγενις (ἡ) -ιδος	la parienta
συγγνωμη (ἡ) -ης	la concesión
συγκαθημαι	estar sentado junto con
συγκαθιζω	sentar a alguien junto con, sentarse con
συγκακοπαθεω	sufrir junto con, participar en el sufrimiento
συγκακουχεομαι	ser maltratado junto con otros, sufrir junto con
συγκαλεω	convocar (*voz media*: convocar, citar)
συγκαλυπτω	cubrir, encubrir, tapar, ocultar, esconder
συγκαμπτω	agobiar, doblar
συγκαταβαινω	descender junto con, bajar junto con
συγκαταθεσις (ἡ) -εως	la concordancia, la analogía, la identidad, el acuerdo
συγκατανευω	asentir, estar de acuerdo
συγκατατιθεμαι	asentir, consentir, estar de acuerdo
συγκαταψηφιζομαι	ser contado con, ser incluido entre
συγκειμαι	estar en la mesa juntamente con
συγκεραννυμι	unir, mezclar
συγκινεω	poner en marcha, instigar
συγκλειω	fusionar, encerrar, encarcelar
συγκληρονομος -ον	heredando junto con otros, coheredando (*Sust.*: el coheredero)
συγκοινωνεω	participar en, compartir
συγκοινωνος (ὁ) -ου	el participante, el socio, el copartícipe
συγκομιζω	acarrear, enterrar, sepultar
συγκρινω	reunir, juntar, acomodar, comparar, interpretar, explicar, igualar
συγκυπτω	encorvarse, estar encorvado
συγκυρια (ἡ) -ας	la casualidad, la coincidencia
συγχαιρω	regocijarse con, tener alegría junto con otro, gozarse con, alegrarse juntamente con
συγχεω	confundir, desconcertar, poner en sobresalto, poner en consternación, provocar excitación, aturdir (*voz pasiva*: estar confuso)
συγχραομαι	usar, tener trato, tener relaciones, tratarse
συγχυσις (ἡ) -εως	la confusión, la desorientación
συζαω	vivir con, vivir junto con

συζευγνυμι	juntar, unir
συζητεω	conversar con, disputar, discutir, disentir, argüir
συζητητης (ὁ) -ου	el disputador, el que discute
συζητησις (ἡ) -εως	la disputa, la discusión, el altercado
συζυγος (ὁ) -ου	el compañero, el camarada
συζωοποιεω	dar vida juntamente con
συκαμινος (ἡ) -ου	el moral, la morera, el sicómoro
συκη (ἡ) -ης	la higuera
συκομορεα (ἡ) -ας	el sicómoro
συκομωρεα (ἡ) -ας	el sicómoro
συκον (το) -ου	el higo
συκοφαντεω	calumniar, defraudar, vejar, poner trabas, acosar, hacer extorsión
συλαγωγεω	llevar como botin, coger como presa, robar, cautivar
συλαω	despojar, quitar, robar
συλλαλεω	conversar, hablar con, consultar con
συλλαμβανω	prender, arrestar, coger, concebir, quedar encinta (*voz media*: ayudar, socorrer, apresar, arrestar)
συλλεγω	recoger
συλλογιζομαι	reflexionar, considerar, meditar
συλλυπεομαι	entristecerse junto con, entristecerse profundamente
συμβαινω	acontecer, suceder, ocurrir
συμβαλλω	conversar, conferenciar, deliberar, considerar, pensar, comparar, encontrarse, enfrentarse, chocar, pelear (*voz media*: ayudar, ser de provecho)
συμβασιλευω	reinar juntamente con, gobernar junto con
συμβιβαζω	unir, juntar, instruir, exponer, enseñar, demostrar, explicar
συμβουλευω	aconsejar (*voz media*: acordar en consejo, planear)
συμβουλιον (το) -ου	la resolución, el acuerdo, la decisión, el consejo
συμβουλος (ὁ) -ου	el consejero
συμμαθητης (ὁ) -ου	el condiscípulo
συμμαρτυρεω	confirmar el testimonio, dar testimonio juntamente con, dar testimonio a favor de
συμμεριζομαι	compartir
συμμετοχος -ον	participando juntamente con (*Sust.*: el copartícipe)
συμμιμητης (ὁ) -ου	el imitador juntamente con
συμμορφιζομαι	llegar a tener la misma forma, tomar la misma forma
συμμορφος -ον	teniendo la misma forma, de la misma forma
συμμορφοω	llegar a tener la mismo forma, tomar la misma forma

συμπαθεω	sentir compasión, compadecerse, sentir simpatía
συμπαθης -ες	compasivo, compartiendo los mismos sentimientos
συμπαραγινομαι	llegar al mismo tiempo, reunirse, congregarse, acudir en socorro, ayudar
συμπαρακαλεομαι	mutuamente confortarse, recibir mutuo estímulo
συμπαραλαμβανω	llevar/traer consigo también
συμπαραμενω	quedarse para apoyar
συμπαρειμι	estar presente junto con
συμπασχω	sufrir junto con, padecer juntamente con
συμπεμπω	enviar juntamente con
συμπεριεχω	estar juntamente alrededor de
συμπεριλαμβανω	abrazar, tomar en los brazos, envolver
συμπινω	beber juntamente con
συμπιπτω	derrumbarse, desplomarse, caerse
συμπληροω	llenar totalmente, cumplirse
συμπνιγω	ahogar aplastando, sofocar, oprimir
συμπολιτης (ὁ) -ου	el conciudadano
συμπορευομαι	ir con, caminar juntamente con, viajar junto con, reunirse, acompañar
συμποσια (ἡ) -ας	la comida en comunión
συμποσιον (το) -ου	los convidados, el grupo alrededor de una mesa, el grupo de comensales
συμπρεσβυτερος (ὁ) -ου	el que es anciano juntamente con otro(s)
συμφερω	juntar, reunir, ser provechoso, ser útil, ser favorable, convenir, ser mejor, ser bueno
συμφημι	estar de acuerdo, aprobar, consentir
συμφορος -ον	provechoso, útil, favorable (*Sust.*: el provecho, el beneficio)
συμφορτιζω	cargar varios juntos
συμφυλετης (ὁ) -ου	el paisano, el compatriota
συμφυτος -ον	compenetrado con, fusionado, plantado juntamente, unido con, identificado con
συμφυομαι	crecer juntamente
συμφωνεω	concordar, estar de acuerdo, coincidir, armonizar, convenir, acordar
συμφωνησις (ἡ) -εως	la concordancia, la armonía, el acuerdo
συμφωνια (ἡ) -ας	el concierto, la música, la flauta doble
συμφωνος -ον	concordante, de mutuo consentimiento (*Sust.*: el mutuo consentimiento, la concordancia)

συμψηφιζω	contar, sumar, calcular, hacer la cuenta
συμψυχος -ον	unánime, de un solo espíritu, unido en espíritu
συν	con
συναγω	juntar, recoger, unir, reunir, reunirse, congregar, recibir con hospitalidad, hospedar, convocar, acoger, almacenar (*voz pasiva*: ser reunido, ser congregado, reunirse, congregarse, juntarse)
συναγωγη (ἡ) -ης	la sinagoga
συναγωνιζομαι	ayudar, apoyar, pelearse, luchar juntamente
συναθλεω	combatir/pelear/luchar juntamente
συναθροιζω	reunir, recoger, unir, juntar, congregar
συναιρω	echar la cuenta, ajustar cuentas, arreglar
συναιχμαλωτος (ὁ) -ου	el compañero de prisión
συνακολουθεω	seguir, acompañar
συναλιζομαι	estar juntos, estar reunidos, comer junto
συναλλασσω	reconciliar
συναναβαινω	subir juntamente con
συνανακειμαι	estar a la mesa juntamente con, comer juntamente con
συναναμ(ε)ιγνυμι	tener trato con, tener relaciones con, mezclarse con, relacionarse con
συναναπαυομαι	descansar juntamente con, recrearse junto con
συναναστρεφομαι	tener trato con, tener relaciones con
συνανταω	salir al encuentro, encontrarse, suceder
συναντησις (ἡ) -εως	el encuentro
συναντιλαμβανομαι	ayudar, apoyar
συναπαγομαι	ser arrastrado, dejarse llevar
συναποθνῃσκω	morir juntamente con
συναπολλυμαι	perecer juntamente con, morir juntamente con
συναποστελλω	mandar con, enviar juntamente con
συναρμολογεω	ensamblar, juntar, unir
συναρπαζω	agarrar violentamente, coger brutalmente, arrebatar, arrastrar
συναυξανομαι	crecer juntamente
συνβ-	συμβ-
συνγ-	συγγ-
συνδεσμος (ὁ) -ου	lo que une, la cinta, el vínculo, el ligamento, la cadena, el manojo, la atadura
συνδεομαι	estar preso (juntamente con)

συνδοξαζω	glorificar juntamente con, alabar junto (*voz pasiva*: tener gloria juntamente con otro)
συνδουλος (ὁ) -ου	el consiervo, el co-esclavo
συνδρομη (ἡ) -ης	el agolpamiento, el gentío, el tumulto, el motín, el amotinamiento
συνεγειρω	resucitar juntamente con
συνεδριον (το) -ου	la reunión del ayuntamiento, el concilio, el sanedrín
συνεδριος (ὁ) -ου	el concejal
συνειδησις (ἡ) -εως	la conciencia
συνειμι	estar junto con, estar con, juntarse, reunirse
συνεισερχομαι	entrar juntamente con
συνεκδημος (ὁ) -ου	el compañero de viaje
συνεκλεκτος -η, -ον	elegido juntamente
συνεκπορευομαι	salir juntamente con
συνελαυνω	urgir, empujar
συνεπιμαρτυρεω	asentir, apoyar el testimonio, dar testimonio juntamente con
συνεπισκοπος (ὁ) -ου	el co-obispo
συνεπιτιθεμαι	atacar juntamente con, tomar parte en la acusación, unirse al ataque
συνεπομαι	acompañar
συνεργεω	cooperar, colaborar, ayudar, trabajar juntamente
συνεργος -ον	colaborando, ayudando (*Sust.*: el compañero, el colaborador)
συνερχομαι	reunirse, juntarse, congregarse, ir junto, venir junto, viajar junto, acompañar, estar con
συνεσθιω	comer con, comer juntamente con
συνεσις (ἡ) -εως	el entendimiento, la capacidad de comprensión, el discernimiento, la sagacidad, la inteligencia, la perspicacia
συνετος -η, -ον	razonable, comprensivo, prudente, inteligente
συνευδοκεω	asentir, consentir, aprobar, estar de acuerdo, aplaudir
συνευωχεομαι	banquetear juntamente con, comer bien junto
συνεφιστημι	levantarse junto con, rebelarse juntamente con, amotinarse contra
συνεχω	mantener unido, tapar, acosar, apretar, tener preso, custodiar, afligir, angustiar, estrechar, constreñir, entregar por completo

συνζ-	συζ-
συνηδομαι	consentir con alegría, asentir gustosamente, deleitarse, complacerse
συνηθεια (ἡ) -ας	la costumbre, la habituación
συνηλικιωτης (ὁ) -ου	el coetáneo, la persona de la misma edad, el contemporáneo
συνθαπτω	sepultar juntamente con
συνθλαω	aplastar
συνθλιβω	apretar, oprimir
συνθρυπτω	hacer pedazos, quebrar, romper, destrozar
συνιημι	entender, comprender, darse cuenta, percibir
συνιστημι	recomendar, acreditar, hablar bien de, mostrar, demostrar, consistir, estar al lado de
συνκ-	συγκ-
συνλ-	συλλ-
συνμ-	συμμ-
συνοδευω	viajar juntamente con
συνοδια (ἡ) -ας	el grupo de viajeros, la compañía, la caravana
συνοιδα	ser consabidor, ser cómplice, ser consciente
συνοικεω	vivir junto con
συνοικοδομεω	edificar juntamente con, montar, ensamblar
συνομιλεω	conversar, hablar con
συνομορεω	colindar con
συνοραω	verlo claro, darse cuenta, enterarse
συνορια (ἡ) -ας	la vecindad
συνοχη (ἡ) -ης	la angustia, la ansiedad
συνπ-	συμπ-
συνρ-	συρρ-
συνσ-	συσσ-
συνσπ-	συσπ-
συνστ-	συστ
συνταρασσω	turbar
συντασσω	ordenar, mandar, disponer
συντελεια (ἡ) -ας	el fin, la consumación
συντελεω	cumplir, consumir, terminar, acabar, establecer
συντεμνω	abreviar, acortar, realizar sin tardanza
συντεχνιτης (ὁ) -ου	el gremial, el que ejerce la misma profesión
συντηρεω	guardar, conservar, custodiar, proteger
συντιθεμαι	convenir, acordar, consentir, estar de acuerdo
συντομως	brevemente

συντρεχω	correr juntamente con, concurrir, acompañar
συντριβω	romper, quebrantar, desmenuzar, quebrar, aplastar, destruir, hacer pedazos
συντριμμα (το) -ατος	la destrucción, el quebranto, la ruina
συντροφος -ον	ser criado junto, haber crecido junto
συντυγχανω	reunirse con, llegar hasta, alcanzar, acercarse
συνυποκρινομαι	participar en la hipocresía, tomar parte en el disimulo
συνυπουργεω	cooperar, apoyar, ayudar también
συνφ-	συμφ-
συνχ-	συγχ-
συνψ-	συμψ-
συνωδινω	tener dolores de parto juntamente con, sentir dolor junto con, entristecerse junto con
συνωμοσια (ἡ) -ας	la conspiración, el complot
συρος (ὁ) -ου	el sirio
συροφοινικισσα (ἡ) -ης	la sirofenicia
συρρηγνυμι	chocar estrepitosamente
συρω	arrastrar, llevar a la fuerza
συσπαρασσω	sacudir con violencia, desgreñar
συσσημον (το) -ου	la señal acordada, la seña
συσσωμος -ον	formando parte del (mismo) cuerpo
συστασιαστης (ὁ) -ου	el participante del motín
συστατικος -η, -ον	de recomendación
συσταυροομαι	ser/estar crucificado juntamente con
συστελλω	limitar, achicar, reducir, envolver, cubrir, empaquetar, recoger (*voz pasiva*: ser breve, hacerse corto)
συστεναζω	gemir juntamente con
συστοιχεω	corresponder a
συστρατιωτης (ὁ) -ου	el compañero de lucha, el compañero de armas
συστρεφω	acumular, acaparar, recoger, reunirse
συστροφη (ἡ) -ης	el complot, el motín, el disturbio, el tumulto
συσχηματιζομαι	tomar la misma forma, conformarse
σφαγη (ἡ) -ης	la matanza, el matar, el degüello
σφαγιον (το) -ου	la víctima (para un sacrificio)
σφαζω	matar, degollar, sacrificar
σφαλλω	tropezar, resbalar, caer
σφοδρα	muy, mucho, grandemente, en gran manera

σφοδρως	mucho, en gran manera, furiosamente, fuertemente, violentamente
σφραγιζω	sellar, marcar con un sello, asegurar, garantizar, confirmar, atestiguar
σφραγις (ἡ) -ιδος	el sello, la marca, la confirmación
σφυδρον (το) -ου	el tobillo
σφυρον (το) -ου	el tobillo
σχεδον	casi, por poco
σχημα (το) -ατος	la forma, la apariencia, el aspecto, la forma
σχιζω	romper, desgarrar, hender, partir, rasgar, dividir, desunir
σχισμα (το) -ατος	la escisión, la división, la discrepancia, la rotura, la disensión, el rasgón
σχοινιον (το) -ου	la cuerda, la soga, el cordel
σχολαζω	tener el tiempo, dedicarse a, ocuparse en, estar desocupado
σχολη (ἡ) -ης	la escuela
σῴζω	salvar, conservar intacto, sanar, curar, guardar, rescatar, libertar
σωμα (το) -ατος	el cuerpo
σωματικος -η, -ον	corporal, en cuanto al cuerpo
σωματικως	de carne y hueso, corporalmente
σωρευω	amontonar
σωτηρ (ὁ) -ηρος	el salvador, el libertador, el redentor
σωτηρια (ἡ) -ας	la salvación, la liberación
σωτηριος -ον	salvando, preservando, sano, saludable (*Sust.*: la salvación, el medio de salvación)
σωφρονεω	ser sobrio, ser prudente, ser cuerdo, ser sensato, ser casto, ser púdico, moderarse, controlarse, pensar con sensatez
σωφρονιζω	hacer entrar en razón, meter en cintura, animar, exhortar, estimular, instruir
σωφρονισμος (ὁ) -ου	la sensatez, la prudencia, la moderación, el buen juicio, la disciplina, el dominio de si mismo
σωφρονως	sobriamente, prudentemente, moderadamente, castamente, con sensatez
σωφροσυνη (ἡ) -ης	la sensatez, la prudencia, la modestia, la cordura, el dominio de sí mismo, el buen juicio
σωφρων -ον	prudente, sobrio, cuerdo, sensato, casto, púdico, moderado

Τ - τ

ταβερνη (ἡ) -ης	la taberna, la tienda, la posada, el albergue
ταγμα (το) -ατος	lo ordenado, el orden, el grupo
ταδε	= ὁδε
τακτος -η, -ον	fijado, establecido, determinado, señalado
ταλαιπωρεω	afligirse, sufrir, torturar, sufrir adversidades, sentirse mal, lamentarse, gemir
ταλαιπωρια (ἡ) -ας	la miseria, el apuro, la necesidad, la pena, las fatigas, la desgracia
ταλαιπωρος -ον	miserable, infeliz, desventurado, desgraciado, deplorable, desdichado
ταλαντιαιος -α, -ον	pesando un talento
ταλαντον (το) -ου	el talento (= *medida*)
ταλιθα	*hebr.* "talita" (niña)
ταμειον (το) -ου	la despensa, el depósito, el almacén, el cuarto interior, el cuarto escondido
ταμιειον (το) -ου	el cuarto escondido
ταννυ	ahora
ταξις (ἡ) -εως	el orden, la sucesión establecida, el turno, el buen orden, el rango, la calidad, la naturaleza
ταπεινος -η, -ον	insignificativo, pobre, de poca importancia, sumiso, dócil, tímido, humilde, abatido
ταπεινοφροσυνη (ἡ) -ης	la humildad
ταπεινοφρων -ον	humilde
ταπεινοω	bajar, aplanar, allanar, humillar
ταπεινωσις (ἡ) -εως	la bajeza, la humillación, la condición humilde
ταρασσω	turbar, perturbar, conturbar, inquietar, agitar
ταραχη (ἡ) -ης	el estorbo del orden normal, la alteración del orden, el movimiento, el alboroto, la agitación
ταραχος (ὁ) -ου	la excitación, el alboroto, el disturbio
ταρσευς (ὁ) -εως	el oriundo de Tarso
ταρταροω	arrojar al infierno, guardar en el infierno
τασσω	poner en un sitio determinado y adecuado, poner, colocar, ordenar, establecer, dedicar, señalar, disponer, asignar, nombrar
ταυρος (ὁ) -ου	el toro

ταφη (ἡ) -ης el entierro, el cementerio, el lugar de sepultura
ταφος (ὁ) -ου la tumba, el sepulcro
ταχα quizás, tal vez, posiblemente, puede que
ταχεως rápidamente, pronto, sin tardar, a la ligera, precipitadamente
ταχινος -η, -ον acercándose rápido, siendo inminente, rápido
ταχιον más pronto, más rápido, rápidamente
ταχιστα lo más pronto, lo más rápido posible
ταχος (το) -ους la velocidad, la rapidez, la prisa, la prontitud, la brevedad
ταχυς -εια, -υ rápido, pronto, en breve
τε y
τεῖχος (το) -ους el muro, la muralla
τεκμηριον (το) -ου la prueba convincente
τεκνιον (το) -ου el hijito, el niñito
τεκνογονεω procrear hijos, engendrar hijos, dar a luz a hijos, tener hijos
τεκνογονια (ἡ) -ας el alumbramiento de hijos, el tener hijos
τεκνον (το) -ου el niño, el hijo
τεκνοτροφεω criar hijos, educar hijos
τεκνοω procrear, engendrar, dar a luz
τεκτων (ὁ) -ονος el carpintero, el obrero de construcción
τελειος -α, -ον perfecto, acabado, cumplido, maduro, completo, íntegro
τελειοτης (ἡ) -ητος la totalidad, el acabamiento, la consumación, la perfección, la madurez
τελειοω acabar, terminar, llevar a la meta, completar, perfeccionar, hacer perfecto, cumplir, consagrar, consumar, madurar
τελειως por completo, enteramente, cumplidamente
τελειωσις (ἡ) -εως el cumplimiento, la consumación, la perfección, el acabamiento
τελειωτης (ὁ) -ου el consumador, el terminador, el perfeccionador
τελεσφορεω hacer madurar frutos, producir frutos maduros
τελευταω morir, estar moribundo
τελευτη (ἡ) -ης el fin, la muerte
τελεω terminar, acabar, completar, consumar, pagar, cumplir, realizar, llevar a cabo
τελος (το) -ους el fin, el término, el acabar, la meta, el resto, el tributo, el impuesto, la conclusión, la consumación,
τελωνης (ὁ) -ου el publicano, el cobrador de impuestos

τελωνιον (το) -ου la oficina de recaudación de impuestos, la aduana
τερας (το) -ατος la maravilla, el prodigio
τεσσαρακοντα cuarenta
τεσσαρακονταετης de cuarenta años
τεσσαρες cuatro
τεσσαρεσκαιδεκατος -η, -ον decimocuarto
τεσσεη- = τεσσαρ-
τεταρταῖος -α, -ον de cuatro días, el cuarto día
τεταρτος -η, -ον cuarto
τετραα- = τετρα
τετραγωνος -ον cuadrangular, en forma de cubo, cuadrado
τετραδιον (το) -ου el destacamento de cuatro soldados, la brigada de cuatro soldados, el piquete de cuatro soldados
τετρακισχιλιοι -αι,-α cuatro mil
τετρακοσιοι -αι, -α cuatrocientos
τετραμηνος -ον de una duración de cuatro meses
τετραπλους -η, -ουν cuadruplicado, cuádruple
τετραπους (το) -ποδος el cuadrúpedo
τετραρχεω ser tetrarca
τετραρχης (ὁ) -ου el tetrarca
τεφροω incinerar, reducir a ceniza, cubrir de ceniza
τεχνη (ἡ) -ης el oficio, el arte, la habilidad artística
τεχνιτης (ὁ) -ου el artesano, el artista, el artífice, el arquitecto
τηκομαι derretirse, fundirse
τηλαυγως muy claramente
τηλικουτος -αυτη -ουτο tan grande, igual poderos, tan grandioso
τηρεω vigilar, custodiar, poner atención, guardar, conservar, reservar, retener, proteger, observar
τηρησις (ἡ) -εως el arresto, la custodia, la cárcel, la observancia, el guardar
τιθημι poner, meter, colocar, comparar, quitarse, constituir, designar, destinar, señalar, guardar, depositar, servir, presentar, dar
τικτω dar a luz, producir (*voz pasiva*: nacer)
τιλλω arrancar
τιμαω honrar, estimar, determinar el valor, poner precio, apreciar, respetar

τιμη (ἡ) -ης	el honor, la honra, el respeto, el valor, el precio
τιμιος -α, -ον	precioso, honorable, respetable, apreciado, muy estimado, valioso, costoso
τιμιοτης (ἡ) -ητος	la preciosidad, la exquisitez, la abundancia de riquezas
τιμωρεω	castigar
τιμωρια (ἡ) -ας	el castigo
τινω	pagar la multa, sufrir (la pena)
τίς	¿quién? ¿quiénes? ¿qué? ¿cuál?
τὶς, τις	un, una, un cierto, un tal (pronombre indefinido)
τιτλος (ὁ) -ου	la inscripción, el título
τοιγαρουν	así que, por tanto, por eso
τοινυν	así que, pues, por tanto
τοιοσδε -αδε, -ονδε	tal, de tal calidad, de tal clase
τοιουτος -αυτη -ουτον	tal, tales, semejante, similar, como de tal clase
τοϊχος (ὁ) -ου	la pared
τοκος (ὁ) -ου	el interés
τολμαω	arriesgar, osar, atreverse a, ser atrevido
τολμηρος -α, -ον	atrevido, audaz
τολμηροτερως	bastante atrevido, bastante audaz, con toda franqueza
τολμητης (ὁ) -ου	el temerario, el atrevido, el osado
τομος -η, -ον	cortante, afilado, agudo
τοξον (το) -ου	el arco (arma)
τοπαζιον (το) -ου	el topacio
τοπος (ὁ) -ου	el lugar, el sitio, el puesto, la posición
τοσουτος -αυτη -ουτον	tanto, tan grande, tan lejos, tan ancho, tan fuerte, tanto tiempo
τοτε	en aquel tiempo, entonces, luego
τουναντιον	al contrario, por el contrario, más bien
τουνομα	llamado, de nombre
τραγος (ὁ) -ου	el macho cabrío
τραπεζα (ἡ) -ης	la mesa, la comida
τραπεζιτης (ὁ) -ου	el cambista, el banquero
τραυμα (το) -ατος	la herida
τραυματιζω	herir
τραχηλιζομαι	quedar al descubierto, estar abierto, estar al desnudo
τραχηλος (ὁ) -ου	el cuello, la nuca, la cerviz
τραχυς -εια, -υ	áspero, escabroso
τρεις, τρια	tres
τρεμω	temblar, temer, tener miedo

τρεφω	alimentar, sustentar, abastecer, engordar, cebar, criar
τρεχω	correr, esforzarse, progresar
τρημα (το) -ατος	el ojo de una aguja, la abertura, el hueco
τριακοντα	treinta
τριακοσιοι -αι, -α	trescientos
τριβολος (ὁ) -ου	el cardo, el abrojo
τριβος (ἡ) -ου	el camino muy usado, la senda, el sendero
τριετια (ἡ) -ᾶ	el lapso de tiempo de tres años
τριζω	crujir, rechinar los dientes
τριμηνος -ον	de tres meses, por tres meses (*Sust.*: el período de tres meses)
τρις	tres veces, una tercera vez
τριστεγον (το) -ου	el tercer piso
τρισχιλιοι -αι, -α	tres mil
τριτος -η, -ον	el tercero, el tercer… (*Sust.*: el tercero/*adverbio*: la tercera vez)
τριχινος -η, -ον	de cilicio, de pelo, de crin
τρομος (ὁ) -ου	el temblor, el temblar
τροπη (ἡ) -ης	el cambio, la variación, la vuelta, el solsticio
τροπος (ὁ) -ου	la manera, el modo, el comportamiento, la conducta, el carácter
τροποφορεω	soportar, sobrellevar, aguantar
τροφη (ἡ) -ης	el alimento, la comida
τροφος (ἡ) -ου	la nodriza
τροφοφορεω	cuidar como una nodriza, cuidar con todo cariño, mimar
τροχια (ἡ) -ας	la rodada, la vía, el camino, la senda
τροχος (ὁ) -ου	la rueda, la circulación, la rotación, el curso, el ciclo
τρυβλιον (το) -ου	la fuente, el plato
τρυγαω	vendimiar, recoger, recolectar
τρυγων (ἡ) -ονος	la tórtola
τρυμαλια (ἡ) -ας	el ojo de la aguja, la abertura
τρυπημα (το) -ατος	lo agujereado, lo perforado, el agujero
τρυφαω	nadar en la opulencia, darse la gran vida
τρυφη (ἡ) -ης	la disipación, la opulencia, la suntuosidad, el lujo, la pompa
τρωγω	roer, romper con los dientes, masticar, comer
τυγχανω	alcanzar, lograr, obtener, conseguir, llegar a εἰ τυχοι = tal vez, si así resulta τυχον = tal vez, si así resulta οὐχ ὁ τυχων = el poco común, el inusual

τυμπανιζω	atormentar, torturar
τυπικως	como ejemplo, ejemplarmente
τυπος (ὁ) -ου	la marca, la huella, la señal visible, lo formado, la forma, la figura, el modelo, el ejemplo, el patrón, el tipo
τυπτω	golpear, pegar, maltratar
τυραννος (ὁ) -ου	el tirano, (*nombre*: Tiranno)
τυρβαζω	turbar (*voz media*: turbarse, preocuparse)
τυριος (ὁ) -ου	el habitante de Tiro
τυφλος -η, -ον	ciego
τυφλοω	cegar
τυφομαι	humear, lucir débilmente, arder sin llama
τυφοομαι	envanecerse, ser necio, llenarse de orgullo, ser ofuscado
τυφωνικος -η, -ον	huracanado, como un tornado

Υ - υ

ὑακινθινος -η, -ον	de color de jacinto
ὑακινθος (ὁ) -ου	el jacinto
ὑαλινος -η, -ον	de vidrio, de cristal, transparente como vidrio
ὑαλος (ἡ) -ου	el vidrio, el cristal
ὑβριζω	mofarse, burlarse, tratar con arrogancia, insultar, afrentar, ultrajar, injuriar
ὑβρις (ἡ) -εως	la soberbia, la arrogancia, la petulancia, la travesura, el oprobio, la ofensa, el insulto, la afrenta, la molestia
ὑβριστης (ὁ) -ου	el malhechor, el malvado, el violento, el injuriador, la persona insolente
ὑγιαινω	estar bien, gozar de buena salud, estar sano
ὑγιης -ες	sano, curado
ὑγρος -α, -ον	húmedo, verde
ὑδρια (ἡ) -ας	el cántaro, la jarra, la tinaja
ὑδροποτεω	tomar agua, beber agua
ὑδρωπικος -η, -ον	hidrópico
ὑδωρ (το) ὑδατος	el agua
ὑετος (ὁ) -ου	la lluvia
υἱοθεσια (ἡ) -ας	la adopción, la recepción como hijo
υἱος (ὁ) -ου	el hijo, el descendiente
ὑλη (ἡ) -ης	la madera no cortada, el bosque, la leña, la materia, el material
ὑμετερος -α, -ον	vuestro, de ustedes
ὑμνεω	cantar himnos, alabar, elogiar, ensalzar
ὑμνος (ὁ) -ου	el himno, el canto de celebración
ὑπαγω	irse, ir, salir, alejarse
ὑπακοη (ἡ) -ης	la obediencia
ὑπακουω	obedecer, estar sujeto, abrir, hacer caso
ὑπανδρος -ον	casado
ὑπανταω	venir al encuentro, salir al encuentro, encontrarse, hacer frente, enfrentarse
ὑπαντησις (ἡ) -εως	el encuentro
ὑπαρξις (ἡ) -εως	la existencia, los bienes, el patrimonio
ὑπαρχω	ser, estar, poseer, existir, estar disponible, estar presente, pertenecer, tener a disposición
ὑπεικω	ceder, sujetarse, someterse, reconocer la autoridad

ὑπεναντιος -α, -ον	contra, adverso, contrario a, hostil
ὑπερ	*con genitivo*: por, para, a favor de, en provecho de, por causa de, respecto a, en lugar de *con acusativo*: más allá de, superior a, más que, por encima de *sólo*: más
ὑπεραιρομαι	envanecerse, ensoberbecerse, levantarse, hincharse de orgullo
ὑπερακμος -ον	pasado la flor de su edad
ὑπερανω	a gran altura sobre, muy por encima de
ὑπερασπιζω	proteger
ὑπεραυξανω	crecer fuertemente, aumentar abundantemente
ὑπερβαινω	sobresalir, sobrepasar, transgredir, abusar
ὑπερβαλλοντως	excesivo, exagerado, muchísimo más
ὑπερβαλλω	exceder, abundar, sobrepasar
ὑπερβολη (ἡ) -ης	la supereminencia, la grandeza, la excelencia, la abundancia, el exceso
ὑπερεκεινα	más allá
ὑπερεκπερισσου	en gran manera, excesivamente, muchísimo, insistentemente
ὑπερεκπερισσως	sobremanera, excesivamente, sumamente
ὑπερεκτεινω	exceder los límites, ir más allá
ὑπερεκχυν(ν)ω	verter sobre (*voz pasiva*: rebosar, desbordarse)
ὑπερεντυγχανω	interceder por, rogar
ὑπερεχω	sobresalir, sobrepasar, ser superior
ὑπερηφανια (ἡ) -ας	la soberbia, el orgullo, la arrogancia
ὑπερηφανος -ον	soberbio, orgulloso
ὑπερλιαν	super…, prominente, extraordinario
ὑπερνικαω	vencer con gloria, triunfar magníficamente
ὑπερογκος -ον	altisonante, campanudo, inflado, hinchado
ὑπεροραω	menospreciar, despreciar, pasar por alto
ὑπεροχη (ἡ) -ης	la excelencia, la eminencia, el exceso, la posición de autoridad
ὑπερπερισσευω	abundar, sobreabundar (*voz pasiva*: rebosar)
ὑπερπερισσως	en gran manera, abundantemente
ὑπερπλεοναζω	rebosar, sobreabundar, desbordarse
ὑπερυψοω	exaltar hasta lo sumo
ὑπερφρονεω	sobrestimarse, atribuirse un valor excesivo, ser travieso, ser arrogante
ὑπερῳον (το) -ου	la sala superior, el aposento en el segundo piso, la habitación superior

ὑπεχω	sufrir, padecer
ὑπηκοος -ον	obediente
ὑπηρετεω	servir, ayudar, proveer, prestar servicio
ὑπηρετης (ὁ) -ου	el ayudante, el servidor, el alguacil, el asistente
ὑπνος (ὁ) -ου	el sueño
ὑπο	<u>con genitivo</u>: por, por medio de <u>con acusativo</u>: debajo de, hacia abajo, bajo
ὑποβαλλω	tramar secretamente, instigar a escondidos
ὑπογραμμος (ὁ) -ου	el modelo, el ejemplo
ὑποδειγμα (το) -ατος	el modelo, el ejemplo, la reproducción, la copia, el imagen, la imitación
ὑποδεικνυμι	indicar, mostrar, enseñar, dar a conocer, avisar
ὑποδεομαι	calzar, atar a los pies
ὑποδεχομαι	recibir con hospitalidad, acoger
ὑποδημα (το) -ατος	el calzado, el zapato, la sandalia
ὑποδικος -ον	culpable, responsable, siendo reo
ὑποζυγιον (το) -ου	el animal de tiro, el animal de carga (el burro)
ὑποζωννυμι	ceñir, reforzar
ὑποκατω	debajo de, bajo
ὑποκειμαι	estar colocado debajo
ὑποκρινομαι	simular, fingir, aparentar, hacerse pasar por
ὑποκρισις (ἡ) -εως	la hipocresía, el disimulo, el fingimiento
ὑποκριτης (ὁ) -ου	el hipócrita, el que finge, el que disimula
ὑπολαμβανω	recibir, acoger, tomar, pensar, suponer, imaginar
ὑπολαμπας (ἡ) -αδος	la ventana
ὑπολειμμα (το) -ατος	el resto, el remanente
ὑπολειπω	sobrar, dejar (*voz pasiva*: quedar)
ὑποληνιον (το) -ου	el recipiente, el depósito debajo del lagar
ὑπολιμπανω	dejar (en pos de sí)
ὑπομενω	soportar, aguantar, perseverar, sufrir, resistir
ὑπομιμνῃσκω	recordar, hacer recordar (*voz pasiva*: acordarse)
ὑπομνησις (ἡ) -εως	el recuerdo, la memoria
ὑπομονη (ἡ) -ης	la perseverancia, la paciencia, la persistencia
ὑπονοεω	suponer, presumir, sospechar, pensar
ὑπονοια (ἡ) -ας	la suposición, la sospecha, la especulación, la imaginación
ὑποπλεω	navegar a sotavento, navegar al abrigo
ὑποπνεω	soplar suavemente
ὑποποδιον (το) -ου	la tarima, el banquillo, el taburete, el escabel

ὑποστασις (ἡ) -εως	la sustancia, la esencia, la realidad, el estado de ánimo, la situación, la realización, la certeza, la convicción, la confianza, la seguridad
ὑποστελλω	retirar, retroceder (*voz media*: retraerse, callarse cobardemente, echarse atrás)
ὑποστολη (ἡ) -ης	la pusilanimidad, el desaliento, el retraimiento, la cobardía
ὑποστρεφω	volver(se), regresar, apartarse, abandonar
ὑποστρωννυω	tender debajo de, tender, extender
ὑποταγη (ἡ) -ης	el someter, la subordinación, la obediencia, la sumisión, la sujeción
ὑποτασσω	someter, sujetar, subordinar (*voz pasiva*: someterse, sujetarse, obedecer, estar sumiso)
ὑποτιθημι	tender debajo, depositar (*voz media*: enseñar, encomendar, exponer)
ὑποτρεχω	correr a sotavento, correr al abrigo
ὑποτυπωσις (ἡ) -εως	el ejemplo, el modelo original
ὑποφερω	aguantar, soportar, resistir, sufrir
ὑποχωρεω	ceder, apartarse, retirarse, alejarse
ὑπωπιαζω	golpear, cruzar la cara a, moler, maltratar, torturar, fastidiar
ὑς (ὁ, ἡ) ὑος	el chancho, el cerdo, la cerda, la puerca
ὑσσωπος (ὁ, ἡ) -ου	el hisopo
ὑστερεω	llegar tarde, equivocar, no alcanzar, estar necesitado, pasar privaciones, carecer de, faltar, ser pobre, ser necesitado, ser menos, ser inferior
ὑστερημα (το) -ατος	la falta, la carencia, la privación, la escasez, la deficiencia, la ausencia, la pobreza, la necesidad
ὑστερησις (ἡ) -εως	la pobreza, la necesidad, la escasez
ὑστερον	después, finalmente, entonces
ὑστερος -α, -ον	segundo, postrero, último, futuro
ὑφαινω	tejer
ὑφαντος -η, -ον	tejido
ὑψηλος -η, -ον	alto, sublime, grandioso, elevado, altivo, orgulloso
ὑψηλοφρονεω	ser altivo, ser altanero, ser orgulloso, ser arrogante
ὑψιστος -η, -ον	lo más alto, el más alto (*Sust.*: el altísimo)
ὑψος (το) -ους	la altura, lo alto, la posición alta, el cielo
ὑψοω	levantar, exaltar, enaltecer, ensalzar
ὑψωμα (το) -ατος	lo alto, la altivez, la altanería, la altura

Φ - φ

φαγος (ὁ) -ου	el comilón, el glotón
φαιλονης (ὁ) -ου	el abrigo, el gabán, la capa, el capote, el manto
φαινω	resplandecer, alumbrar, brillar, dar luz (*voz media-pasiva*: aparecer, mostrarse, hacerse visible, manifestarse, revelarse)
φανερος -α, -ον	obvio, notorio, visible, manifiesto, patente, claro, público, evidente
φανεροω	manifestar, hacer público, hacer saber, mostrar, demostrar (*voz pasiva*: aparecer, manifestarse, darse a conocer, revelarse)
φανερως	públicamente, abiertamente, claramente
φανερωσις (ἡ) -εως	la manifestación, la publicación, el anuncio
φανος (ὁ) -ου	la lámpara, la antorcha, la linterna
φανταζομαι	aparecer, hacerse visible
φαντασια (ἡ) -ας	la pompa, la ostentación
φαντασμα (το) -ατος	la apariencia, el fantasma, el espectro
φαραγξ (ἡ) -αγγος	la quebrada, el abismo, el barranco, el valle
φαρισαιος (ὁ) -ου	el fariseo
φαρμακεια (ἡ) -ας	la hechicería, la magia, la brujería
φαρμακευς (ὁ) -εως	el hechicero, el envenenador
φαρμακον (το) -ου	el veneno, la medicina, el hechizo, el brebaje mágico
φαρμακος (ὁ) -ου	el hechicero, el brujo, el envenenador
φασις (ἡ) -εως	el aviso, al anuncio, la denuncia, la noticia
φασκω	afirmar, asegurar, pretender, alegar
φατνη (ἡ) -ης	el pesebre
φαυλος -η, -ον	malo, malvado
φεγγος (το) -ους	el resplandor, la luz
φειδομαι	ser indulgente, tratar con cuidado, escatimar, renunciar a, abstenerse
φειδομενως	escasamente
φελονης (ὁ) -ου	el abrigo, el gabán, la capa, el capote
φερω	llevar (consigo), traer, conducir, acercar, guiar, presentar, dejar llevar, soportar, sustentar, producir, dar, impulsar, demostrar, comprobar
φευγω	huir, escapar

φημη (ἡ) -ης la noticia, el rumor
φημι decir
φθανω llegar, llegar antes, preceder, adelantarse, anticipar, tomar la delantera
φθαρτος -η, -ον pasajero, efímero, transitorio, perecedero, corruptible
φθεγγομαι hablar
φθειρω destruir, arruinar, perecer, corromper, deteriorar
φθινοπωρινος -η, -ον otoñal
φθογγος (ὁ) -ου el sonido, el tono
φθονεω envidiar, estar celoso
φθονος (ὁ) -ου la envidia, los celos
φθορα (ἡ) -ας la destrucción, la perdición, la corrupción, el deterioro, la violación, la ruina
φιαλη (ἡ) -ης la bandeja, la copa, la patena, la copa de ofrenda
φιλαγαθος -ον amando lo bueno, amando el bien
φιλαδελφια (ἡ) -ας el amor fraternal, el afecto fraternal, (*nombre*: Filadelfia)
φιλαδελφος -ον amando al hermano/a la hermana
φιλανδρος -ον amando al esposo
φιλανθρωπια (ἡ) -ας el amor a los hombres, la amabilidad para con los hombres, la hospitalidad
φιλανθρωπως humanitariamente, bondadosamente
φιλαργυρια (ἡ) -ας el amor al dinero, la codicia, el afán de dinero, la avaricia
φιλαργυρος -ον avaro, amando al dinero, codicioso
φιλαυτος -ον amando a si mismo, egoísta, egocéntrico
φιλεω amar, querer, besar
φιλη (ἡ) -ης la amiga
φιληδονος -ον amando los deleites, ávido de placeres, entregado a los placeres
φιλημα (το) -ατος el beso
φιλια (ἡ) -ας la amistad, el amor
φιλοθεος -ον amando a Dios
φιλον(ε)ικια (ἡ) -ας la manía de disputar, el ergotismo, el espíritu de contradicción, la disputa, el altercado
φιλον(ε)ικος -ον ergotista, disputador, pendenciero, contencioso
φιλοξενια (ἡ) -ας la hospitalidad
φιλοξενος -ον hospitalario
φιλοπρωτευω querer ser el primero, gustar tener el primer lugar
φιλος -η, -ον querido, amigable (*Sust.*: el amigo)

φιλοσοφια (ἡ) -ας	la filosofía, la sabiduría humana
φιλοσοφος (ὁ) -ου	el filósofo
φιλοστοργος -ον	afectuoso, amándose íntimamente, queriéndose fraternalmente, cariñoso
φιλοτεκνος -ον	queriendo mucho a los niños/hijos
φιλοτιμεομαι	tener ambición, considerar como un honor, procurar con empeño, esforzarse
φιλοφρονως	amablemente, solícitamente, bondadosamente
φιλοφρων -ον	amable, amigable, bondadoso
φιμοω	cerrar, poner bozal, acallar, tapar la boca, enmudecer, hacer callar (*voz pasiva*: callarse)
φλαγελλοω	azotar
φλογιζω	prender fuego, encender
φλοξ (ἡ) φλογος	la llama
φλυαρεω	hablar cosas sin fundamento, acusar sin justificación
φλυαρος -ον	chismoso, tonto, necio
φοβεομαι	temer, tener miedo, venerar, reverenciar
φοβερος -α, -ον	infundiendo miedo, horrendo, terrible, espantoso
φοβηθρον (το) -ου	la cosa espantosa
φοβητρον (το) -ου	la cosa espantosa
φοβος (ὁ) -ου	el miedo, el temor, el respeto, la reverencia
φοϊνιξ (ὁ) -ικος	la palmera, la rama de palmera, el fénix, Fenice
φονευς (ὁ) -εως	el homicida, el asesino
φονευω	matar, asesinar
φονος (ὁ) -ου	el homicidio, el asesinato, la muerte por un acto violento, el hecho sangriento
φορεω	llevar permanentemente, llevar por un buen rato, soler llevar, vestir
φορον (το) -ου	el foro
φορος (ὁ) -ου	el tributo, el impuesto
φορτιζω	cargar
φορτιον (το) -ου	la carga, el cargamento
φορτος (ὁ) -ου	el cargamento, la carga
φραγελλιον (το) -ου	el azote, el látigo
φραγελλοω	azotar
φραγμος (ὁ) -ου	el cercado, el cerco, el vallado, el muro
φραζω	explicar, interpretar
φρασσω	cerrar, tapar, impedir, excluir, hacer callar
φρεαρ (το) φρεατος	el pozo, la cisterna
φρεναπαταω	engañar

φρεναπατης (ὁ) -ου	el engañador, el seductor
φρην (ἡ) φρενος	el modo de pensar, el entendimiento, la comprensión, la razón, el pensamiento
φρισσω	estremecerse, temblar (de miedo)
φρονεω	pensar, opinar, tener el modo de pensar, cuidar de, pensar en
φρονημα (το) -ατος	la aspiración, el empeño, el afán, el anhelo, la intención
φρονησις (ἡ) -εως	el modo de pensar, la razón, el entendimiento razonable, la prudencia, el discernimiento
φρονιμος -ον	prudente, sabio, sensato, cuerdo, inteligente, sagaz, precavido
φρονιμως	prudentemente, inteligentemente, sagazmente, astutamente
φροντιζω	pensar en, preocuparse, mirar por, interesarse
φρουρεω	guardar, custodiar, vigilar, tener preso
φρυασσω	bufar, ufanarse, pavonearse
φρυγανον (το) -ου	la leña, la rama seca
φυγαδευω	echar del país, ser exiliado, vivir en el exilio
φυγη (ἡ) -ης	la fuga, la huida
φυλακη (ἡ) -ης	la vigilia, la guardia, la cárcel, el calabozo, la prisión
φυλακιζω	encarcelar, meter en prisión
φυλακτηριον (το) -ου	la filacteria, el amuleto
φυλαξ (ὁ) -ακος	la guardia, el vigilante, el guardián
φυλασσω	guardar, custodiar, vigilar, cuidar, seguir, preservar (*voz media*: cuidarse, evitar, abstenerse)
φυλη (ἡ) -ης	la tribu, la nación
φυλλον (το) -ου	la hoja
φυραμα (το) -ατος	la mezcla, la masa, la pasta
φυσικος -η, -ον	natural, conforme a la naturaleza
φυσικως	de modo natural, por naturaleza, por instinto
φυσιοω	hinchar, inflar, envanecerse, enorgullecer
φυσις (ἡ) -εως	la naturaleza, la condición natural, el ser, la esencia, la clase, la especie
φυσιωσις (ἡ) -εως	la soberbia, la arrogancia, el engreimiento
φυτεια (ἡ) -ας	la planta
φυτευω	plantar
φυω	brotar, crecer
φωλεος (ὁ) -ου	la guarida, la cueva
φωνεω	soltar un sonido, llamar, cantar, gritar, clamar

φωνη (ἡ) -ης	la voz, el sonido, el ruido, el estruendo, el grito, el clamor, el lenguaje
φως (το) φωτος	luz
φωστηρ (ὁ) -ηρος	el cuerpo luminoso, el astro, el brillo, el fulgor, el resplandor
φωσφορος (ὁ) -ου	el lucero de alba, la estrella de la mañana
φωτεινος -η, -ον	lleno de luz, luminoso
φωτιζω	brillar, alumbrar, llenar de luz, iluminar, sacar a la luz, dar luz
φωτισμος (ὁ) -ου	la iluminación, el resplandor, la manifestación, el hacer público

Χ - χ

χαιρω	alegrarse, gozarse, regocijarse, χαιρε, χαιρετε = ¡Salve! (Saludo)
χαλαζα (ἡ) -ης	el granizo
χαλαω	bajar, echar (la red)
χαλεπος -η, -ον	pesado, malo, difícil, feroz, peligroso, duro
χαλιναγωγεω	atar corto, reprimir, poner freno, refrenar (la lengua), controlar
χαλινος (ὁ) -ου	la rienda, la brida, el freno
χαλινοω	atar corto, reprimir, poner freno, refrenar
χαλκευς (ὁ) -εως	el herrero, el calderero, el obrero metalúrgico
χαλκηδων (ὁ) -ονος	el ágata, el calcedonia
χαλκιον (το) -ου	la vajilla de cobre
χαλκολιβανον (το) -ου	el bronce bruñido
χαλκος (ὁ) -ου	el mineral, el metal, el cobre, el bronce, el latón, el dinero
χαλκους -η, -ουν	de cobre, de bronce, de metal
χαμαι	en la tierra, al piso, en el suelo
χαρα (ἡ) -ας	el gozo, el regocijo, la alegría
χαραγμα (το) -ατος	la marca, el sello, la escultura, la imagen
χαρακτηρ (ὁ) -ηρος	la huella, la impresión, el cuño, la impronta, el carácter, la forma, la imagen exacta
χαραξ (ὁ) -ακος	la estaca, el palo, la empalizada, el vallado
χαριζομαι	dar, dar por gracia, regalar bondadosamente, dar gratuitamente, perdonar, cancelar, dispensar, conceder, otorgar, entregar
χαριν	por causa de, a causa de, por
χαρις (ἡ) -ιτος	la gracia, el encanto, la dulzura, el favor, la gratitud, la bondad, el regalo, lo grato χαρις ἐχω = dar gracias, estar agradecido
χαρισμα (το) -ατος	el regalo, el don, la dádiva
χαριτοω	bendecir, agraciar
χαρτης (ὁ) -ου	el papel, la hoja de papel, la hoja de un rollo
χασμα (το) -ατος	la grieta, el abismo, la sima
χεϊλος (το) -ους	el labio, la orilla
χειμαζομαι	ser apremiado por una tempestad

χειμαρρος (ὁ) -ου	el torrente, el arroyo
χειμαρρους (ὁ) -ου	el torrente, el arroyo
χειμων (ὁ) -ωνος	el invierno, la tempestad, el mal tiempo
χειρ (ἡ) χειρος	la mano, el poder
χειραγωγεω	llevar de la mano
χειραγωγος (ὁ) -ου	el que conduce de la mano, el conductor
χειρογραφον (το) -ου	el documento, el pagaré, el comprobante de una deuda
χειροποιητος -ον	hecho por mano, hecho de mano
χειροτονεω	levantar la mano, elegir, designar, escoger
χειρων -ον	peor, más grave
χηρα (ἡ) -ας	la viuda
χθες	ayer
χιλιαρχος (ὁ) -ου	el tribuno, el capitán, el comandante
χιλιας (ἡ) -αδος	el millar, mil, millares
χιλιοι -αι, -α	mil
χιτων (ὁ) -ωνος	la túnica, la ropa interior
χιων (ἡ) -ονος	la nieve
χλαμυς (ἡ) -υδος	el manto, la capa
χλευαζω	burlarse, mofarse
χλιαρος -α, -ον	tibio
χλωρος -α, -ον	verdoso, amarillo verdoso, pálido, lívido, amarillento
χξς	666
χοϊκος -η, -ον	de tierra, de polvo, terrenal
χοϊνιξ (ἡ) -ικος	una medida para trigo, celemín, el cuartillo
χοϊρος (ὁ) -ου	el chancho, el cerdo, el lechón, el puerco
χολαω	estar enojado, enojarse
χολη (ἡ) -ης	la hiel, la bilis
χορηγεω	correr con los gastos, proveer, suministrar
χορος (ὁ) -ου	la danza, el grupo de danza, el coro
χορταζω	saciar (*voz pasiva*: quedar satisfecho, hartarse)
χορτασμα (το) -ατος	el alimento
χορτος (ὁ) -ου	la hierba, el heno
χους (ὁ) χοος	el polvo
χραομαι	usar, utilizar, emplear, hacer uso, tratar, procurar, actuar, aprovechar
χρεια (ἡ) -ας	la necesidad, la escasez, la falta, la tarea, la carga, la función
χρεοφειλετης (ὁ) -ου	el deudor
χρη	debe ser, se debe, es necesario
χρηζω	necesitar, tener necesidad

χρημα (το) -ατος | los bienes, la riqueza, la fortuna, el dinero
χρηματιζω | dar instrucciones, recibir instrucciones, revelar, llamarse, avisar, instruir
χρηματισμος (ὁ) -ου | la sentencia divina, el oráculo
χρησιμος -η, -ον | útil, provechoso (*Sust.*: la utilidad, el provecho)
χρησις (ἡ) -εως | el uso, la costumbre, el empleo, el hábito, la relación (sexual)
χρηστευομαι | mostrarse bondadoso, mostrarse benévolo
χρηστολογια (ἡ) -ας | la adulación, el hablar bonito, la palabra suave
χρηστος -η, -ον | útil, apto, eficiente, hábil, suave, agradable, benigno benévolo, bueno, honrado, bondadoso
χρηστοτης (ἡ) -ητος | la bondad, la benignidad, la benevolencia
χρισμα (το) -ατος | la unción
χριστιανος (ὁ) -ου | el cristiano
Χριστος (ὁ) -ου | Cristo, el Cristo, el ungido, el Mesías
χριω | ungir
χρονιζω | tardar, demorarse, retrasarse, permanecer mucho tiempo
χρονος (ὁ) -ου | el tiempo, el período de tiempo
χρονοτριβεω | pasar tiempo, perder tiempo, gastar tiempo
χρυσεος -η, -ον | de oro
χρυσιον (το) -ου | el oro, la moneda de oro, el adorno de oro
χρυσοδακτυλιος -ον | con anillo de oro
χρυσολιθος (ὁ) -ου | el crisólito, el topacio
χρυσοπρασος (ὁ) -ου | el crisopraso, el cuarzo verde
χρυσος (ὁ) -ου | el oro, la moneda de oro, el adorno de oro
χρυσους -η, -ουν | de oro, dorado
χρυσοω | dorar, adornar con oro, cubrir con oro
χρως (ὁ) χρωτος | la piel, la superficie del cuerpo
χωλος -η, -ον | cojo, paralítico
χωρα (ἡ) -ας | la tierra (cultivada), la región, la provincia, el territorio, el campo, la hacienda, el lugar
χωρεω | ir, salir, llegar, progresar, hacer progreso, caber, haber lugar, ser capaz de recibir
χωριζω | cortar, apartar, separar (*voz pasiva*: separarse, estar separado, irse, salir, alejarse, apartarse)
χωριον (το) -ου | el terreno, la parcela, la hacienda, el campo
χωρις | sin, aparte de, separado, fuera de, además
χωρισμος (ὁ) -ου | la separación
χωρος (ὁ) -ου | el lugar, el noroeste, el viento del noroeste

Ψ - ψ

ψαλλω	cantar (alabanzas), alabar
ψαλμος (ὁ) -ου	la alabanza, el salmo, el himno
ψευδαδελφος (ὁ) -ου	el falso hermano
ψευδαποστολος (ὁ) -ου	el falso apóstol
ψευδης -ες	mentiroso, falso
ψευδοδιδασκαλος (ὁ) -ου	el falso maestro
ψευδολογος -ον	mentiroso, enseñando cosas falsas
ψευδομαι	mentir, ser falso
ψευδομαρτυρεω	dar falso testimonio, testificar mentirosamente
ψευδομαρτυρια (ἡ) -ας	el falso testimonio
ψευδομαρτυς (ὁ) -υρος	el testigo falso
ψευδοπροφητης (ὁ) -ου	el falso profeta
ψευδος (το) -ους	la mentira, la falsedad
ψευδοχριστος (ὁ) -ου	el falso Cristo
ψευδωνυμος -ον	falsamente llamado
ψευσμα (το) -ατος	la mentira, la falsedad
ψευστης (ὁ) -ου	el mentiroso
ψηλαφαω	palpar, tocar
ψηφιζω	calcular, contar
ψηφος (ἡ) -ου	la piedrita, la guija, el amuleto
ψιθυρισμος (ὁ) -ου	el cuchicheo, el susurro, la murmuración, el chisme
ψιθυριστης (ὁ) -ου	el murmurador, el que cuchichea, el chismoso, el difamador
ψιξ (ἡ) -ιχος	la migaja
ψιχιον (το) -ου	la migaja, la miga, las sobras
ψυχη (ἡ) -ης	el alma, la vida, la persona, el ser, el ser viviente, lo más íntimo del ser
ψυχικος -η, -ον	natural, animal, terrenal, material
ψυχομαι	enfriar(se)
ψυχος (το) -ους	el frío
ψυχρος -α, -ον	frío

ψωμιζω	dar a comer, alimentar, repartir
ψωμιον (το) -ου	el pedazo de pan, el trozo, el bocado
ψωχω	triturar, frotar, estregar, restregar, desgranar

Ω - ω

Ω	Omega
ὠ	oh
ὡδε	acá, aquí, por acá, de este modo, con esto, bajo estas circunstancias, en este caso
ᾠδη (ἡ) -ης	la cántico, el himno, la canción, el canto
ὠδιν (ἡ) -ινος	el dolor de parto
ὠδινω	sufrir dolores de parto, dar a luz con dolores de parto
ὠμος (ὁ) -ου	el hombro
ὠνεομαι	comprar
ᾠον (το) -ου	el huevo
ὡρα (ἡ) -ας	la hora, el tiempo, el momento
ὡραϊος -α, -ον	a tiempo, oportunamente, atractivo, grato, encantador, hermoso, bonito
ὠρυομαι	rugir
ὡς	como, mientras, semejante, según, hacia, así como, cuán, conforme a, que, de modo que, cuando, cerca de (+*número*), durante
ὡσαν	por decirlo así, en cierto modo, como que
ὡσαννα	*hebr.* "¡Hosanna!" (¡Ayuda!)
ὡσαυτως	de la mismo manera, igualmente, asimismo
ὡσει	como, aproximadamente, alrededor de
ὡσπερ	como, de igual manera, así como
ὡσπερει	como, igual como, tal como
ὡστε	de manera que, de tal manera que, así que, por lo tanto, por tanto, para que, tanto que
ὠταριον (το) -ου	la oreja
ὠτιον (το) -ου	la oreja
ὠφελεια (ἡ) -ας	el provecho, el beneficio, la ventaja
ὠφελεω	ser útil, servir, apoyar, recibir beneficio, sacar provecho, tener un beneficio, ganar, lograr
ὠφελιμος -ον	útil, provechoso, ventajoso, de beneficio

Nombres

A - α

Ααρων -ονος	Aarón
Αβαδδων	Abadón (Ap 9.11)
Αβελ	Abel
Αβια	Abías (Mt 1.7; Lc 1.5)
Αβιαθαρ	Abiatar (Mr 2.26)
Αβιληνη -ης	Abilinia (Lc 3.1)
Αβιουδ	Abiud (Mt 1.13)
Αβρααμ	Abraham
Αγαβος	Agabo (Hch 11.28; 21.10)
Ἁγαρ	Agar (Gá 4.24, 25)
Αγριππας	Agripa
Αδαμ	Adán
Αδδ(ε)ι	Adi (Lc 3.28)
Αδμειν	Admin (Lc 3.33)
Αδμιν	Admin (Lc 3.33)
Αδραμυττηνος -η, -ον	adramitena, de Adramitio (Hch 27.2)
Αδριας (ὁ) -ου	Mar adriático (Hch 27.27)
Αζωρ	Azor (Mt 1.13, 14)
Αζωτος (ἡ) -ου	Azoto (Hch 8.40)
Αθηναι (αἱ) -ων	Atenas
Αθηναιος -α, -ον	ateniense
Αἰγυπτιος -α, -ον	egipcio
Αἰγυπτος (ἡ) -ου	Egipto
Αἰθιοψ (ὁ) -οπος	etíope (Hch 8.27)
Αἰνεας -ου	Eneas (Hch 9.33, 34)
Αἰνων (ἡ)	Enón (Jn 3.23)
Ακελδαμα(χ)	Acéldama (Hch 1.19)
Ακυλας -αν (*Ac*)	Aquila
Αλασσα	Lasea (Hch 27.8)
Αλεξανδρευς (ὁ) -εως	de Alejandría, alejandrino (Hch 6.9; 18.24)
Αλεξανδρινος -η, -ον	alejandrino (Hch 27.6; 28.11)

Αλεξανδρος -ου	Alejandro
Αλφαιος -ου	Alfeo
Αμασιας -ου	Amasías (Mt 1.8; Lc 3.23)
Αμιναδαβ	Aminadab (Mt 1.4; Lc 3.33)
Αμπλιατος -ου	Amplias (Ro 16.8)
Αμφιπολις -εως	Anfípolis (Hch 17.1)
Αμων	Amón (Mt 1.10)
Αμως	Amós (Mt 1.10; Lc 3.25)
Ανανιας -ου	Ananías
Ανδρεας -ου	Andrés
Ανδρονικος -ου	Andrónico (Ro 16.7)
Αννα -ας	Ana (Lc 2.36)
Αννας -α	Anás
Αντιοχεια -ας	Antioquía
Αντιοχευς (ὁ) -ου	la persona de Antioquía (Hch 6.5)
Αντιπας -α	Antipas (Ap 2.13)
Αντιπατρις -ιδος	Antípatris (Hch 23.31)
Απελλης -ου	Apeles (Ro 16.10)
Απολλυων (ὁ) -ονος	Apolión (Ap 9.11)
Απολλωνια -ας	Apolonia (Hch 17.1)
Απολλως -ω	Apolos
Αππιος -ου	Apio (Hch 28.15)
Απφια -ας	Apia (Flm 2)
Αραβια (ἡ) -ας	Arabia (Gá 1.17; 4.25)
Αραμ	Aram (Mt 1.3, 4; Lc 3.33)
Αραψ (ὁ) -βος	Árabe (Hch 2.11)
Αρειος παγος (ὁ) -ου	el Aerópago (Hch 17.19, 22)
Αρεοπαγιτης (ὁ) -ου	el areopagita (Hch 17.34)
Αρετας -α	Aretas (2Co 11.32)
Αρηι	= Αρνι (Lc 3.33)
Αριμαθαια -ας	Arimatea
Αρισταρχος -ου	Aristarco
Αριστοβουλος -ου	Aristóbulo (Ro 16.10)
Αρμαγεδ(δ)ων	Armagedón (Ap 16.16)
Αρνι	Arni (Lc 3.33)
Αρτεμας -α	Artemas (Tit 3.12)
Αρτεμις -ιδος	Diana (Hch 19.24, 27, 28, 34, 35)
Αρφαξαδ	Arfaxad (Lc 3.36)
Αρχελαος -ου	Arquelao (Mt 2.22)
Αρχιππος -ου	Arquipo (Col 4.17; Flm 2)
Ασα(φ)	Asa(f) (Mt 1.7, 8)

Ασηρ	Aser (Lc 2.36; Ap 7.6)
Ασια -ας	Asia
Ασιανος (ὁ) -ου	la persona de Asia (Hch 20.4)
Ασιαρχης (ὁ) -ου	la autoridad de Asia (Hch 19.31)
Ασσα	= Ασαφ
Ασσος -ου	Asón (Hch 20.13, 14)
Ασυγκριτος -ου	Asíncrito (Ro 16.14)
Ατταλεια -ας	Atalia (Hch 14.25)
Αὐγουστος -ου	Augusto (Lc 2.1)
Αχαζ	Acaz (Mt 1.9)
Αχαϊα -ας	Acaya
Αχαϊκος -ου	Acaico (1Co 16.17)
Αχ(ε)ιμ	Aquim (Mt 1.14)
Αχελδαμαχ	= Ακελδαμα(χ)

Β - β

Βααλ	Baal (Ro 11.4)
Βαβυλων -ωνος	Babilonia
Βαλααμ	Balaam (2P 2.15; Jud 11; Ap 2.14)
Βαλακ	Balac (Ap 2.14)
Βαραββας -α	Barrabás
Βαρακ	Barac (Heb 11.32)
Βαραχιας -ου	Berequías (Mt 23.35)
Βαρθολομαιος -ου	Bartolomé
Βαριησους -ου	Barjesús (Hch 13.6)
Βαριωνα(ς) -α	hijo de Jonás (Mt 16.17)
Βαρναβας -α	Bernabé
Βαρσαβ(β)ας -α	Barsabás (Hch 1.23; 15.22)
Βαρτιμαιος -ου	Bartimeo (Mr 10.46)
Βεε(λ)ζεβουλ	Beelzebú
Βελιαρ	Belial (2Co 6.15)
Βενιαμ(ε)ιν	Benjamín
Βερνικη -ης	Berenice (Hch 25.13, 23; Hch 26.30)
Βεροια -ας	Berea (Hch 17.10, 13)
Βεροιαιος -α, -ον	siendo de Berea, bereano (Hch 20.4)
Βεωρ	Beor (2P 2.15)
Βεωρσορ	= Βεωρ
Βηθαβαρα	Betábara (Jn 1.28)
Βηθανια -ας	Betania
Βηθεσδα	Betesda (Jn 5.2)
Βηθζαθα	Betsata (Jn 5.2)
Βηθλεεμ	Belén
Βηθσαϊδα(ν)	Betsaida
Βηθφαγη	Betfagé
Βιθυνια -ας	Bitinia (Hch 16.7; 1P 1.1)
Βλαστος -ου	Blasto (Hch 12.20)
Βοανηργες	Boanerges (Mr 3.17)
Βοες	Booz (Mt 1.5)
Βοος	Booz (Lc 3.32)
Βοσορ	Bosor (2P 2.15)

Γ - γ

Γαββαθα	Gabata (Jn 19.13)
Γαβριηλ	Gabriel (Lc 1.19, 26)
Γαδ	Gad (Ap 7.5)
Γαδαρηνος -η, -ον	de Gadara, gadareno
Γαζα -ης	Gaza (Hch 8.26)
Γαϊος -ου	Gayo
Γαλατης (ὁ) -ου	el gálata (Gá 3.1)
Γαλατια -ας	Galacia
Γαλατικος -η, -ον	de Galacia (Hch 16.6; 18.23)
Γαλιλαια -ας	Galilea
Γαλιλαιος -α, -ον	de Galilea, galileo
Γαλλια -ας	Galia (2Ti 4.10)
Γαλλιων -ωνος	Galión (Hch 18.12, 14, 17)
Γαμαλιηλ	Gamaliel (Hch 5.34; 22.3)
Γαυδη	= Καυδα
Γεδεων	Gedeón (Heb 11.32)
Γεθσημανι	Getsemaní (Mt 26.36; Mr 14.32)
Γεννησαρετ	Genesaret
Γερασηνος -η, -ον	de Gerasa, geraseno (Mt 8.28)
Γεργεσηνος -η, -ον	de Gergesa, gergeseno (Mt 8.28)
Γολγοθα	Gólgota
Γομορρα (ἡ, το) -ας, -ου	Gomorra
Γωγ	Gog (Ap 20.8)

Δ - δ

Δαλμανουθα	Dalmanuta (Mr 8.10)
Δαλματια (ἡ) -ας	Dalmacia (2Ti 4.10)
Δαμαρις -ιδος	Dámaris (Hch 17.34)
Δαμασκηνος -η, -ον	de Damasco, damasceno (2Co 11.32)
Δαμασκος -ου	Damasco
Δαν	Dan (Ap 7.5)
Δανιηλ	Daniel (Mt 24.15; Mr 13.14)
Δαυιδ	David
Δεκαπολις (ἡ) -εως	Decápolis (Mt 4.25; Mr 5.20; 7.31)
Δερβαιος -α, -ον	de Derbe (Hch 20.4)
Δερβη -ης	Derbe (Hch 14.6, 20; Hch 16.1)
Δημας -α	Demas
Δημητριος -ου	Demetrio (Hch 19.24, 38; 3Jn 12)
Δια	= Ζευς
Διδυμος -ου	Dídimo (Jn 11.16; 20.24; 21.2)
Διονυσιος -ου	Dionisio (Hch 17.34)
Διος	Ζευς
Διοσκουροι -ων	Cástor y Pólux (Hch 28.11)
Διοτρεφης -ους	Diótrefes (3Jn 9)
Δορκας (ἡ) -αδος	Dorcas (Hch 9.36, 39)
Δουβεριος -α, -ον	de Duberia (Hch 20.4)
Δρουσιλλα -ης	Drusila (Hch 24.24)

E - ϵ

Εβερ	Heber (Lc 3.35)
Εβραῖος (ὁ) -ου	el hebreo
Εβραΐς (ἡ) -ΐδος	el idioma hebreo (Hch 21.40; 22.2; 26.14)
Εβραϊστι	en hebreo
Εζεκιας -ου	Ezequías (Mt 1.9, 10)
Ελαμιτης (ὁ) -ου	el elamita (Hch 2.9)
Ελεαζαρ	Eleazar (Mt 1.15)
Ελιακ(ε)ιμ	Eliaquim (Mt 1.13; Lc 3.30)
Ελιεζερ	Eliezer (Lc 3.29)
Ελιουδ	Eliud (Mt 1.14, 15)
Ελισαβετ	Elisabet
Ελισαιος -ου	Eliseo (Lc 4.27)
Ελλας (ἡ) -αδος	Grecia (Hch 20.2)
Ελλην (ὁ) -ηνος	el griego, el géntil
Ελληνικος -η, -ον	griego (Lc 23.38; Ap 9.11)
Ελληνις (ἡ) -ιδος	la mujer griega (Mr 7.26; Hch 17.12)
Ελληνιστης (ὁ) -ου	el helenista (Hch 6.1; 9.29; 11.20)
Ελληνιστι	griego (Jn 19.20; Hch 21.37)
Ελμαδαμ	Elmodam (Lc 3.28)
Ελυμας -α	Elimas (Hch 13.8)
Εμμανουηλ	Emanuel (Mt 1.23)
Εμμαους	Emaús (Lc 24.13)
Εμμωρ	Hamor (Hch 7.16)
Ενως	Enós (Lc 3.38)
Ενωχ	Enoc (Lc 3.37; Heb 11.5; Jud 14)
Επαινετος -ου	Epeneto (Ro 16.5)
Επαφρας -α	Epafras (Col 1.17; 4.21; Flm 23)
Επαφροδιτος -ου	Epafrodito (Fil 2.25; 4.18)
Επικουρειος (ὁ) -ου	el epicúreo (Hch 17.18)
Εραστος -ου	Erasto (Hch 19.22; Ro 16.23; 2Ti 4.20)
Ερμας -α	Hermas (Ro 16.14)
Ερμης -ου	Hermes, Mercurio (Hch 14.12; Ro 16.14)
Ερμογενης -ους	Hermógenes (2Ti 1.15)
Εσλι	Esli (Lc 3.25)
Εσρωμ	Esrom (Mt 1.3; Lc 3.33)
Εὕα -ας	Eva (2Co 11.3; 1Ti 2.13)

Εὔβουλος -ου	Eubulo (2Ti 4.21)
Εὐνικη -ης	Eunice (2Ti 1.5)
Εὐοδια -ας	Evodia (Fil 4.2)
Εὐρακυλων	= Εὐροκλυδων
Εὐροκλυδων (ὁ) -ωνος	Euroclidón (Hch 27.14)
Εὐτιχος -ου	Eutico (Hch 20.9)
Εὐφρατης -ου	Eufrates (Ap 9.14; 16.12)
Εφεσινος -α, -ον	en Efeso, de Efeso (Ap 2.1)
Εφεσιος -α, -ον	efesio
Εφεσος -ου	Efeso
Εφραιμ	Efraín (Jn 11.54)

Z - ζ

Ζαβουλων	Zabulón (Mt 4.13, 15; Ap 7.8)
Ζακχαιος -ου	Zaqueo (Lc 19.2, 5, 8)
Ζαρα	Zara (Mt 1.3)
Ζαχαριας -ου	Zacarías
Ζεβεδαιος -ου	Zebedeo
Ζευς, Διος, Δια	Zeús, Júpiter (Hch 14.12, 13)
Ζηνας -αν	Zenas (Tit 3.13)
Ζηνων -ωνος	Zenón (2Ti 4.19)
Ζοροβαβελ	Zorobabel (Mt 1.12, 13; Lc 3.27)

Η - η

Ηλι	Elí (Lc 3.23)
Ηλ(ε)ιας -ου	Elías
Ηρ	Er (Lc 3.28)
Ηρῳδης -ου	Herodes
Ηρῳδιανοι (οἱ) -ων	los herodianos
Ηρῳδιας -αδος	Herodías
Ηρῳδιων -ωνος	Herodión (Ro 16.11)
Ησαϊας -ου	Isaías
Ησαυ	Esau (Ro 9.13; Heb 11.20; 12.16)

Θ - θ

Θαδδαιος -ου	Tadeo (Mt 10.3; Mr 3.18)
Θαμαρ	Tamar (Mt 1.3)
Θαρα	Taré (Lc 3.34)
Θεκλα -ης	Tecla (2Ti 3.11)
Θεοφιλος -ου	Teófilo (Lc 1.3; Hch 1.1)
Θεσσαλια -ας	Tesalia (Hch 17.15)
Θεσσαλονικευς (ὁ) -εως	el tesalonicense, la persona de Tesalónica
Θεσσαλονικη -ης	Tesalónica
Θευδας -α	Teudas (Hch 5.36)
Θυατ(ε)ιρα (τα) -ων	Tiatira
Θωμας -α	Tomás

Ι - ι

Ιαϊρος -ου	Jairo (Mr 5.22; Lc 8.41)
Ιακωβ	Jacob
Ιακωβος -ου	Jacobo, Santiago
Ιαμβρης	Jambres (2Ti 3.8)
Ιανναι	Jana (Lc 3.24)
Ιαννης	Janes (2Ti 3.8)
Ιαρετ	Jared (Lc 3.37)
Ιασων -ονος	Jasón
Ιαχιν	Jaquín (Lc 3.23)
Ιδουμαια -ας	Idumea (Mr 3.8)
Ιεζαβελ	Jezabel (Ap 2.20)
Ἱεραπολις -εως	Hierápolis (Col 4.13)
Ιερεμιας -ου	Jeremías (Mt 2.17; 16.14; 27.9)
Ιεριχω	Jericó
Ἱεροσολυμα	Jerusalén
Ἱεροσολυμιτης (ὁ) -ου	el habitante de Jerusalén (Mr 1.5; Jn 7.25)
Ιερουσαλημ	Jerusalén
Ιεσσαι	Isaí
Ιεφθαε	Jefté (Heb 11.32)
Ιεχονιας -ου	Jeconías (Mt 1.11, 12)
Ιησους -ου	Jesús, Josué
Ικονιον -ου	Iconio
Ιλλυρικον -ου	Ilírico (Ro 15.19)
Ιοππη -ης	Jope
Ιορδανης -ου	Jordán
Ιουδαια -ας	Judea
Ιουδαϊκος -η, -ον	judaico, judío (Tit 1.14)
Ιουδαιος -α, -ον	judío, judaico, de Judea
Ιουδας -α	Judas
Ιουλια -ας	Julia (Ro 16.15)
Ιουλιος -ου	Julio (Hch 27.1, 3)
Ιουνια (ς) -ας (-α)	Junias, Junia (Ro 16.7)
Ιουστος -ου	Justo (Hch 1.23; 18.7; Col 4.11)
Ισαακ	Isaac
Ισκαριωθ	Iscariote (Mr 3.19; 14.10; Lc 6.16)

Ισκαριωτης -ου	Iscariote, de Iscariote
Ισραηλ	Israel
Ισραηλιτης (ὁ) -ου	el israelita
Ισσαχαρ	Isacar (Ap 7.7)
Ιταλια -ας	Italia
Ιταλικος -η, -ον	de Italia (Hch 10.1)
Ιτουραιος -α, -ου	de Iturea (Lc 3.1)
Ιωαθαμ	Jotam (Mt 1.9)
Ιωακ(ε)ιμ	Joaquín (Mt 1.11)
Ιωαν(ν)α -ς	Juana (Lc 8.3; 24.10)
Ιωαναν	Joana (Lc 3.27)
Ιωαν(ν)ης -ου	Juan
Ιωας	Joaz (Mt 1.8; Lc 3.23)
Ιωβ	Job (Stg 5.11)
Ιωβηδ	Obed (Mt 1.5; Lc 3.32)
Ιωδα	Judá (Lc 3.26)
Ιωηλ	Joel (Hch 2.16)
Ιωναθας -ου	Jonatás (Hch 4.6)
Ιωναμ	Jonán (Lc 3.30)
Ιωνας -α	Jonás
Ιωραμ	Joram (Mt 1.8)
Ιωριμ	Jorim (Lc 3.29)
Ιωσαφατ	Josafat (Mt 1.8)
Ιωσης -η/-ητος	José
Ιωσηφ	José
Ιωσηχ	José (Lc 3.26)
Ιωσιας -ου	Josías (Mt 1.10, 11)

Κ - κ

Καϊαφας -α	Caifás
Καϊν	Caïn (Heb 11.4; 1Jn 3.12; Jud 11)
Καϊναν	Cainán (Lc 3.36, 37)
Καϊσαρ (ὁ) -αρος	César, el emperador
Καισαρεια -ας	Cesarea
Καλοι Λιμενες	Buenos Puertos (Hch 27.8)
Κανα	Caná
Καναναιος (ὁ) -ου	el cananita, el cananista (Mt 10.4; Mr 3.18)
Κανανιτης (ὁ) -ου	el cananita, el cananista (Mt 10.4; Mr 3.18)
Κανδακη -ης	Candace (Hch 8.27)
Καπερναουμ	Καφαρναουμ
Καππαδοκια -ας	Capadocia (Hch 2.9; 1P 1.1)
Καρπος -ου	Carpo (2Ti 4.13)
Καυδα	Cauda (Hch 27.16)
Καφαρναουμ	Capernaum
Κεγχρεαι -ων	Cencrea (Hch 18.18; Ro 16.1)
Κεδρος	Κεδρων
Κεδρων	Cedrón (Jn 18.1)
Κενχρεαι	Κεγχρεαι
Κηφας -α	Cefas
Κιλικια -ας	Cilicia
Κιλιξ (ὁ) -ικος	la persona de Cilicia (Hch 23.34)
Κις	Cis (Hch 13.21)
Κλαυδα	Clauda (Hch 27.16)
Κλαυδια -ας	Claudia (2Ti 4.21)
Κλαυδιος -ου	Claudio (Hch 11.28; 18.2; 23.26)
Κλεοπας -α	Cleofas (Lc 24.18)
Κλημης -εντος	Clemente (Fil 4.3)
Κλωπας -α	Cleofas (Jn 19.25)
Κνιδος -ου	Gnido (Hch 27.7)
Κολοσσαευς -εως	el colosense
Κολοσσαι -ων	Colosas (Col 1.2)
Κορε	Coré (Jud 11)
Κορινθιος (ὁ) -ου	el corintio (Hch 18.8; 2Co 6.11)
Κορινθος -ου	Corinto
Κορνηλιος -ου	Cornelio

Κουαρτος -ου	Cuarto (Ro 16.23)
Κρης (ὁ) -ητος	el cretense (Hch 2.11; Tit 1.12)
Κρησκης -εντος	Crescente (2Ti 4.10)
Κρητη -ης	Creta
Κρισπος -ου	Crispo (Hch 18.8; 1Co 1.14)
Κυπριος (ὁ) -ου	el chipriota, la persona de Chipre
Κυπρος -ου	Chipre
Κυρεινος	Κυρηνιος
Κυρηναιος (ὁ) -ου	el chipriota, la persona de Cirene
Κυρηνη -ης	Cirene (Hch 2.10)
Κυρηνιος -ου	Cirenio (Lc 2.2)
Κυρινιος	Κυρηνιος
Κως, Κῶ (*Acus.*)	Cos (Hch 21.1)
Κωσαμ	Cosam (Lc 3.28)

Λ - λ

Λαζαρος -ου	Lázaro
Λαμεχ	Lamec (Lc 3.36)
Λαοδικεια -ας	Laodicea
Λαοδικευς (ὁ) -εως	la persona de Laodicea (Col 4.16; Ap 3.14)
Λασαια -ας	Lasea (Hch 27.8)
Λασεα -ας	Lasea (Hch 27.8)
Λεββαιος -ου	Lebeo (Mt 10.3; Mr 3.18)
Λεκτρα -ας	Lectra (2Ti 4.19)
Λευει(ς)	Leví
Λευι(ς)	Leví
Λευιτης (ὁ) -ου	el levita (Lc 10.32; Jn 1.19; Hch 4.36)
Λευιτικος -η, -ον	levítico (Heb 7.11)
Λιβερτινος (ὁ) -ου	el liberto (Hch 6.9)
Λιβυη -ης	Libia, África (Hch 2.10)
Λινος -ου	Lino (2Ti 4.21)
Λουκας -α	Lucas (Col 4.14; 2Ti 4.11; Flm 24)
Λουκιος -ου	Lucio (Hch 13.1; Ro 16.21)
Λυδδα	Lida (Hch 9.32, 35, 38)
Λυδια -ας	Lidia (Hch 16.14, 40)
Λυκαονια -ας	Licaonia (Hch 14.6)
Λυκαονιστι	licaónico (Hch 14.11)
Λυκια -ας	Licia (Hch 27.5)
Λυσανιας -ου	Lisanias (Lc 3.1)
Λυσιας -ου	Lisias (Hch 23.26; 24.7, 22)
Λυστρα	Listra
Λωϊς -ιδος	Loida (2Ti 1.5)
Λωτ	Lot

M - μ

Μααθ	Maat (Lc 3.26)
Μαγαδαν	Magadán (Mt 15.39)
Μαγεδαλ	Magedal (Mt 15.39)
Μαγεδαν	Magedán (Mt 15.39)
Μαγδαλα	Magdala (Mt 15.39)
Μαγδαληνη (ἡ) -ης	Magdalena, de Magdala
Μαγεδων	Magedón (Ap 16.16)
Μαγωγ	Magog (Ap 20.8)
Μαδιαμ	Madián (Hch 7.29)
Μαθθαθ	Ματθατ
Μαθθαιος	Ματθαιος
Μαθθαν	Ματθαν
Μαθθατ	Ματθατ
Μαθθιας	Ματθιας
Μαθουσαλα	Matusalén (Lc 3.37)
Μαϊναν	Μεννα
Μακεδονια -ας	Macedonia
Μακεδων (ὁ) -ονος	el macedonio
Μαλελεηλ	Mahalaleel (Lc 3.37)
Μαλχος -ου	Malco (Jn 18.10)
Μαναην	Manaén (Hch 13.1)
Μανασσης -η	Manasés (Mt 1.10; Ap 7.6)
Μαρθα -ας	Marta
Μαρια -ας	María
Μαριαμ	María
Μαρκος -ου	Marcos
Ματθαιος -ου	Mateo
Ματθαν	Matán (Mt 1.15)
Ματθατ	Matat (Lc 3.24, 29)
Ματθιας -ου	Matías (Hch 1.13, 26)
Ματταθα	Matata (Lc 3.31)
Ματταθιας -ου	Matatías (Lc 3.25, 26)
Μελεα	Melea (Lc 3.31)
Μελιτη(νη) -ης	Malta, Melita (Hch 28.1)
Μελχι	Melqui (Lc 3.24, 28)
Μελχισεδεκ	Melquisedec

Μεννα	Mainán (Lc 3.31)
Μεσοποταμια (ἡ) -ας	Mesopotamia (Hch 2.9; 7.2)
Μεσσιας -ου	Mesías (Jn 1.41; 4.25)
Μηδος (ὁ) -ου	el Medo (Hch 2.9)
Μιλητος -ου	Mileto (Hch 20.15, 17; 2Ti 4.20)
Μιτυληνη -ης	Mitilene (Hch 20.14)
Μιχαηλ	Miguel (Jud 9; Ap 12.7)
Μνασων -ωνος	Mnasón (Hch 21.16)
Μολοχ	Moloc (Hch 7.43)
Μυρα	Mira (Hch 27.5)
Μυσια -ας	Misia (Hch 16.7, 8)
Μωϋσης -εως/-ης	Moisés

N - ν

Νaασσων	Naasón (Mt 1.4; Lc 3.32)
Ναγγαι	Nagai (Lc 3.25)
Ναζαρα	Nazaret (Mt 4.13; Lc 4.16)
Ναζαρετ, Ναζαρατ	Nazaret
Ναζαρεθ, Ναζαραθ	Nazaret
Ναζαρηνος -η, -ον	nazareno, de Nazaret
Ναζωραιος (ὁ) -ου	el Nazareno, el Nazareo
Ναθαμ	Natán (Lc 3.31)
Ναθαναηλ	Natanael
Ναιμαν	Naamán (Lc 4.27)
Ναϊν	Naín (Lc 7.11)
Ναουμ	Nahum (Lc 3.25)
Ναρκισσος -ου	Narciso (Ro 16.11)
Ναχωρ	Nacor (Lc 3.34)
Νεαπολις -εως	Neápolis (Hch 16.11)
Νεεμαν	Ναιμαν
Νεφθαλιμ	Neftalí (Mt 4.13, 15; Ap 7.6)
Νηρευς -εως	Nereo (Ro 16.15)
Νηρι	Neri (Lc 3.27)
Νιγερ	Niger (Hch 13.1)
Νικανωρ -ορος	Nicanor (Hch 6.5)
Νικοδημος -ου	Nicodemo (Jn 3.1, 4, 9; 7.50; 19.39)
Νικολαϊτης (ὁ) -ου	el nicolaíta (Ap 2.6, 15)
Νικολαος -ου	Nicolás (Hch 6.5)
Νικοπολις -εως	Nicópolis (Tit 3.12)
Νινευιτης (ὁ) -ου	la persona de Nínive (Mt 21.41; Lc 11.30, 32)
Νυμφα (ς) -αν (*Ac*)	Ninfa(s) (Col 4.15)
Νῶε	Noé

O - o

Οζιας -ου	Uzías (Mt 1.8, 9)
Ολυμπας -α	Olimpas (Ro 16.15)
Ονησιμος -ου	Onésimo (Col 4.9, 18; Flm 10)
Ονησιφορος -ου	Onesíforo (2Ti 1.16; 4.19)
Οὐλαμμαους	Ulamaos (Lc 24.13)
Οὐρβανος -ου	Urbano (Ro 16.9)
Οὐριας -ου	Urías (Mt 1.6)
Οχοζιας -ου	Ocozías (Mt 1.8; Lc 3.23)

Π - π

Παμφυλια -ας	Panfilia
Παρθοι (οἱ) -ων	los Partos (Hch 2.9)
Παρμενας -α	Parmenas (Hch 6.5)
Παταρα -ων	Pátara (Hch 21.1)
Πατμος -ου	Patmos (Ap 1.9)
Πατροβας -α	Patrobas (Ro 16.14)
Παυλος -ου	Pablo, Paulo
Παφος -ου	Pafos (Hch 13.6, 13)
Πειλατος	Πιλατος
Περαια -ας	Perea (Lc 6.17)
Περγαμον (το) -ου	Pérgamo (Ap 1.11; 2.12)
Περγαμος (ἡ) -ου	Pérgamo (Ap 1.11; 2.12)
Περγη -ης	Perge (Hch 13.13, 14; 14.25)
Περσις -ιδὸ	Pérsida (Ro 16.12)
Πετρος -ου	Pedro
Πιλατος -ου	Pilato
Πισιδια -ας	Pisidia (Hch 13.14; 14.24)
Πισιδιος -α, -ον	de Pisidia (Hch 13.14)
Ποντικος -η, -ον	póntico, de Ponto (Hch 18.2)
Ποντιος -ου	Poncio
Ποντος -ου	el Ponto (Hch 2.9; 1P 1.1)
Ποπλιος -ου	Publio (Hch 28.7, 8)
Πορκιος -ου	Porcio (Hch 24.27)
Ποτιολοι -ων	Puteoli (Hch 28.13)
Πουδης -εντος	Pudente (2Ti 4.21)
Πρισκα -ας	Prisca (2Ti 4.19; 1Co 16.19; Ro 16.3)
Πρισκιλλα -ης	Priscila (Hch 18.2, 18, 26)
Προχορος -ου	Prócoro (Hch 6.5)
Πτολεμαϊς -ϊδος	Tolemaida (Hch 21.7)
Πυθιος -ου	Pitius, Pitio (Hch 20.4)
Πυρρος -ου	Pirro (Hch 20.4)

Ρ - ρ

Ρααβ	Rahab (Heb 11.31; Stg 2.25)
Ραγαυ	Ragau (Lc 3.35)
Ραμα	Ramá (Mt 2.18)
Ραχαβ	Rahab (Mt 1.5)
Ραχηλ	Raquel (Mt 2.18)
Ρεβεκκα -ας	Rebeca (Ro 9.10)
Ρεμφαν	Ρομφα
Ρεφαν	Ρομφα
Ρηγιον -ου	Regio (Hch 28.13)
Ρησα	Resa (Lc 3.27)
Ροβοαμ	Roboam (Mt 1.7)
Ροδη -ης	Rode (Hch 12.13)
Ροδος -ου	Rodas (Hch 21.1)
Ρομφα	Renfán, Ronfán (Hch 7.43)
Ρουβην	Rubén (Ap 7.5)
Ρουθ	Rut (Mt 1.5)
Ρουφος -ου	Rufo (Mr 15.21; Ro 16.13)
Ρωμαϊκος -η, -ον	romano, latino (Lc 23.38)
Ρωμαιος -α, -ον	romano
Ρωμαϊστι	en latín (Jn 19.20)
Ρωμη -ης	Roma

Σ - σ

Σαβαωθ	Zabaot, de los Ejércitos (Ro 9.29; Stg 5.4)
Σαδδουκαιος (ὁ) -ου	el saduceo
Σαδωκ	Sadoc (Mt 1.14)
Σαλα	Sala (Lc 3.32, 35)
Σαλαθιηλ	Salatiel (Mt 1.12; Lc 3.27)
Σαλαμις -ινος	Salamina (Hch 13.5)
Σαλημ	Salem (Heb 7.1, 2)
Σαλ(ε)ιμ	Salim (Jn 3.23)
Σαλμων	Salmón (Mt 1.4, 5; Lc 3.32)
Σαλμωνη -ης	Salmón, Salmona (Hch 27.7)
Σαλωμη -ης	Salomé (Mr 15.40; 16.1)
Σαλωμων	Σολομων
Σαμαρ(ε)ια (ἡ) -ας	Samaria
Σαμαριτης (ὁ) -ου	el samaritano
Σαμαριτις (ἡ) -ιδος	la samaritana (Jn 4.9)
Σαμοθρακη -ης	Samotracia (Hch 16.11)
Σαμος -ου	Samos (Hch 20.15)
Σαμουηλ	Samuel (Hch 3.24; 13.20; Heb 11.32)
Σαμφουριν	Sanforín (Jn 11.54)
Σαμψωμ	Sansón (Heb 11.32)
Σαουλ	Saúl, Saulo
Σαπφιρα -ης	Safira (Hch 5.1)
Σαρδεις -εως	Sardis (Ap 1.11; 3.1, 4)
Σαρεπτα -ων	Sarepta (Lc 4.26)
Σαρουχ	Σερουχ
Σαρρα -ας	Sara
Σαρων -ωνος	Sarón (Hch 9.35)
Σαταν (ὁ)	Satanás
Σατανας (ὁ) -α	Satanás
Σαυλος -ου	Saulo
Σεβαστος -η, -ον	Augusto, Augusta, Majestad, Emperador, venerable
Σεκουνδος -ου	Segundo (Hch 20.4)
Σελευκεια -ας	Seleucia (Hch 13.4)
Σεμεϊν	Semeí (Lc 3.26)
Σεργιος -ου	Sergio (Hch 13.7)
Σερουχ	Serug (Lc 3.35)

Σηθ	Set (Lc 3.38)
Σημ	Sem (Lc 3.36)
Σιδων -ωνος	Sidón
Σιδωνιος -α, -ον	de Sidón (Lc 4.26; Hch 12.20)
Σιλας -α	Silas
Σιλβανος	Σιλουανος
Σιλουανος -ου	Silvano
Σιλωαμ	Siloé (Lc 13.4; Jn 9.7, 11)
Σιμαιας -ου	Simaia (2Ti 4.19)
Σιμων -ωνος	Simón
Σινα	Sinaí (Hch 7.30, 38; Gá 4.24, 25)
Σιχαρ	Συχαρ
Σιων	Sión
Σκαριωθ	Iscariot
Σκαριωτης (ὁ) -ου	el Iscariote
Σκευας -α	Esceva (Hch 19.14)
Σκυθης (ὁ) -ου	el escita (Col 3.11)
Σμυρνα -ης	Esmirna (Ap 1.11; 2.8)
Σμυρναιος -α, -ον	de Esmirna (Ap 2.8)
Σοδομα -ων	Sodoma
Σολομων -ωνος	Salomón
Σουσαννα -ης/-ας	Susana (Lc 8.3)
Σπανια -ας	España (Ro 15.24, 28)
Σταχυς -υος	Estaquis (Ro 16.9)
Στεφανας -α	Estéfanas (1Co 1.16; 16.15, 17)
Στεφανος -ου	Esteban
Στογυλιον -ου	Stogilio (Hch 20.15)
Στοϊκος -η, -ον	estoico (Hch 17.18)
Στρογγυλιον -ου	Strongilio (Hch 20.15)
Συμεων	Simeón
Συντυχη -ης	Síntique (Fil 4.2)
Συρακουσαι -ων	Siracusa (Hch 28.12)
Συρια -ας	Siria
Συρος (ὁ) -ου	el sirio (Lc 4.27)
Συροφοινικισσα (ἡ) -ης	la sirofenicia (Mr 7.26)
Συρτις -εως	Sirte (Hch 27.17)
Συχαρ	Sicar (Jn 4.5)
Συχεμ	Siquem (Hch 7.16)
Σωπατρος -ου	Sópater (Hch 20.4)
Σωσθενης -ους	Sóstenes (Hch 18.17; 1Co 1.1)
Σωσιπατρος -ου	Sosípater (Ro 16.21)

T - τ

Ταβιθα	Tabita (Hch 9.36, 40)
Ταρσευς (ὁ) -εως	la persona de Tarso, el Tarseno (Hch 9.11; 21.39)
Ταρσος -ου	Tarso (Hch 9.30; 11.25; 22.3)
Τερτιος -ου	Tercio (Ro 16.22)
Τερτυλλος -ου	Tértulo (Hch 24.1, 2)
Τιβεριας -αδος	Tiberias (Jn 6.1, 23; 21.1)
Τιβεριος -ου	Tiberio (Lc 3.1)
Τιμαϊος -ου	Timeo (Mr 10.46)
Τιμοθεος -ου	Timoteo
Τιμων -ωνος	Timón (Hch 6.5)
Τιτιος -ου	Ticio (Hch 18.7)
Τιτος -ου	Tito
Τραχωνϊτις -ιδος	Traconite (Lc 3.1)
Τροφιμος -ου	Trófimo (Hch 20.4; 21.29; 2Ti 4.20)
Τρυφαινα -ης	Trifena (Ro 16.12)
Τρυφωσα -ης	Trifosa (Ro 16.12)
Τρῳας -αδος	Troas
Τρωγυλλιον -ου	Trogilio (Hch 20.15)
Τυραννος -ου	Tiranno (Hch 19.9)
Τυριος (ὁ) -ου	la persona de Tiro (Hch 12.20)
Τυρος -ου	Tiro
Τυχικος -ου	Tíquico

Υ - υ

Υμεναιος -ου — Himeneo (1Ti 1.20; 2Ti 2.17)

Φ - φ

Φαλεκ	Peleg (Lc 3.35)
Φανουηλ	Fanuel (Lc 2.36)
Φαραω	Faraón
Φαρες	Fares (Mt 1.3; Lc 3.33)
Φηλιξ -ικος	Félix
Φηστος -ου	Festo
Φιλαδελφεια -ας	Filadelfia (Ap 1.11; 3.7)
Φιλημων -ονος	Filemón (Flm 1)
Φιλητος -ου	Fileto (2Ti 2.17)
Φιλιππησιος (ὁ) -ου	el filipense (Fil 4.15)
Φιλιπποι -ων	Filipos
Φιλιππος -ου	Felipe
Φιλολογος -ου	Filólogo (Ro 16.15)
Φλεγων -οντος	Flegonte (Ro 16.14)
Φοιβη -ης	Febe (Ro 16.1)
Φοινικη -ης	Fenicia (Hch 11.19; 15.13; 21.2)
Φοινιξ -ικος	Fenice (Hch 27.12)
Φορτουνατος -ου	Fortunato (1Co 16.17)
Φρυγια -ας	Frigia (Hch 2.10; 16.6; 18.23)
Φυγελος -ου	Figelo (2Ti 1.15)

Χ - χ

Χαλδαιος (ὁ) -ου	el caldeo (Hch 7.4)
Χανααν	Canaán (Hch 7.11; 13.19)
Χαναναῖος -α, -ον	cananeo (Mt 15.22)
Χαρραν	Harán (Hch 7.2, 4)
Χερουβιν	los querubines (Heb 9.5)
Χιος -ου	Quío (Hch 20.15)
Χλοη -ης	Cloé (1Co 1.11)
Χοραζιν	Corazín (Mt 11.21; Lc 10.13)
Χουζας -α	Chuza (Lc 8.3)
Χωραζιν	Χοραζιν

Ω - ω

Ωσηε	Oseas (Ro 9.25)

FORMAS

PAUTAS PARA EL USO DEL ANÁLISIS DE LAS FORMAS

1. **Las columnas**
   - La primera columna muestra la forma tal como aparece en el NT griego
   - La segunda columna muestra el léxico tal como se encuentra en el diccionario básico
   - En la tercera columna está el análisis de las formas

2. **Las formas**
   - En la columna de las formas del NT griego aparecen algunas formas entre paréntesis. Estas formas aparecen también en el texto del NT griego, pero no son analizadas porque se considera que serán fáciles de deducir, teniendo el análisis de una forma
   - Varias veces aparece solamente la raíz de la palabra porque se considera fácil la deducción de las formas respectivas

3. **El análisis**
   - Para los sustantivos se analiza solamente el caso (Nominativo, Genitivo, Dativo, Acusativo y Vocativo) y el número (**Sg** = Singular; **Pl** = Plural)
   - Para los pronombres y adjetivos se analiza además el género (**Mas**culino, **Fem**enino y **Neut**ro)
   - Para los verbos hay dos maneras de presentar el análisis:
     a) El análisis es sin abreviaciones, pero contiene solamente lo básico (p.ej. Aoristo/Activo)

b) Se analiza con abreviaciones todos los aspectos del verbo (p.ej. Sub/A/Ao/3/Sg)

- El análisis total de las formas verbales sigue el siguiente orden:
  * Modo (Indicativo, Imperativo, Infinitivo, Subjuntivo, Optativo Participio)
  * Voz (A = Activa, P = Pasiva, M = Media, MP = Media-Pasiva, Def = Voz de los verbos defectivos)
  * Tiempo (Presente, Imperfecto, Futuro, Aoristo, Perfecto y Pluscuamperfecto)
  * Persona (1 = Primera, 2 = Segunda, 3 = Tercera)
  * Número (Sg = Singular, Pl = Plural)
- El análisis de las formas de los participios tiene el siguiente orden:
  Modo/Voz/Tiempo/Caso/Número/Género
- El guión en el análisis significa que una forma puede ser analizada de diferentes maneras
- En pocos casos aparecen abreviaciones:
  * Pron. Rel. = Pronombre Relativo
  * Pron. Dem. = Pronombre Demostrativo

A - α

ἅ	ὅς	N/Pl/Neut - Ac/Pl/Neut (Pron. Rel.)
ἀγαγ-	ἀγω	Aoristo/Activo
ἀγωνι, ἀγωνα	ἀγων	D/Sg, Ac/Sg
ἀερος, ἀερα	ἀηρ	G/Sg, Ac/Sg
αἵ	ὅς	N/Pl/Fem (Pron. Rel.)
αἰδους	αἰδως	G/Sg
Αιθιοπων	Αιθιοψ	G/Pl
αἱμοῤῥουσα	αἱμοῤῥεω	Part/A/P/N/Sg/Fem
αἷς	ὅς	D/Pl/Fem (Pron. Rel.)
αἰσθωνται	αἰσθανομαι	Sub/Def/Ao/3/Pl
αἱτινες	ὁστις	N/Pl/Fem
ἀκηκο-	ἀκουω	Ind/A/Perf
ἀκηκοοτας	ἀκουω	Part/A/Perf/Ac/Pl/Fem
ἀκουσθεισιν	ἀκουω	Part/P/Ao/D/Pl/Mas - Neut
ἀκριβεστατην	ἀκριβης	Superlativo: A/Sg/Fem
ἀκριβεστερον	ἀκριβης	Comparativo: A/Sg/Neut
ἀκυροι	ἀκυροω	Ind/A/Pres/3/Sg
ἁλατι	ἁλας	D/Sg
ἀληθεις	ἀληθης	N/Pl/Mas,
ἀληθες		N - Ac/Sg/Neut
ἀληθη		Ac/Sg/Fem - N - Ac/Sg/Neut
ἀληθους		G/Sg/Fem
ἁλι	ἁλς	D/Sg
ἀλλαγησομεθα, ἀλλαγησονται	ἀλλασσω	Ind/P/Fut/1/Pl - 3/Pl
ἀλλαξαι	ἀλλασσω	Inf/A/Ao
ἀλλαξει	ἀλλασσω	Ind/A/Fut/3/Sg
ἀλοωνμ (αλοωντα)	ἀλοαω	Part/A/Pres/N/Sg/Mas
ἁμαρτῃ (ἁμαρτησῃ, ἁμαρτητε)	ἁμαρτανω	Sub/A/Ao/3/Sg
ἁμαρτησασιν (ἁμαρτησαντος, ἁμαρτησαντας, ἁμαρτησαντων)	ἁμαρτανω	Part/A/Ao/D/Pl/Mas

ἁμαρτησει (ἁμαρτησομεν)	ἁμαρτανω	Ind/A/Fut/3/Sg
ἀναβα	ἀναβαινω	Imp/A/Ao/2/Sg
ἀναβαντα (-βαντες, -βαντων)	ἀναβαινω	Part/A/Ao/Ac/Sg/Mas
ἀναβας	ἀναβαινω	Part/A/Ao/N/Sg/Mas
ἀναβεβηκα (ἀναβεβηκεν)	ἀναβαινω	Ind/A/Perf/1/Sg
ἀναβησεται	ἀναβαινω	Ind/Def/Fut/3/Sg
ἀναβητε	ἀναβαινω	Imp/a/Ao/2/Pl
ἀναγαγ-	ἀναγω	Aoristo/Activo
ἀναγγειλαι	ἀναγγελλω	Inf/A/Ao
ἀναγγειλον	ἀναγγελλω	Imp/A/Ao/2/Sg
ἀναγγελει (ἀναγγελω)	ἀναγγελλω	Ind/A/Fut/3/Sg
ἀναγνους (ἀναγνοντες)	ἀναγινωσκω	Part/A/Ao/N/Sg/Mas
ἀναγνω-	ἀναγινωσκω	Aoristo
ἀναδειξον	ἀναδεικνυμι	Imp/A/Ao/2/Sg
ἀναδεξαμενος	ἀναδεχομαι	Part/Def/Ao/N/Sg/Mas
ἀναδοντες	ἀναδιδωμι	Part/A/Ao/N/Pl/Mas
ἀναζωσαμενοι	ἀναζωννυμι	Part/MP/Perf/N/Pl/Mas
ἀνακεκαλυμμενῳ	ἀνακαλυπτω	Part/MP/Perf/D/Sg/Mas
ἀνακριθω	ἀνακρινω	Sub/P/Ao/1/Sg
ἀναλαβ-	ἀναλαμβανω	Aoristo/Activo
ἀναλη(μ)φθεις	ἀναλαμβανω	Part/P/Ao/N/Sg/Mas
ἀναλωθητε	ἀναλισκω	Sub/P/Ao/2/Pl
ἀναλωσαι	ἀναλισκω	Inf/A/Ao
ἀναλωσει	ἀναλσικω	Ind/A/Fut/3/Sg
ἀναμνησει	ἀναμιμνησκω	Ind/A/Fut/3/Sg
ἀναμνησθεις	ἀναμιμνησκω	Part/P/Ao/N/Sg/Mas
ἀναπεσαι	ἀναπιπτω	Imp/M/Ao/2/Sg
ἀναπεσειν	ἀναπιπτω	Inf/A/Ao
ἀναπεσον	ἀναπιπτω	Imp/A/Ao/2/Sg
ἀναπεσων	ἀναπιπτω	Part/A/Ao/N/Sg/Mas
ἀναπτυξας	ἀναπτυσσω	Part/A/Ao/N/Sg/Mas
ἀναστα	ἀνιστημι	Imp/A/Ao/2/Sg
ἀνασταν (ἀνασταντες)	ἀνιστημι	Part/A/Ao/N/Sg
ἀναστασα	ἀνιστημι	Part/A/Ao/N/Sg/Fem
ἀναστεναξας	ἀναστεναζω	Part/A/Ao/N/Sg/Mas
ἀναστῃ	ἀνιστημι	Sub/A/Ao/3/Sg
ἀναστηθι	ἀνιστημι	Imp/A/Ao/2/Sg
ἀναστηναι	ἀνιστημι	Inf/A/Ao
ἀναστησας	ἀνιστημι	Part/A/Ao/N/Sg/Mas
ἀναστησ-	ἀνιστημι	Fut

ἀναστραφητε	ἀναστρεφω	Imp/A/Ao/2/Pl
ἀναστωσιν	ἀνιστημι	Sub/A/Ao/3/Pl
ἀναταξασθαι	ἀνατασσομαι	Inf/Def/Ao
ἀνατεθραμμενος	ἀνατρεφω	Part/MP/Perf/N/Sg/Mas
ἀνατειλ-	ἀνατελλω	Aoristo/Activo
ἀνατεταλκεν	ἀνατελλω	Ind/A/Perf/3/Sg
ἀναφαναντες	ἀναφαινω	Part/A/Ao/N/Pl/Mas
ἀναχθ-	ἀναγω	Aoristo/Pasivo
ἀναψαντες	ἀναπτω	Part/A/Ao/N/Pl/Mas
ἀνδρ-	ἀνηρ	todos los casos
ἀνεβαλετο	ἀναβαλλομαι	Ind/Def/Ao/3/Sg
ἀνεβην (ἀνεβη, ἀνεβησαν)	ἀναβαινω	Ind/A/Ao/1/Sg
ἀνεγνωτε (ἀνεγνωσαν)	ἀναγινωσκω	Ind/A/Ao/2/Pl
ἀνεδειξεν	ἀναδεικνυμι	Ind/A/Ao/3/Sg
ἀνεθαλετε	ἀναθαλλω	Ind/A/Ao/2/Pl
ἀνεθεμην (ἀνεθετο)	ἀνατιθημι	Ind/M/Ao/1/Sg
ἀνεθη	ἀνιημι	Ind/P/Ao/3/Sg
ἀνεθρεψατο	ἀνατρεφω	Ind/M/Ao/3/Sg
ἀνειλεν (ἀνειλες, ἀνειλετε)	ἀναιρεω	Ind/A/Ao/3/Sg
ἀνειλετο	ἀναιρεω	IndM/Ao/3/Sg
ἀνειλον	ἀναιρεω	Ind/A/Ao/1/Sg - 3/Pl
ἀνειχεσθε	ἀνεχομαι	Ind/Def/Imp/2/Pl
ἀνεκειτο	ἀνακειμαι	Ind/Def/Imp/3/Sg
ἀνεκοψεν	ἀνακοπτω	Ind/A/Ao/3/Sg
ἀνελαβετε	ἀναλαμβανω	Ind/A/Ao/2/Pl
ἀνελειν	ἀναιρεω	Inf/A/Ao
ἀνελη(μ)φθη	ἀναλαμβανω	Ind/P/Ao/3/Sg
ἀνελωσιν	ἀναιρεω	Sub/A/Ao/3/Pl
ἀνεμνησθη	ἀναμιμνησκω	Ind/P/Ao/3/Sg
ἀνενεγκ-	ἀναφερω	Aoristo/Activo
ἀνεντες	ἀνιημι	Part/A/Ao/N/Pl/Mas
ἀνεξομαι (ἀνεξονται)	ἀνεχομαι	Ind/Def/Fut/1/Sg
ἀνεπεσεν (ἀνεπεσον)	ἀναπιπτω	Ind/A/Ao/3/Sg
ἀνερ	ἀνηρ	V/Sg
ἀνεστη (ἀνεστησεν, ἀνεστησαν)	ἀνιστημι	Ind/A/Ao/3/Sg
ἀνεστραφημεν	ἀναστρεφω	Ind/P/Ao/1/Sg
ἀνεσχομην	ἀνεχομαι	Ind/M/Ao/1/Sg
ἀνετειλεν	ἀνατελλω	Ind/A/Ao/3/Sg
ἀνετραφη	ἀνατρεφω	Ind/P/Ao/3/Sg

ἀνευρον	ἀνευρισκω	Ind/A/Ao/3/Pl
ἀνευροντες	ἀνευρισκω	Part/A/Ao/N/Pl/Mas
ἀνεψυξεν	ἀναψυχω	Ind/A/Ao/3/Sg
ἀνεῳγεν	ἀνοιγω	Ind/A/Perf/3/Sg
ἀνεῳγμεν-	ἀνοιγω	Part/MP/Perf
ἀνεῳγοτα	ἀνοιγω	Part/A/Perf/Ac/Sg/Mas
ἀνεῳξεν	ἀνοιγω	Ind/A/Ao/3/Sg
ἀνεῳχθη (ἀνεῳχθησαν)	ἀνοιγω	Ind/P/Ao/3/Sg - 3/Pl
ἀνεῳχθηναι	ἀνοιγω	Inf/P/Ao
ἀνηγαγον	ἀναγω	Ind/A/Ao/3/Pl
ἀνηγγειλαν (ἀνηγγειλεν)	ἀναγγελλω	Ind/A/Ao/3/Pl
ἀνηγγελη	ἀναγγελλω	Ind/P/Ao/3/Sg
ἀνηκεν	ἀνηκω	Ind/A/Perf/3/Sg
ἀνηκον (ἀνηκοντα)	ἀνηκω	Part/A/Pres/N - Ac/Sg/Neut
ἀνηλθεν (ἀνηλθον)	ἀνερχομαι	Ind/A/Ao/3/Sg
ἀνηνεγκεν	ἀναφερω	Ind/A/Ao/3/Sg
ἀνῃρεθη	ἀναιρεω	Ind/P/Ao/3/Sg
ἀνηφθη	ἀναπτω	Ind/P/Ao/3/Sg
ἀνηχθη (ἀνηχθημεν, ἀνηχθησαν)	ἀναγω	Ind/P/Ao/3/Sg
ἀνθεξεται	ἀντεχομαι	Ind/Def/Fut/3/Sg
ἀνθεστηκ-	ἀνθιστημι	Perfecto/Activo
ἀνιεντες	ἀνιημι	Part/A/Pres/N/Pl/Mas
ἀνθωμολογειτο	ἀνωμολογεομαι	Ind/Def/Imp/3/Sg
ἀνταποδοθησεται	ἀνταποδιδωμι	Ind/P/Fut/3/Sg
ἀνταποδουναι	ἀνταποδιδωμι	Inf/A/Ao
ἀνταποδωσω	ἀνταποδιδωμι	Ind/A/Fut/1/Sg
ἀντειπειν	ἀντιλεγω	Inf/A/Aor
ἀντελαβετο	ἀνταλαμβανομαι	Ind/Def/Ao/3/Sg
ἀντεστην (ἀντεστησαν)	ἀνθιστημι	Ind/A/Ao/1/Sg
ἀντικαλεσωσιν	ἀντικαλεω	Sub/A/Ao/3/Pl
ἀντικατεστητε	ἀντικαθιστημι	Ind/A/Ao/2/Pl
ἀντιπαρηλθεν	ἀντιπαρερχομαι	Ind/A/Ao/3/Sg
ἀντιστηναι	ἀνθιστημι	Inf/A/Ao
ἀντιστητε	ἀνθιστημι	Imp/A/Ao/2/Pl
ἀνω	ἀνιημι	Sub/A/Ao/1/Sg
ἀξει	ἀγω	Ind/A/Fut/3/Sg
ἀξων	ἀγω	Part/A/Fut/N/Sg/Mas
ἀπαγαγ-	ἀπαγω	Aoristo/Activo
ἀπαγγειλαι	ἀπαγγελλω	Inf/A/Ao
ἀπαγγειλατε	ἀπαγγελλω	Imp/A/Ao/2/Pl

ἀπαγγελει	ἀπαγγελλω	Ind/A/Fut/3/Sg
ἀπαλλαξῃ	ἀπαλλασσω	Sub/A/Ao/3/Sg
ἁπασαν (ἁπασιν)	ἁπας	Ac/Sg/Fem
ἀπαρθῃ	ἀπαιρω	Sub/P/Ao/3/Sg
ἀπαχθηναι	ἀπαγω	Inf/P/Ao
ἀπεβησαν	ἀποβαινω	Ind/A/Ao/3/Pl
ἀπεδειξεν	ἀποδεικνυμι	Ind/A/Ao/3/Sg
ἀπεδεξατο	ἀποδεχομαι	Ind/Def/Ao/3/Sg
ἀπεδοτο (ἀπεδοσθε, ἀπεδοντο)	ἀποδιδωμι	Ind/M/Ao/3/Sg
ἀπεδωκεν	ἀποδιδωμι	Ind/A/Ao/3/Sg
ἀπεθαν-	ἀποθνησκω	Ind/Aoristo/Activo
ἀπεθεντο	ἀποτιθημι	Ind/M/Ao/3/Pl
ἀπεθνησκεν	ἀποθνησκω	Ind/A/Imp/3/Sg
ἀπεκαλυφθη	ἀποκαλυπτω	Ind/P/Ao/3/Sg
ἀπεκατεσταθη	ἀποκαθιστημι	Ind/P/Ao/3/Sg
ἀπεκατεστη	ἀποκαθιστημι	Ind/A/Ao/3/Sg
ἀπεκοψαν (ἀπεκοψεν)	ἀποκοπτω	Ind/A/Ao/3/Pl
ἀπεκριθη (-θην, -θης, -θησαν)	ἀπορκινομαι	Ind/Def/Ao/3/Sg
ἀπεκτανθη, ἀπεκτανθησαν	ἀποκτεινω	Ind/P/Ao/3/Sg - 3/Pl
ἀπεκτειναν (-εν, -ατε)	ἀποκτεινω	Ind/A/Ao/3/Pl
ἀπελαβεν (ἀπελαβες)	ἀπολαμβανω	Ind/A/Ao/3/Sg
ἀπελευσ-	ἀπερχομαι	Ind/Def/Fut
ἀπεληλυθεισαν	ἀπερχομαι	Ind/A/Plusc/3/Pl
ἀπεληλυθεν	ἀπερχομαι	Ind/A/Perf/3/Sg
ἀπελθ-	ἀπερχομαι	Aoristo/Activo
ἀπελιπον	ἀπολειπω	Ind/A/Ao/1/Sg - 3/Pl
ἀπενεγκειν	ἀποφερω	Inf/A/Ao
ἀπενεχθηναι	ἀποφερω	Inf/P/Ao
ἀπεπεσον	ἀποπιπτω	Ind/A/Ao/3/Pl
ἀπεπλευσαν	ἀποπλεω	Ind/A/Ao/3/Pl
ἀπεπνιγη	ἀποπνιγω	Ind/P/Ao/3/Sg
ἀπεπνιξαν	ἀποπνιγω	Ind/A/Ao/3/Pl
ἀπεσταλη (ἀπεσταλην)	ἀποστελλω	Ind/P/Ao/3/Sg - 1/Sg
ἀπεσταλκ-	ἀποστελλω	Ind/Activo/Perfecto
ἀπεσταλμαι	ἀποστελλω	Ind/MP/Perf/1/Sg
ἀπεσταλμεν-	ἀποστελλω	Part/MP/Perf
ἀπεστειλ-	ἀποστελλω	Ind/A/Ao
ἀπεστερημενος (-μενων)	ἀποστερεω	Part/MP/Perf/N/Sg/Mas

ἀπεστη (ἀπεστησαν, ἀπεστησεν)	ἀφιστημι	Ind/A/Ao/3/Sg
ἀπεστραφησαν	ἀποστρεφω	Ind/P/Ao/3/Pl
ἀπεταξατο	ἀποτασσομαι	Ind/Def/Ao/3/Sg
ἀπεφθεγξατο	ἀποφθεγγομαι	Ind/Def/Ao/3/Sg
ἀπηγαγεν (ἀπηγαγον)	ἀπαγω	Ind/A/Ao/3/Sg
ἀπηγγειλαν (ἀπηγγειλεν)	ἀπαγγελλω	Ind/A/Ao/3/Pl
ἀπηγγελη	ἀπαγγελλω	Ind/P/Ao/3/Sg
ἀπηγξατο	ἀπαγχω	Ind/M/Ao/3/Sg
ἀπῃεσαν	ἀπειμι	Ind/A/Imp/3/Pl
ἀπηλασεν	ἀπελαυνω	Ind/A/Ao/3/Sg
ἀπηλθεν (ἀπηλθον)	ἀπερχομαι	Ind/A/Ao/3/Sg
ἀπηλλαχθαι	ἀπαλλασσω	Inf/P/Perf
ἀπηλλοτριωμενοι (-μενους)	ἀπαλλοτριοω	Part/MP/Perf/N/Pl/Mas
ἀπηνεγκαν (ἀπηνεγκεν)	ἀποφερω	Ind/A/Ao/3/Pl
ἀπιδω	ἀφοραω	Sub/A/Ao/1/Sg
ἀποβαλ-	ἀποβαλλω	Aoristo/Activo
ἀποβαντες	ἀποβαινω	Part/A/Ao/N/Pl/Mas
ἀποβησεται	ἀποβαινω	Ind/Def/Fut/3/Sg
ἀπογεγραμμενων	ἀπογραφω	Part/MP/Perf/G/Pl/Mas
ἀπογενομενοι	ἀπογινομαι	Part/Def/Ao/N/Pl/Mas
ἀποδεδειγμενον	ἀποδεικνυμι	Part/MP/Perf/Ac/Sg/Mas
ἀποδεικνυντα	ἀποδεικνυμι	Part/A/Pres/Ac/Sg/Mas
ἀποδειξαι	ἀποδεικνυμι	Inf/A/Ao
ἀποδεξαμενοι	ἀποδεχομαι	Part/Def/Ao/N/Pl/Mas
ἀποδεξασθαι	ἀποδεχομαι	Inf/Def/Ao
ἀποδιδουν	ἀποδιδωμι	Part/A/Pres/N/Sg/Neut
ἀποδοθηναι	ἀποδιδωμι	Inf/P/Ao
ἀποδος (ἀποδοτε)	ἀπιδιδωμι	Imp/A/Ao/2/Sg
ἀποδουναι	ἀπιδιδωμι	Inf/A/Ao
ἀποδους	ἀποδιδωμι	Part/A/Ao/N/Sg/Mas
ἀποδῳ (ἀποδῳς)	ἀποδιδωμι	Sub/A/Ao/3/Sg
ἀποδῳη	ἀποδιδωμι	Opt/A/Ao/3/Sg
ἀποδωσει (-σω, -σεις, -σουσιν)	ἀποδιδωμι	Ind/A/Fut/3/Sg
ἀποδωσοντες	ἀποδιδωμι	Part/A/Fut/N/Pl/Mas
ἀποθαν-	ἀποθνησκω	Aoristo/Activo
ἀποθανεισθε (ἀποθανειται)	ἀποθνησκω	Ind/Def/Fut/2/Pl
ἀποθεμενοι	ἀποτιθημι	Part/M/Ao/N/Pl/Mas

ἀποθεσθαι	ἀποτιθημι	Inf/M/Ao
ἀποθεσθε	ἀποτιθημι	Imp/P/Ao/2/Pl
ἀποθωμεθα	ἀποτιθημι	Sub/M/Ao/1/Pl
ἀποισω	ἀποφερω	Ind/A/Fut/1/Sg
αποκαθιστᾳ	ἀποκαθιστημι	Ind/A/Pres/3/Sg
ἀποκαλυφθη (ἀποκαλυφθωσιν)	ἀποκαλυπτω	Sub/P/Ao/3/Sg - 3/Pl
ἀποκαλυφθηναι	ἀποκαλυπτω	Inf/P/Ao
ἀποκαλυφθησεται	ἀποκαλυπτω	Ind/P/Fut/3/Sg
ἀποκαθιστανεις	ἀποκαθιστημι	Ind/A/Pres/2/Sg
ἀποκαταλλαξ-	ἀποκαταλλασσω	Aoristo/Activo
ἀποκατασταθω	ἀποκαθιστημι	Sub/P/Ao/1/Sg
ἀποκαταστησει	ἀποκαθιστημι	Ind/A/Fut/3/Sg
ἀποκατεσταθη	ἀποκαωιστημι	Ind/P/Ao/3/Sg
ἀποκεκρυμμενην (-μενου, -μενον)	ἀποκρυπτω	Part/MP/Perf/Ac/Sg/Fem
ἀποκοψον	ἀποκοπτω	Imp/A/Ao/2/Sg
ἀποκοψονται	ἀποκοπτω	Ind/M/Fut/3/Pl
ἀποκριθεις (-θεισα, -θεν)	ἀποκρινομαι	Part/Def/Ao/N/Sg
ἀποκριθεντες	ἀποκρινομαι	Part/Def/Ao/N/Pl/Mas
ἀποκριθηναι	ἀποκρινομαι	Inf/Def/Ao
ἀποκριθησεται (-θησονται)	ἀποκρινομαι	Ind/Def/Fut/3/Sg
ἀποκριθητε	ἀποκρινομαι	Imp - Sub/Def/Ao/2/Pl
ἀποκριθωσιν	ἀποκρινομαι	Sub/Def/Ao/3/Pl
ἀποκτανθ-	ἀποκτεινω	Aoristo/Pasivo
ἀποκτεν-	ἀποκτεινω	Ind/Activo/Fut
ἀπολαβ-	ἀπολαμβανω	Aoristo/Activo
ἀπολεισθε (ἀπολειται)	ἀπολλυμι	Ind/M/Fut/2/Pl
ἀπολεσαι	ἀπολλυμι	Inf/A/Ao
ἀπολεσας	ἀπολλυμι	Part/A/Ao/N/Sg/Mas
ἀπολεσει	ἀπολλυμι	Ind/A/Fut/3/Sg
ἀπολεσῃ	ἀπολλυμι	Sub/A/Ao/3/Sg
ἀπολεσθαι	ἀπολλυμι	Inf/M/Ao
ἀπολεσουσιν	ἀπολλυμι	Ind/A/Fut/3/Pl
ἀπολεσω (ἀπολεσωμεν, ἀπολεσωσιν)	ἀπολλυμι	Sub/A/Ao/1/Sg
ἀπολη(μ)ψεσθε	ἀπολαμβανω	Ind/Def/Fut/2/Pl
ἀποληται	ἀπολλυμι	Sub/M/Ao/3/Sg
ἀπολιποντας	ἀπολειπω	Part/A/Ao/Ac/Pl/Mas
ἀπολομενου	ἀπολλυμι	Part/M/Ao/G/Sg/Mas

ἀπολουνται	ἀπολλυμι	Ind/M/Fut/3/Pl
ἀπολω	ἀπολλυμι	Ind/A/Fut/1/Sg
ἀπολωλος (ἀπολωλοτα)	ἀπολλυμι	Part/A/Perf/Ac/Sg/Neut
ἀπολωλως	ἀπολλυμι	Part/A/Perf/N/Sg/Mas
ἀπολωνται	ἀπολλυμι	Sub/M/Ao/3/Pl
ἀποντες	ἀπειμι	Part/A/Pres/N/Pl/Mas
ἀποπλευσαντες	ἀποπλεω	Part/A/Ao/N/Pl/Mas
ἀποῤῥιψαντας	ἀποῤῥιπτω	Part/A/Ao/Ac/Pl/Mas
ἀποσπᾳν	ἀποσπαω	Inf/A/Pres
ἀποσταλεντι	ἀποστελλω	Part/P/Ao/D/Sg/Mas - Neut
ἀποσταλωσιν	ἀποστελλω	Sub/P/Ao/3/Pl
ἀποσταντα	ἀφιστημι	Part/A/Ao/Ac/Sg/Mas
ἀποστας	ἀφιστημι	Part/A/Ao/N/Sg/Mas
ἀποστειλ-	ἀποστελλω	Aoristo/Activo
ἀποστελει (ἀποστελω)	ἀποστελλω	Ind/A/Fut/3/Sg
ἀποστῃ	ἀφιστημι	Sub/A/Ao/3/Sg
ἀποστηναι	ἀφιστημι	Inf/A/Ao
ἀποστησονται	ἀφιστημι	Ind/M/Fut/3/Pl
ἀποστητω (ἀποστητε)	ἀφιστημι	Imp/A/Ao/3/Sg
ἀποστραφῃς	ἀποστρεφω	Sub/P/Ao/2/Sg
ἀποταξαμενος	ἀποτασσομαι	Part/Def/Ao/N/Sg/Mas
ἀποταξασθαι	ἀποτασσομαι	Inf/Def/Ao
ἀποτελεσθεισα	ἀποτελεω	Part/P/Ao/N/Sg/Fem
ἀποτιναξας	ἀποτινασσω	Part/A/Ao/N/Sg/Mas
ἀποτιναξατε	ἀποτινασσω	Imp/A/Ao/2/Pl
ἀποτισω	ἀποτινω	Ind/A/Fut/1/Sg
ἀποφυγοντες (-οντας)	ἀποφευγω	Part/A/Ao/N/Pl/Mas
ἀπωλεσα (ἀπωλεσεν)	ἀπολλυμι	Ind/A/Ao/1/Sg
ἀπωλετο (ἀπωλοντο)	ἀπολλυμι	Ind/M/Ao/3/Sg
ἀπων	ἀπειμι	Part/A/Pres/N/Sg/Mas
ἀπωσαμενοι	ἀπωθεομαι	Part/Def/Ao/N/Pl/Mas
ἀπωσατο (ἀπωσαντο)	ἀπωθεομαι	Ind/Def/Ao/3/Sg
Αραβες	Αραψ	N/Pl
ἀραι	αἱρω	Inf/A/Ao
ἀρας (ἀραντες)	αἱρω	Part/A/Ao/N/Sg/Mas
ἀρατω (ἀρατε)	αἱρω	Imp/A/Ao/3/Sg
ἀρεσαι	ἀρεσκω	Inf/A/Ao
ἀρεσασης	ἀρεσκω	Part/A/Ao/G/Sg/Fem
ἀρεσει	ἀρεσκω	Ind/A/Fut/3/Sg
ἀρεσῃ	ἀρεσκω	Sub/A/Ao/3/Sg
ἀρῃ (ἀρῃς)	αἱρω	Sub/A/Ao/3/Sg - 2/Sg

ἀρθησεται	αἰρω	Ind/P/Fut/3/Sg
ἀρθητι (ἀρθητω)	αἰρω	Imp/P/Ao/2/Sg
ἀρθωσιν	αἰρω	Sub/P/Ao/3/Pl
ἀρνας	ἀρην	Ac/Pl
ἀρον	αἰρω	Imp/A/Ao/2/Sg
ἀρουσιν	αἰρω	Ind/A/Fut/3/Pl
ἁρπαγεντα	ἁρπαζω	Part/P/Ao/Ac/Sg/Mas
ἁρπαγες	ἁρπαξ	N/Pl/Mas
ἁρπαγησομεθα	ἁρπαζω	Ind/P/Fut/1/Pl
ἀρσεν, ἀρσενες, ἀρσεσιν	ἀρσην	N/Sg - A/Sg, N/Pl, D/Pl
ἀρχιποιμενος	ἀρχιποιμην	G/Sg/Mas
ἀρχοντ-	ἀρχων	todos los casos
ἀρχουσιν	ἀρχων	D/Pl
ἀρω	αἰρω	Ind/A/Fut/1/Sg
ἅς	ὅς	Ac/Pl/Fem (Pron. Rel.)
ἀσθενεστερα (ἀσθενεστερῳ)	ἀσθενης	Comparativo/N/Pl/Neut
ἀστερ-	ἀστηρ	todos los casos
ἀτιμοτερα	ἄτιμος	Comparativo/N/Sg/Fem
ἅτινα	ὅστις	N - Ac/Pl/Neut
αὐξει	αὐξανω	Ind/A/Pres/3/Sg
αὐξηθῃ (αὐξηθητε)	αὐξανω	Sub/P/Ao/3/Sg
αὐξησαι	αὐξανω	Opt/A/Ao/3/Sg
αὐξησωμεν	αὐξανω	Sub/A/Ao/1/Pl
αὗται	οὗτος	N/Pl/Fem (Pron. Dem.)
αὕτη	οὗτος	N/Sg/Fem (Pron. Dem.)
ἀφεθῃ	ἀφιημι	Sub/P/Ao/3/Sg
ἀφεθησαν	ἀφιημι	Ind/P/Ao/3/Pl
ἀφεθησεται	ἀφιημι	Ind/P/Fut/3/Sg
ἀφειλεν	ἀφαιρεω	Ind/A/Ao/3/Sg
ἀφειis (ἀφεντες)	ἀφιημι	Part/A/Ao/N/Sg/Mas
ἀφελειν	ἀφαιρεω	Inf/A/Ao
ἀφελωμαι	ἀφαιρεω	Sub/M/Ao/1/Sg
ἀφες (ἀφετε)	ἀφιημι	Imp/A/Ao/2/Sg
ἀφεωνται	ἀφιημι	Ind/P/Perf/3/Pl
ἀφῃ	ἀφιημι	Sub/A/Ao/3/Sg
ἀφηκ-	ἀφιημι	Ind/A/Aoristo
ἀφησει (ἀφησω, ἀφησεις ἀφησουσιν)	ἀφιημι	Ind/A/Fut/3/Sg
ἀφητε	ἀφιημι	Sub/A/Ao/2/Pl
ἀφιδω	ἀφοραω	Sub/A/Ao/1/Sg

ἀφιε-	ἀφιημι	Presente
ἀφικετο	ἀφικνεομαι	Ind/Def/Ao/3/Sg
ἀφιστανται	ἀφιστημι	Ind/MP/Pres/3/Pl
ἀφιστασο	ἀφιστημι	Imp/MP/Pres/2/Sg
ἀφιστατο	ἀφιστημι	Ind/MP/Imp/3/Sg
ἀφοριει (ἀφοριουσιν)	ἀφοριζω	Ind/A/Fut/3/Sg
ἀφωμεν	ἀφιημι	Sub/A/Ao/1/Pl
ἀχθηναι	ἀγω	Inf/P/Ao
ἀχθησεσθε	ἀγω	Ind/P/Fut/2/Pl
ἁψαμενος	ἁπτω	Part/M/Ao/N/Sg/Mas
ἁψας (ἁψαντων)	ἁπτω	Part/A/Ao/N/Sg/Mas
ἁψη (-μαι, -ται, -νται)	ἁπτω	Sub/M/Ao/2/Sg

Β - β

βαθεως, βαθει	βαθυς	G/Sg, D/Sg
βαθους, βαθη	βαθος	G/Sg, N/Pl - Ac/Pl
βαλε (βαλετε, βαλετω)	βαλλω	Imp/A/Ao/2/Sg
βαλειν	βαλλω	Inf/A/Ao
βαλη (βαλητε)	βαλλω	Sub/A/Ao/3/Sg
βαλοντων (βαλουσα)	βαλλω	Part/A/Ao/G/Pl/Mas
βαλουσα	βαλλω	Part/A/Ao/N/Sg/Fem
βαλουσιν	βαλλω	Ind/A//Fut/3/Pl
βαλω	βαλλω	Ind/A/Fut/1/Sg - Sub/A/Ao/1/Sg
βαλωσιν	βαλλω	Sub/A/Ao/3/Pl
βασιλεως, βασιλει, βασιλεα, βασιλευ, βασιλεις, βασιλεων	βασιλευς	G/Sg, D/Sg, Ac/Sg, V/Sg, N/Pl - Ac/Pl, G/Pl
βασιλευσιν	βασιλευς	D/Pl
βαψας	βαπτω	Part/A/Ao/N/Sg/Mas
βαψῃ	βαπτω	Sub/A/Ao/3/Sg
βεβαμμενον	βαπτω	Part/MP/Perf/Ac/Sg/Neut
βεβλη-	βαλλω	Perfecto/Activo
βεβρωσκοσιν	ἐσθιω	Part/A/Perf/D/Pl/Mas
βλαστησασα	βλαστενω	Part/A/Ao/N/Sg/Fem
βληθεισῃ	βαλλω	Part/P/Ao/D/Sg/Fem
βληθῃ	βαλλω	Sub/P/Ao/3/Sg
βληθηναι	βαλλω	Inf/P/Ao
βληθησῃ (βληθησεται)	βαλλω	Ind/P/Fut/2/Sg
βληθητι	βαλλω	Imp/P/Ao/2/Sg
βουλει	βουλομαι	Ind/Def/Pres/3/Sg
βουλοιτο	βουλομαι	Opt/Def/Pres/3/Sg
βουν, βοων, βοας	βους	Ac/Sg, G/Pl, Ac/Pl

Γ - γ

γαλακτος	γαλα	G/Sg
γεγενημενα (γεγενημενον)	γινομαι	Part/Def/Perf/Ac/Pl/Neut
γεγενησθαι	γινομαι	Inf/Def/Perf
γεγενησθε	γινομαι	Ind/Def/Perf/2/Pl
γεγον-	γινομαι	Ind/A/Perf
γεγραμμεν-	γραφω	Part/MP/Perf
γεγραπται	γραφω	Ind/MP/Perf/3/Sg
γεγραφα	γραφω	Ind/A/Perf/1/Sg
γελωντες	γελαω	Part/A/Pres/N/Pl/Mas
γενει, γενη	γενος	D/Sg, N - Ac/Pl
γεν-	γινομαι	Aoristo/Defectivo
γενησεσθε (γενησεται)	γινομαι	Ind/Def/Fut/2/Pl
γενησομενον	γινομαι	Part/Def/Fut/Ac/Sg/Neut
γενοιτο	γινομαι	Opt/Def/Ao/3/Sg
γενους	γενος	G/Sg, D/Sg, N/Pl - Ac/Pl
γημῃ (γημῃς)	γαμεω	Sub/A/Ao/3/Sg
γηρασῃς	γηρασκω	Sub/A/Pres/2/Sg
γηρασκον	γηρασκω	Part/A/PresN/Sg/Neut
γνοντα (γνοντες)	γινωσκω	Part/A/Ao/Ac/Sg/Mas
γνους	γινωσκω	Part/A/Ao/N/Sg/Mas
γνω (γνῳς, γνῳ, γνωσιν)	γινωσκω	Sub/A/Ao/1/Sg
γνωθι	γινωσκω	Imp/A/Ao/2/Sg
γνωναι	γινωσκω	Inf/A/Ao
γνωσῃ (γνωσεται, γνωσεσθε)	γινωσκω	Ind/Def/Fut/2/Sg
γνωσθεντες	γινωσκω	Part/P/Ao/N/Pl/Mas
γνωσθησεται	γινωσκω	Ind/Def/Fut/3/Sg
γνωσθητω	γινωσκω	Imp/P/Ao/3/Sg
γνωσομαι (γνωσονται)	γινωσκω	Ind/Def/Fut/1/Sg
γνωτε (γνωτω)	γινωσκω	Imp - Ind/A/Ao/2/Sg
γονατα, γονασιν	γονυ	N/Pl - Ac/Pl, D/Pl
γονεις, γονεων, γονευσιν	γονευς	N/Pl - Ac/Pl, G/Pl, D/Pl
γυναι	γυνη	V/Sg
γυναικ-	γυνη	todos los casos
γυναιξιν	γυνη	D/Pl

Δ - δ

δαρησεται, δαρησεσθε	δερω	Ind/P/Fut/3/Sg - 2/Pl
δεδεκται	δεχομαι	Ind/Def/Perf/3/Sg
δεδεκως	δεω	Part/A/Perf/N/Sg/Mas
δεδεμ-	δεω	Perf/MP
δεδεσαι (δεδεται)	δεω	Ind/MP/Perf/2/Sg
δεδεσθαι	δεω	Inf/MP/Perf
δεδομενην (δεδομενον)	διδωμι	Part/MP/Perf/Ac/Sg/Fem
δεδοται	διδωμι	Ind/MP/Perf/3/Sg
δεδωκα (δεδωκας)	διδωμι	Ind/A/Perf/1/Sg
δεδωκει (δεδωκεισαν)	διδωμι	Ind/A/Plusc/3/Sg
δεδωκεν	διδωμι	Ind/A/Perf/3/Sg
δεῃ	δει	Sub/A/Pres/3/Sg
δεηθεντων	δεομαι	Part/Def/Ao/G/Pl/Mas
δεηθητε (δεηθητι)	δεομαι	Imp/Def/Ao/2/Pl
δεθηναι	δεω	Inf/P/Ao
δειν	δει	Inf/A/Pres
δειξαι	δεικνυμι	Inf/A/Ao
δειξατω	δεικνυμι	Imp/A/Ao/3/Sg
δειξει (δειξω)	δεικνυμι	Ind/A/Fut/3/Sg
δειξον	δεικνυμι	Imp/A/Ao/2/Sg
δειραντες	δερω	Part/A/Ao/N/Pl/Mas
δειχθεντα	δεικνυμι	Part/P/Ao/Ac/Sg/Mas
δεον (δεοντα)	δει	Part/A/Pres/N/Sg/Neut
δεσμοφυλακι	δεσμοφυλαξ	D/Sg
δεξαι	δεχομαι	Imp/Def/Ao/2/Sg
δεξαμεν-	δεχομαι	Part/Def/Aoristo
δεξασθαι	δεχομαι	Inf/Def/Ao
δεξασθε	δεχομαι	Imp/Def/Ao/2/Pl
δεξηται (δεξωνται)	δεχομαι	Sub/Def/Ao/3/Sg
δησαι	δεω	Inf/A/Ao
δησας (δησαντες)	δεω	Part/A/Ao/N/Sg/Mas
δησατε	δεω	Imp/A/Ao/2/Pl
δησῃ (δησῃς, δησητε)	δεω	Sub/A/Ao/3/Sg
δησουσιν	δεω	Ind/A/Fut/3/Pl
διαβας	διαβαινω	Part/A/Ao/N/Sg/Mas
διαβηναι	διαβαινω	Inf/A/Ao

διαγγελη	διαγγελλω	Sub/P/Ao/3/Sg
διαγενομεν-	διαγινομαι	Part/Def/Aoristo
διαγνωσομαι	διαγινωσκω	Ind/Def/Fut/1/Sg
διαδεξαμενοι	διαδεχομαι	Part/Def/Ao/N/Pl/Mas
διαδιδωσουσιν	διαδιδωμι	Ind/A/Fut/3/Pl
διαδος	διαδιδωμι	Imp/A/Ao/2/Sg
διαθεμενος (διαθεμενου)	διατιθημαι	Part/Def/Ao/N/Sg/Mas
διαθησομαι	διατιθημαι	Ind/Def/Fut/1/Sg
διαιρουν	διαιρεω	Part/A/Pres/N/Sg/Neut
διακαθαριει	διακαθαριζω	Ind/A/Fut/3/Sg
διακατηλεγχετο	διακαταλεγχομαι	Ind/Def/Imp/3/Sg
διακριθη (διακριθητε)	διακρινω	Sub/P/Ao/3/Sg
διαλλαγηθι	διαλλασσω	Imp/P/Ao/2/Sg
διαμεμενηκοτες	διαμενω	Part/A/Perf/N/Pl/Mas
διανοιχθητι	διανοιγω	Imp/P/Ao/2/Sg
διαπλευσαντες	διαπλεω	Part/A/Ao/N/Pl/Mas
διαῤῥηξας (διαῤῥηξαντες)	διαῤῥηγνυμι	Part/A/Ao/N/Sg/Mas
διαῤῥησσων	διαῤῥηγνυμι	Part/A/Pres/N/Sg/Mas
διασπαρεντες	διασπειρω	Part/P/Ao/N/Pl/Mas
διαστασης	διϊστημι	Part/A/Ao/G/Sg/Fem
διαστησαντες	διϊστημι	Part/A/Ao/N/Pl/Mas
διασωθ-	διασωζω	Aoristo/Pasivo
διαταγεις	διατασσω	Part/P/Ao/N/Sg/Mas
διαταξαμενος	διατασσω	Part/N/Ao/N/Sg/Mas
διαταξομαι	διατασσω	Ind/M/Fut/1/Sg
διαταχθεντα	διατασσω	Part/P/Ao/Ac/Pl/Neut
διατεταγμενον (-μενος)	διατασσω	Part/MP/Perf/Ac/Sg/Neut
διατεταχεναι	διατασσω	Inf/A/Perf
διατριψας	διατριβω	Part/A/Ao/N/Sg/Mas
διαφθειραι	διαφθειρω	Inf/A/Ao
διαφορωτερας (διαφορωτερον)	διαφορος	Comparativo/G/Sg
διαφυγοι	διαφευγω	Opt/A/Ao/3/Sg
διδαξαι	διδασκω	Inf/A/Ao
διδαξει	διδασκω	Ind/A/Fut/3/Sg
διδαξη	διδασκω	Sub/A/Ao/3/Sg
διδαξον	διδασκω	Imp/A/Ao/2/Sg
διδαξωσιν	διδασκω	Sub/A/Ao/3/Pl
διεβησαν	διαβαινω	Ind/A/Ao/3/Pl
διεβληθη	διαβαλλω	Ind/P/Ao/3/Sg

διεγερθεις	διεγειρω	Part/P/Ao/N/Sg/Mas
διεδιδοτο	διαδιδωμι	Ind/MP/Imp/3/Sg
διεδωκεν	διαδιδωμι	Ind/A/Ao/3/Sg
διεζωσατο	διαζωννυμι	Ind/M/Ao/3/Sg
διεζωσεν	διαζωννυμι	Ind/A/Ao/3/Sg
διεζωσμενος	διαζωννυμι	Part/MP/Perf/N/Sg/Mas
διεθετο	διατιθημαι	Ind/Def/Ao/3/Sg
διειλεν	διαιρεω	Ind/A/Ao/3/Sg
διεκριθη (διεκριθητε)	διακρινω	Ind/P/Ao/3/Sg
διελευσεται	διερχομαι	Ind/Def/Fut/3/Sg
διελεχθη (διελεχθησαν)	διαλεγομαι	Ind/Def/Ao/3/Sg
διεληλυθοτα	διερχομαι	Part/A/Perf/Ac/Sg/Mas
διελθ-	διερχομαι	Aoristo/Activo
διελιπεν	διαλειπω	Ind/A/Ao/3/Sg
διενεγκῃ	διαφερω	Sub/A/Ao/3/Sg
διεῤῥηγνυτο	διαῤῥηγνυμι	Ind/MP/Imp/3/Sg
διεῤῥηξεν	διαῤῥηγνυμι	Ind/A/Ao/3/Sg
διεσκορπισμενα	διασκορπιζω	Part/MP/Perf/Ac/Pl/Neut
διεσπαρησαν	διασπειρω	Ind/P/Ao/3/Pl
διεσπασθαι	διασπαω	Inf/MP/Perf
διεστειλαμεθα (διεστειλατο)	διαστελλομαι	Ind/Def/Ao/1/Pl
διεστη	διΐστημι	Ind/A/Ao/3/Sg
διεστραμμενα (-μενη, -μενης)	διαστρεφω	Part/MP/Perf/Ac/Pl/Neut
διεσωθησαν	διασωζω	Ind/P/Ao/3/Pl
διεταξα (διεταξεν)	διατασσω	Ind/A/Ao/1/Sg
διεταξαμην (διεταξατο)	διατασσω	Ind/M/Ao/1/Sg
διεταραχθη	διαταρσσω	Ind/P/Ao/3/Sg
διετους	διετης	G/Sg
διετριψαμεν (διετριψαν)	διατριβω	Ind/A/Ao/1/Pl
διεφθαρη	διαφθειρω	Ind/P/Ao/3/Sg
διεφθαρμενων	διαφθειρω	Part/MP/Perf/G/Pl/Mas
διηγειραν	διεγειρω	Ind/A/Ao/3/Pl
διηγειρετο	διεγειρω	Ind/P/Imp/3/Sg
διηγησαντο (διηγησατο)	διηγεομαι	Ind/Def/Ao/3/Pl
διηγησεται	διηγεομαι	Ind/Def/Fut/3/Sg
διηγησωνται	διηγεομαι	Sub/Def/Ao/3/Pl
διηγου	διηγεομαι	Imp/Def/Pres/2/Sg
διηγουμενον	διηγεομαι	Part/Def/Pres/Ac/Sg/Mas
διηκονει, διηκονουν	διακονεω	Ind/A/Imp/3/Sg - 3/Pl

διηκονησεν (διηκονησαμεν)	διακονεω	Ind/A/Ao/3/Sg
διηκονουν	διακονεω	Ind/A/Imp/3/Pl
διηλθεν (διηλθον)	διερχομαι	Ind/A/Ao/3/Sg
διηνοιξεν	διανοιγω	Ind/A/Ao/3/Sg
διηνοιχθησαν	διανοιγω	Ind/P/Ao/3/Pl
διηπορει (διηπορουν)	διαπορεω	Ind/A/Imp/3/Sg
διηρχετο (διερχοντο)	διερχομαι	Ind/Def/Imp/3/Sg
διορυγηναι	διορυσσω	Inf/P/Ao
διπλα	διπλους	Ac/Pl/Neut
διπλης	διπλους	G/Sg/Fem
διπλοτερον	διπλους	Comparativo/Ac/Sg
δοθειη	διδωμι	Opt/P/Ao/3/Sg
δοθεισαν (δοθεισα)	διδωμι	Part/P/Ao/Ac/Sg/Fem
δοθειση (δοθεισης)	διδωμι	Part/P/Ao/D/Sg/Fem
δοθεντος	διδωμι	Part/P/Ao/G/Sg/Neut
δοθῃ	διδωμι	Sub/P/Ao/3/Sg
δοθηναι	διδωμι	Inf/P/Ao
δοθησεται	διδωμι	Ind/P/Fut/3/Sg
δοντα (δοντος)	διδωμι	Part/A/Ao/Ac/Sg/Mas
δοξαντες	δοκεω	Part/A/Ao/N/Pl/Mas
δοξῃ (δοξῃς)	δοκεω	Sub/A/Ao/3/Sg (Sust. D/Sg)
δοξω	δοκεω	Sub/A/Ao/1/Sg
δος (δοτε, δοτω)	διδωμι	Imp/A/Ao/2/Sg
δουναι	διδωμι	Inf/A/Ao
δους	διδωμι	Part/A/Ao/N/Sg/Mas
δραμων	τρεχω	Part/A/Ao/N/Sg/Mas
δυναιμην (δυναιντο)	δυναμαι	Opt/Def/Ao/1/Sg
δυνῃ	δυναμαι	Ind/Def/Pres/2/Sg
δυνηθητε	δυναμαι	Sub/Def/Ao/2/Pl
δυνησ-	δυναμαι	Ind/Def/Fut/2/Sg
δυνηται (δυνωνται)	δυναμαι	Sub/Def/Pres/3/Sg
δυσι(ν)	δυο	D/Pl
δῳ (δῳς, δωμεν, δωτε, δωσιν)	διδωμι	Sub/A/Ao/3/Sg
δῳη	διδωμι	Opt/A/Ao/3/Sg
δωσει (δωσεις)	διδωμι	Ind/A/Fut/3/Sg
δωσῃ	διδωμι	Sub/A/Ao/3/Sg
δωσουσιν (δωσω)	διδωμι	Ind/A/Fut/3/Pl

Ε - ϵ

ἐβαλεν (ἐβαλον)	βαλλω	Ind/A/Ao/3/Sg
ἐβασκανεν	βασκαινω	Ind/A/Ao/1/Pl
ἐβαων	βοαω	Ind/A/Imp/3/Pl
ἐβδελυγμενοις	βδελυσσομαι	Part/Def/Perf/D/Pl/Mas
ἐβεβλητο	βαλλω	Ind/MP/Plusc/3/Sg
ἐβλαστησεν	βλαστενω	Ind/A/Ao/3/Sg
ἐβληθη (ἐβληθησαν)	βαλλω	Ind/P/Ao/3/Sg
ἐγγεγραμμενη	ἐγγραφω	Part/MP/Perf/N/Sg/Fem
ἐγγιει	ἐγγιζω	Ind/A/Fut/3/Sg
ἐγγυτερον	ἐγγυς	Comparativo/Ac/Sg
ἐγεγονει	γινομαι	Ind/Def/Plusc/3/Sg
ἐγειραι	ἐγειρω	Imp/M/Ao/2/Sg - Inf/A/Ao
ἐγειρας (ἐγειραντα, ἐγειραντος)	ἐγειρω	Part/A/Ao/N/Sg/Mas
ἐγεν-	γινομαι	Ind/Def/Aoristo
ἐγερει (ἐγερεις)	ἐγειρω	Ind/A/Fut/3/Sg
ἐγερθεις (ἐγερθεντι)	ἐγειρω	Part/P/Ao/N/Sg/Mas
ἐγερθῃ	ἐγειρω	Sub/P/Ao/3/Sg
ἐγερθηναι	ἐγειρω	Inf/P/Ao
ἐγερθησεται (ἐγερθησονται)	ἐγειρω	Ind/P/Fut/3/Sg
ἐγερθητι (ἐγερθητε)	ἐγειρω	Imp/P/Ao/2/Sg
ἐγερω	ἐγειρω	Ind/A/Fut/1/Sg
ἐγηγερμενον	ἐγειρω	Part/MP/Perf/Ac/Sg/Mas
ἐγηγερται	ἐγειρω	Ind/MP/Perf/3/Sg
ἐγημα	γαμεω	Ind/A/Ao/1/Sg
ἐγκαταλιπω	ἐγκαταλειπω	Sub/A/Ao/1/Sg
ἐγκατελιπεν (ἐγκατελιπες, ἐγακτελιπον)	ἐγκαταλειπω	Ind/A/Ao/3/Sg
ἐγνω	γινωσκω	Ind/A/Ao/3/Sg
ἐγνωκ-	γινωσκω	Ind/A/Perf
ἐγνωκειτε	γινωσκω	Ind/A/Plus/2/Pl
ἐγνωκοτες	γινωσκω	Part/A/Perf/N/Pl/Mas
ἐγνων (ἐγνως, ἐγνωσαν)	γινωσκω	Ind/A/Ao/1/Sg
ἐγνωσθη	γινωσκω	Ind/P/Ao/3/Sg

ἐγνωσται	γινωσκω	Ind/MP/Perf/3/Sg
ἐγραφη	γραφω	Ind/P/Ao/3/Sg
ἐδαφιουσιν	ἐδαφιζω	Ind/A/Fut/3/Pl
ἐδεετο	δεομαι	Ind/Def/Imp/3/Sg
ἐδεηθην (ἐδεηθη)	δεομαι	Ind/Def/Ao/1/Sg
ἐδει	δει	Ind/A/Impr/3/Sg
ἐδειξα (ἐδειξεν)	δεικνυμι	Ind/A/Ao/1/Sg
ἐδειραν	δερω	Ind/A/Ao/3/Pl
ἐδεξα-	δεχομαι	Ind/Aoristo
ἐδησεν (ἐδησαν)	δεω	Ind/A/Ao/3/Sg - 3/Pl
ἐδιδαξ-	διδασκω	Ind/A/Ao
ἐδιδαχθ-	διδασκω	Ind/P/Ao
ἐδοθη (ἐδοθησαν)	διδωμι	Ind/P/Ao/3/Sg
ἐδοξα (ἐδοξεν, ἐδοξαν)	δοκεω	Ind/A/Ao/1/Sg
ἐδουλιουσαν	δολιοω	Ind/A/Imp/3/Sg
ἐδραμεν (ἐδραμον)	τρεχω	Ind/A/Ao/3/Sg
ἐδυ	δυνω	Ind/A/Ao/3/Sg
ἐδωκ-	διδωμι	Ind/A/Ao
ἐζωγρημενοι	ζωγρεω	Part/MP/Perf/N/Pl/Mas
ζωγρων	ζωγρεω	Part/A/Pres/N/Sg/Mas
ἐζων	ζαω	Ind/A/Imp/1/Sg - 3/Pl
ἐθετο (ἐθεσθε, ἐθεντο)	τιθημι	Ind/M/Ao/3/Sg
ἐθηκ-	τιθημι	Ind/A/Ao
ἐθρεψσαμεν (ἐθρεψατε)	τρεφω	Ind/A/Ao/1/Pl
ἐθου	τιθημι	Ind/M/Ao/2/Sg
εἰα	ἐαω	Ind/A/Imp/3/Sg
εἰασεν (εἰασαν)	ἐαω	Ind/A/Ao/3/Sg - 3/Pl
εἰδε(ν)	ὁραω	Ind/A/Ao/3/Sg
εἰδεναι	οἰδα	Inf/A/Perf
εἰδες (εἰδετε)	ὁραω	Ind/A/Ao/2/Sg - Pl
εἰδης (εἰδητε)	οἰδα	Sub/A/Perf/2/Sg - 2/Pl
εἰδησουσιν	οἰδα	Ind/A/Fut/3/Pl
εἰδομεν (εἰδον)	ὁραω	Ind/A/Ao/1/Pl
εἰδοτες (εἰδοτι, εἰδοτα, εἰδοσιν, εἰδοτας)	οἰδα	Part/A/Perf/N/Pl/Mas
εἰδυια	οἰδα	Part/A/Perf/N/Sg/Fem
εἰδω (εἰδωμεν)	οἰδα	Sub/A/Perf/1/Sg - 1/Pl
εἰδως	οἰδα	Part/A/Perf/N/Sg/Mas
εἰη (εἰης)	εἰμι	Opt/A/Pres/3/Sg
εἰθισμενον	εἰθιζω	Part/MP/Perf/Ac/Sg/Neut
εἰλετο	αἱρεω	Ind/Def/Ao/3/Sg

εἰληφ-	λαμβανω	Perf/Activo
εἱλκον	ἑλκω	Ind/A/Imp/3/Pl
εἱλκυσεν (εἱλκυσαν)	ἑλκω	Ind/A/Ao/3/Sg
εἶναι	εἰμι	Inf/A/Pres
εἰξαμεν	εἰκω	Ind/A/Ao/1/Pl
εἰπ-	λεγω	Aoristo/Activo
εἰργαζετο	ἐργαζομαι	Ind/Def/Imp/3/Sg
εἰργασατο (-μεθα, -σαντο)	ἐργαζομαι	Ind/Def/Ao/3/Sg
εἰργασμενα	ἐργαζομαι	Part/Def/Perf/N/Pl/Neut
εἰρηκ-	λεγω	Perf/Activo
εἰρηκει	λεγω	Ind/A/Plusc/3/Sg
εἰρημενον	λεγω	Part/MP/Perf/N - Ac/Sg/Neut
εἰρηται	λεγω	Ind/MP/Perf/3/Sg
εἰσαγαγ-	εἰσαγω	Aoristo/Activo
εἰσδεξομαι	εἰσδεχομαι	Ind/Def/Fut/1/Sg
εἰσδραμουσα	εἰστρεχω	Part/A/Ao/N/Sg/Fem
εἰσελευσ-	εἰσερχομαι	Ind/Def/Fut
εἰσεληλυθ-	εἰσερχομαι	Ind/A/Perf
εἰσελθ-	εἰσερχομαι	Aoristo/Activo
εἰσενεγκειν	εἰσφερω	Inf/A/Ao
εἰσενεγκῃς (εἰσενεγκωσιν)	εἰσφερω	Sub/A/Ao/2/Sg
εἰσηγαγεν (εἰσηγαγον)	εἰσαγω	Ind/A/Ao/3/Sg
εἰσῃει	εἰσειμι	Ind/A/Plus/3/Sg
εἰσηλθ-	εἰσερχομαι	Ind/A/Ao
εἰσηνεγκαμεν	εἰσφερω	Ind/A/Ao/1/Pl
εἰσιασιν	εἰσειμι	Ind/A/Pres/3/Pl
εἰσιεναι	εἰσειμι	Inf/A/Pres
εἰσκαλεσαμενος	εἰσκαλεομαι	Part/Def/Ao/N/Sg/Mas
εἱστηκει (εἱστηκεισαν)	ἱστημι	Ind/A/Plusc/3/Sg
εἰχ-	ἐχω	Ind/A/Imperfecto
εἰων	ἐαω	Ind/A/Imp/3/Pl - 1/Sg
ἐκαλεσα (ἐκαλεσαν, ἐκαλεσεν)	καλεω	Ind/A/Ao/1/Sg
ἐκβαλ-	ἐκβαλλω	Aoristo/Activo
ἐκβαλουσιν	ἐκβαλλω	Ind/A/Fut/3/Pl
ἐκβεβληκει	ἐκβαλλω	Ind/A/Plusc/3/Sg
ἐκβληθεντος	ἐκβαλλω	Part/P/Ao/G/Sg/Neut
ἐκβληθησεται (ἐκβληθησονται)	ἐκβαλλω	Ind/P/Fut/3/Sg

ἐκδιηγηται	ἐκδιηγεομαι	Sub/Def/Pres/3/Sg
ἐκδιηγουμενοι	ἐκδιηγεομαι	Part/Def/Pres/N/Pl/Mas
ἐκδωσεται	ἐκδιδομαι	Ind/Def/Fut/3/Sg
ἐκεδοτο	ἐκδιδωμι	Ind/M/Ao/3/Sg
ἐκειτο	κειμαι	Ind/Def/Imp/3/Sg
ἐκερασεν	κεραννυμι	Ind/A/Ao/3/Sg
ἐκερδησα (-δησας, -δησεν)	κερδαινω	Ind/A/Ao/1/Sg
ἐκηρυχθη	κηρυσσω	Ind/P/Ao/3/Sg
ἐκκαθαρατε	ἐκκαθαιρω	Imp/A/Ao/2/Pl
ἐκκαθαρῃ	ἐκκαθαιρω	Sub/P/Ao/3/Sg
ἐκκεχυται	ἐκχυνω	Ind/P/Perf/3/Sg
ἐκμαξασα	εκμασσω	Part/A/Ao/N/Sg/Fem
ἐκχυθησεται	ἐκχυνω	Ind/P/Fut/3/Sg
ἐκλασα, (ἐκλασεν)	κλαω	Ind/A/Ao/1/Sg - 3/Sg
ἐκλαυσεν (ἐκλαυσατε)	κλαιω	Ind/A/Ao/3/Sg - 3/Pl
ἐκλελησθε	ἐκλανθανομαι	Ind/Def/Perf/2/Pl
ἐκλεξαμενος (ἐκλεξαμενους)	ἐκλεγομαι	Part/Def/Ao/N/Sg/Mas
ἐκληθη (ἐκληθης, ἐκληθητε)	καλεω	Ind/P/Ao/3/Sg
ἐκλιπητε	ἐκλειπω	Sub/A/Ao/2/Pl
ἐκμαξασα	ἐκμασσω	Part/A/Ao/N/Sg/Fem
ἐκκοπησῃ	ἐκκοπτω	Ind/P/Fut/2/Sg
ἐκκοψεις	ἐκκοπτω	Ind/A/Fut/2/Sg
ἐκκοψον	ἐκκοπτω	Imp/A/Ao/2/Sg
ἐκκοψω	ἐκκοπτω	Sub/A/Ao/1/Sg
ἐκοψασθε	κοπτω	Ind/M/Ao/2/Pl
ἐκπεμφθεντες	ἐκπεμπω	Part/P/Ao/N/Pl/Mas
ἐκπεπτωκας (ἐκπεπτωκεν)	ἐκπιπτω	Ind/A/Perf/2/Sg
ἐκπεσειν	εκπιπτω	Inf/A/Ao
ἐκπεσητε (ἐκπεσωσιν)	ἐκπιπτω	Sub/A/Ao/2/Pl
ἐκπεφευγεναι	ἐκφευγω	Inf/A/Perf
ἐκπλευσαι	ἐκπλεω	Inf/A/Ao
εκπληττεσθαι	ἐκπλησσομαι	Inf/Def/Pres
ἐκριζωθεντα	ἐκριζοω	Part/P/Ao/N - Ac/Pl/Neut
ἐκριζωθητι	ἐκριζοω	Imp/P/Ao/2/Sg
ἐκριζωσητε	ἐκριζοω	Sub/A/Ao/2/Pl
ἐκρυβη	κρυπτω	Ind/P/Ao3/Sg
ἐκτεθεντα	ἐκτιθημαι	Part/Def/Ao/Ac/Sg/Mas

ἐκτενεις	ἐκτεινω	Ind/A/Fut/2/Sg
ἐκτενεστερον	ἐκτενης	Comparativo/Ac/Sg
ἐκτησαμην (ἐκτησατο)	κταομαι	Ind/Def/Ao/1/Sg
ἐκτιναξαμενοι (-ξαμενος)	ἐκτινασσω	Part/M/Ao/N/Pl/Mas
ἐκτιναξατε	ἐκτινασσω	Imp/A/Ao/2/Pl
ἐκτραπῃ	ἐκτρεπω	Sub/Def/Ao/3/Sg
ἐκτραπησονται	ἐκτρεπω	Ind/Def/Fut/3/Pl
ἐκφευξῃ (ἐκφευξομεθα)	ἐκφευγω	Ind/M/Fut/2/Sg
ἐκφυγ-	ἐκφευγω	Aoristo/Activo
ἐκχεαι	ἐκχεω	Inf/A/Ao
ἐκχεατε	ἐκχεω	Imp/A/Ao/2/Pl
ἐκχειται	ἐκχεω	Ind/MP/Pres/3/Sg
ἐκχεῶ	ἐκχεω	Ind/A/Fut/1/Sg
ἐκχυθησεται	ἐκχυνω	Ind/P/Fut/3/Sg
ἐλαβ-	λαμβανω	Ind/Activo/Aoristo
ἐλαθεν (ἐλαθον)	λανθανω	Ind/A/Ao/3/Sg
ἐλασσω, ἐλασσονι	ἐλασσων	Ac/Sg/Mas, D/Sg
ἐλαττον	ἐλασσων	N/Sg/Neut
ἐλαχεν	λαγχανω	Ind/A/Ao/3/Sg
ἐλαχιστοτερῳ	ἐλαχιστος	Comparativo/D/Sg
ἐλεγξει	ἐλεγχω	Ind/A/Fut/3/Sg
ἐλεγξον	ἐλεγχω	Imp/A/Ao/2/Sg
ἐλεει	ἐλεος	D/Sg/Neut
ἐλεει	ἐλεεω	Ind/A/Pres/3/Sg
ἐλεεινοτερος	ἐλεεινος	Comparativo/N/Sg
ἐλεειτε	ἐλεεω	Ind/A/Pres/2/Pl
ἐλεηθεντες	ἐλεεω	Part/P/Ao/N/Pl/Mas
ἐλεηθησονται	ἐλεεω	Ind/P/Fut/3/Pl
ἐλεηθωσιν	ἐλεεω	Sub/P/Ao/3/Pl
ἐλεησαι	ἐλεεω	Inf/A/Ao
ἐλεησῃ	ἐλεεω	Sub/A/Ao/3/Sg
ἐλεησον	ἐλεεω	Imp/A/Ao/2/Sg
ἐλεησω	ἐλεεω	Ind/A/Fut/1/Sg
ἐλεον	ἐλεος	Ac/Sg/Mas
ἐλεουντος	ἐλεεω	Part/A/Pres/G/Sg/Mas
ἐλεους	ἐλεος	G/Sg/Neut
ἐλευκαναν	λευκαινω	Ind/A/Ao/3/Pl
ἐλευσ-	ἐρχομαι	Ind/Def/Futuro
ἐλεω	ἐλεεω	Sub/A/Pres/1/Sg
ἐλεων	ἐλεεω	Part/A/Pres/N/Sg/Mas

ἐληλακοτες	ἐλαυνω	Part/A/Perf/N/Pl/Mas
ἐληλυθ-	ἐρχομαι	Perfecto (Plusc)/Activo
ἐλθ-	ἐρχομαι	Aoristo/Activo
ἑλιξεις	ἑιλισσω	Ind/A/Fut/2/Sg
ἑλκυσαι	ἑλκω	Inf/A/Ao
ἑλκυσῃ	ἑλκω	Sub/A/Ao/3/Sg
ἑλκυσω	ἑλκω	Ind/A/Fut/1/Sg
Ἑλλην-	Ἑλλην	todos los casos
ἑλομενος	αἱρεω	Part/Def/Ao/N/Sg/Mas
ἐλπιδος, ἐλπιδι, ἐλπιδα	ἐλπις	G/Sg, D/Sg, Ac/Sg
ἐλπιουσιν	ἐλπιζω	Ind/A/Fut/3/Pl
ἐλυμαινετο	λυμαινομαι	Ind/Def/Imp/3/Sg
ἐμαθεν (ἐμαθες, ἐμαθετε)	μανθανω	Ind/A/Ao/3/Sg
ἐμαθον	μανθανω	Ind/A/Ao/1/Sg - 3/Pl
ἐμασσωντο	μασσαομαι	Ind/Def/Imp/3/Pl
ἐμβαλειν	ἐμβαλλω	Inf/A/Ao
ἐμβαντ-	ἐμβαινω	Part/Activo/Aoristo
ἐμβας	ἐμβαινω	Part/A/Ao/N/Sg/Mas
ἐμβαψας	ἐμβαπτω	Part/A/Ao/N/Sg/Mas
ἐμβηναι	ἐμβαινω	Inf/A/Ao
ἐμβριμωμενος	ἐμβρμαομαι	Part/Def/Pres/N/Sg/Mas
ἐμιξεν	μιγνυμι	Ind/A/Ao/3/Sg
ἐμνησθη (ἐμνηθην, ἐμνησθημεν, ἐμνησθησαν)	μιμνησκομαι	Ind/Def/Ao/3/Sg
ἐμου, ἐμοι, ἐμε	ἐγω	G/Sg, D/Sg, Ac/Sg
ἐμπαιξαι	ἐμπαιζω	Inf/A/Ao
ἐμπαιξας	ἐμπαιζω	Part/A/Ao/N/Sg/Mas
ἐμπαιξουσιν	ἐμπαιζω	Ind/A/Fut/3/Pl
ἐμπαιχθησεται	ἐμπαιζω	Ind/P/Fut/3/Sg
ἐμπεπλησμενοι	ἐμπιμπλημι	Part/MP/Perf/N/Pl/Mas
ἐμπεσειν	ἐμπιπτω	Inf/A/Ao
ἐμπεσειται	ἐμπιπτω	Ind/Def/Fut/3/Sg
ἐμπεσῃ	ἐμπιπτω	Sub/A/Ao/3/Sg
ἐμπεσοντος	ἐμπιπτω	Part/A/Ao/G/Sg/Mas
ἐμπιπλων	ἐμπιπλαω	Part/A/Pres/N/Sg/Mas
ἐμπλακεντες	ἐμπλεκομαι	Part/Def/Ao/N/Pl/Mas
ἐμπλησθω	ἐμπιμπλημι	Sub/P/Ao/1/Sg
ἐμωρανεν	μωραινω	Ind/A/Ao/3/Sg
ἐμωρανθησαν	μωραινω	Ind/P/Ao/3/Pl
ἑν	εἱς	N/Sg/Neut - Ac/Sg/Neut

ἑνα	εἱς	Ac/Sg/Mas
ἐνδεδυ-	ἐνδυω	Part/MP/Perf
ἐνδειξασθαι	ἐνδεικνυμι	Inf/Def/Ao
ἐνδειξασθε	ἐνδεικνυμι	Imp/Def/Ao/2/Pl
ἐνδειξωμαι (ἐνδειξηται)	ἐνδεικνυμι	Sub/Def/Ao/1/Sg
ἐνεβη (ἐνεβησαν)	ἐμβαινω	Ind/A/Ao/3/Sg
ἐνεβριμησατο	ἐμβριμαομαι	Ind/Def/Ao/3/Sg
ἐνεβριμωντο	ἐμβριμαομαι	Ind/Def/Imp/3/Pl
ἐνεγκας (ἐνεγκαντες)	φερω	Part/A/Ao/N/Sg/Mas
ἐνεγκατε	φερω	Imp/A/Ao/2/Pl
ἐνεδειξατο (ἐνεδειξασθε)	ἐνδεικνυμι	Ind/Def/Ao/3/Sg
ἐνειχεν	ἐνεχω	Ind/A/Imp/3/Sg
ἐνεκαλουν	ἐγκαλεω	Ind/A/Imp3/Pl
ἐνεκοπτομην	ἐγκοπτω	Ind/MP/Imp/1/Sg
ἐνεκοψεν	ἐγκοπτω	Ind/A/Ao/3/Sg
ἐνεκρυψεν	ἐγκρυπτω	Ind/A/Ao/3/Sg
ἐνεπαιζον	ἐπαιζω	Ind/A/Imp/1/Sg - 3/Pl
ἐνεπαιξαν	ἐμπαιζω	Ind/A/Ao/3/Pl
ἐνεπαιχθη	ἐμπαιζω	Ind/P/Ao/3/Sg
ἐνεπλησεν	ἐμπιμπλημι	Ind/A/Ao/3/Sg
ἐνεπλησθησαν	ἐμπιμπλημι	Ind/P/Ao/3/Pl
ἐνεπρησεν	ἐμπιμπρημι	Ind/A/Ao/3/Sg
ἐνεπτυον	ἐμπτυω	Ind/A/Imp/3/Pl - 1/Sg
ἐνεπτυσαν	ἐμπτυω	Ind/A/Ao/3/Pl
ἐνεστηκ-	ἐνιστημι	Perf/Activo
ἐνεστω-	ἐνιστημι	Part/Activo/Perf
ἐνετειλατο (ἐνετειλαμην)	ἐντελλομαι	Ind/Def/Ao/3/Sg
ἐνετυλιξεν	ἐντυλισσω	Ind/A/Aor/3/S/Sg
ἐνετυχον	ἐντυγχανω	Ind/A/Ao/3/Pl
ἐνεχθεισαν (ἐνεχθεισης)	φερω	Part/P/Ao/Ac/Sg/Fem
ἐνεχθηναι	φερω	Inf/P/Ao
ἐνθυμουμενου	ἐνθυμεομαι	Prt/Def/Pres/G/Sg/Mas
ἑνι	εἱς	D/Sg/Mas - D/Sg/Neut
ἐνοντα	ἐνειμι	Part/A/Pres/Ac/Pl/Neut
ἑνος	εἱς	G/Sg/Mas - G/Sg/Neut
ἐνστησονται	ἐνιστημι	Ind/M/Fut/3/Pl
ἐντειλαμενος	ἐντελλομαι	Part/Def/Ao/N/Sg/Mas
ἐντελειται	ἐντελλομαι	Ind/Def/Fut/3/Sg
ἐντεταλται	ἐντελλομαι	Ind/Def/Perf/3/Sg
ἐντετυλιγμενον	ἐντυλισσω	Part/MP/Perf/Ac/Sg/Neut
ἐντιμοτερος	ἐντιμος	Comparativo/N/Sg

ἐντραπῃ	ἐντρεπω	Sub/P/Ao/3/Sg
ἐντραπησονται	ἐντρεπω	Ind/P/Fut/3/Pl
ἐνυξεν	νυσσω	Ind/A/Ao/3/Sg
ἐνῳκησεν	ἐνοικεω	Ind/A/Ao/3/Sg
ἐξαγαγ-	ἐξαγω	Aoristo/Activo
ἐξαναστησῃ	ἐξανιστημι	Sub/A/Ao/3/Sg
ἐξανεστησαν	ἐξανιστημι	Ind/A/Ao/3/Pl
ἐξανετειλεν	ἐξανατελλω	Ind/A/Ao/3/Sg
ἐξαπεστειλεν (ἐξαπεστειλαν)	ἐξαποστελλω	Ind/A/Ao/3/Sg
ἐξαποστελω	ἐξαποστελλω	Ind/A/Fut/1/Sg
ἐξαρατε	ἐξαιρω	Imp/A/Ao/2/Pl
ἐξαρθῃ	ἐξαιρω	Sub/P/Ao/3/Sg
ἐξεβαλεν (-εβαλον, -εβαλομεν)	ἐκβαλλω	Ind/A/Ao/3/Sg
ἐξεβληθη	ἐκβαλλω	Ind/P/Ao/3/Sg
ἐξεγερει	ἐξεγειρω	Ind/A/Fut/3/Sg
ἐξεδετο	ἐκδιδομαι	Ind/Def/Ao/3/Sg
ἐξεδεχετο	ἐκδεχομαι	Ind/Def/Imp/3/Sg
ἐξεθεντο	ἐκτιθημαι	Ind/Def/Ao/3/Pl
ἐξει (ἐξεις, ἐξετε)	ἐχω	Ind/A/Fut/3/Sg
ἐξειλαμην (ἐξειλατο)	ἐξαιρεω	Ind/M/Ao/1/Sg
ἐξεκαυθησαν	ἐκκαιω	Ind/P/Ao/3/Pl
ἐξεκλασθησαν	ἐκκλαω	Ind/P/Ao/3/Pl
ἐξεκοπης	ἐκκοπτω	Ind/P/Ao/2/Sg
ἐξεκρεματο	ἐκκρεμαννυμι	Ind/MP/Imp/3/Sg
ἐξελε	ἐξαιρεω	Imp/A/Ao/2/Sg
ἐξελεγξαι	ἐξελεγχω	Inf/A/Ao
ἐξελεγοντο	ἐκλεγομαι	Ind/Def/Imp/3/Pl
ἐξελεξαμην (ἐξελεξατο, ἐξελεξασθε, εξελεξαντο)	ἐκλεγομαι	Ind/Def/Ao/1/Sg
ἐξελεξω	ἐκλεγομαι	Ind/Def/Ao/2/Sg
ἐξελεσθαι	ἐξαιρεω	Inf/M/Ao
ἐξελευσ-	ἐξερχομαι	Ind/Def/Fut
ἐξεληλυθ-	ἐξερχομαι	Ind/A/Perf (Plusc)
ἐξεληται	ἐξαιρεω	Sub/M/Ao/3/Sg
ἐξελθ-	ἐξερχομαι	Aoristo/Activo
ἐξελκομενος	ἐξελκω	Part/MP/Pres/N/Sg/Mas
ἐξεμαξεν	ἐκμασσω	Ind/A/Ao/3/Sg
ἐξεμασσεν	ἐκμασσω	Ind/A/Imp/3/Sg

εξενεγκ-	ἐκφερω	Aoristo/Activo
ἐξενευσεν	ἐκνευω	Ind/A/Ao/3/Sg
ἐξεπεσεν (ἐξεπεσατε, ἐξεπεσον)	ἐκπιπτω	Ind/A/Ao/3/Sg
ἐξεπετασα	ἐκπεταννυμι	Ind/A/Ao/1/Sg
ἐξεπλαγησαν	ἐκπλησσομαι	Ind/Def/Ao/3/Pl
ἐξεπλει	ἐκπλεω	Ind/A/Imp/3/Sg
ἐξεπλευσαμεν	ἐκπλεω	Ind/A/Ao/1/Pl
ἐξεπνευσεν	ἐκπνεω	Ind/A/Ao/3/Sg
ἐξεπτυσατε	ἐκπτυω	Ind/A/Ao/S/Pl
ἐξεστακεναι	ἐξιστημι	Inf/A/Perf
ἐξεστη (ἐξεστημεν, ἐξεστησαν)	ἐξιστημι	Ind/A/Ao/3/Sg
ἐξεστραπται	ἐκστρεφομαι	Ind/MP/Perf/3/Sg
ἐξετεινατε (ἐξετεινεν)	ἐκτεινω	Ind/A/Ao/2/Pl
ἐξετιθετο	ἐκτιθημαι	Ind/Def/Imp/3/Sg
ἐξετραπησαν	ἐκτρεπομαι	Ind/Def/Ao/3/Pl
ἐξεφυγον	ἐκφευγω	Ind/A/Ao/1/Sg - 3/Pl
ἐξεχεεν (ἐξεχεαν)	ἐκχεω	Ind/A/Ao/3/Sg - 3/Pl
ἐξεχειτο	ἐκχεω	Ind/MP/Imp/3/Sg
ἐξεχυθη (ἐξεχυθησαν)	ἐκχυνω	Ind/P/Ao/3/Sg
ἐξεψυξεν	ἐκψυχω	Ind/A/Ao/3/Sg
ἐξηγαγεν	ἐξαγω	Ind/A/Ao/3/Sg
ἐξηγειρα	ἐξεγειρω	Ind/A/Ao/1/Sg
ἐξηγειτο	ἐξηγεομαι	Ind/Def/Imp/3/Sg
ἐξηγησαμενος	ἐξηγεομαι	Part/Def/Ao/N/Sg/Mas
ἐξηγησατο	ἐξηγεομαι	Ind/Def/Ao/3/Sg
ἐξηγουμενων	ἐξηγεομαι	Part/Def/Pres/G/Pl/Mas
ἐξηγουντο	ἐξηγεομαι	Ind/Def/Imp/3/Pl
ἐξῃεσαν	ἐξειμι	Ind/A/Imp/3/Pl
ἐξηλθ-	ἐξερχομαι	Ind/A/Ao
ἐξηραμμενην	ξηραινω	Part/MP/Perf/Ac/Sg/Fem
ἐξηρανεν	ξηραινω	Ind/A/Ao/3/Sg
ἐξηρανθη	ξηραινω	Ind/P/Ao/3/Sg
ἐξηρανται	ξηραινω	Ind/MP/Perf/3/Sg
ἐξηρτισμενος	ἐξαρτιζω	Part/MP/Perf/N/Sg/Mas
ἐξηρχετο (ἐξηρχοντο)	ἐξερχομαι	Ind/Def/Imp/3/Sg
ἐξῃτησατο	ἐξαιτεομαι	Ind/Def/Ao/3/Sg
ἐξηχηται	ἐξηχεομαι	Ind/Def/Perf/3/Sg
ἐξιεναι	ἐξειμι	Inf/A/Pres
ἐξιοντων	ἐξειμι	Part/A/Ao/G/Pl/Mas

ἐξοισουσιν	ἐκφερω	Ind/A/Fut/3/Pl
ἐξον	ἐξεστιν	Part/A/PresN/Sg/Neut
ἐξορυξαντες	ἐξορυσσω	Part/A/Ao/N/Pl/Mas
ἑξουσιν	ἐχω	Ind/A/Fut/3/Pl
ἐξωμολογησεν	ἐξομολογεω	Ind/A/Ao/3/Sg
ἐξωσαι	ἐξωθεω	Inf/A/Ao
ἐξωσεν	ἐξωθεω	Ind/A/Ao/3/Sg
ἐοικεν	ἐοικα	Ind/A/Perf/3/Sg
ἐπαγαγειν	ἐπαγω	Inf/A/Ao
ἐπαθεν (ἐπαθετε, ἐπαθον)	πασχω	Ind/A/Ao/3/Sg
ἐπαναγαγ-	ἐπαναγω	Aoristo/Activo
ἐνπαναπαησεται	ἐπαναπαυομαι	Ind/Def/Fut/3/Sg
ἐπαναστησονται	ἐπανιστημι	Ind/M/Fut/3/Pl
ἐπανελθειν	ἐπανερχομαι	Inf/A/Ao
ἐπαξας	ἐπαγω	Part/A/Ao/N/Sg/Mas
ἐπαραι	ἐπαιρω	Inf/A/Ao
ἐπαρας (ἐπαραντες)	ἐπαιρω	Part/A/Ao/N/Sg/Mas
ἐπαρασα	ἐπαιρω	Part/A/Ao/N/Sg/Fem
ἐπαρατε	ἐπαιρω	Imp/A/Ao/2/Pl
ἐπαταξεν	πατασσω	Ind/A/Ao/3/Sg
ἐπεβαλεν (ἐπεβαλον)	ἐπιβαλλω	Ind/A/Ao/3/Sg
ἐπεβημεν (ἐπεβην)	ἐπιβαινω	Ind/A/Ao/1/Pl
ἐπεγεγραπτο	ἐπιγραφω	Ind/MP/Plusc/3/Sg
ἐπεγνωκεναι	ἐπιγινωσκω	Inf/A/Perf
ἐπεγνωκοσιν	ἐπιγινωσκω	Part/A/Perf/D/Pl/Mas
ἐπεγνωσαν	ἐπιγινωσκω	Ind/A/Ao/3/Pl
ἐπεγνωσθην	ἐπιγινωσκω	Ind/P/Ao/1/Sg
ἐπεγνωτε	ἐπιγινωσκω	Ind/A/Ao/2/Pl
ἐπεδειξεν	ἐπιδεικνυμι	Ind/A/Ao/3/Sg
ἐπεδιδου	ἐπιδιδωμι	Ind/A/Imp/3/Sg
ἐπεδοθη	ἐπιδιδωμι	Ind/P/Ao/3/Sg
ἐπεδωκαν	ἐπιδιδωμι	Ind/A/Ao/3/Pl
ἐπεθεντο	ἐπιτιθημι	Ind/M/Ao/3/Pl
ἐπεθηκαν (ἐπεθηκεν)	ἐπιτιθημι	Ind/A/Ao/3/Pl
ἐπειδεν	ἐφοραω	Ind/A/Ao/3/Sg
ἐπειρωντο (ἐπειρατο)	πειραομαι	Ind/Def/Imp/3/Pl
ἐπεισαν	πειθω	Ind/A/Ao/3/Pl
ἐπεισθησαν	πειθω	Ind/P/Ao/3/Pl
ἐπειχεν	ἐπεχω	Ind/A/Imp/3/Sg
ἐπεκειτο (ἐπεκειντο)	ἐπικειμαι	Ind/Def/Imp/3/Sg
ἐπεκεκλητο	ἐπικαλεω	Ind/MP/Plusc/3/Sg

ἐπεκληθη	ἐπικαλεω	Ind/P/Ao/3/Sg
ἐπελαβετο	ἐπιλαμβανομαι	Ind/Def/Ao/3/Sg
ἐπελαθετο (ἐπελαθοντο)	ἐπιλανθανομαι	Ind/Def/Ao/3/Sg
ἐπελευσεται	ἐπερχομαι	Ind/Def/Fut/3/Sg
ἐπελθ-	ἐπερχομαι	Aoristo/Activo
ἐπεμφθη	πεμπω	Ind/P/Ao/3/Sg
ἐπενεγκειν	ἐπιφερω	Inf/A/Ao
ἐπεπεσεν (ἐπεπεσον)	ἐπιπιπτω	Ind/A/Ao/3/Sg
ἐπεποιθει	πειθω	Ind/A/Plusc/3/Sg
ἐπεσα (ἐπεσεν, ἐπεσαν)	πιπτω	Ind/A/Ao/1/Sg
ἐπεσον	πιπτω	Ind/A/Ao2/1/Sg - 3/Pl
ἐπεστειλα (ἐπεστειλαμεν)	ἐπιστελλω	Ind/A/Ao/1/Sg
ἐπεστη (ἐπεστησαν)	ἐφιστημι	Ind/A/Ao/3/Sg
ἐπεστραφητε	ἐπιστρεφω	Ind/P/Ao/2/Pl
ἐπεσχεν	ἐπεχω	Ind/A/Ao/3/Sg
ἐπεταξας (ἐπεταξεν)	ἐπιτασσω	Ind/A/Ao/2/Sg
ἐπετιθουν	ἐπιτιθημι	Ind/A/Imp/3/Pl
ἐπετραπη	ἐπιτρεπω	Ind/P/Ao/3/Sg
ἐπετυχεν (ἐπετυχον)	ἐπιτυγχανω	Ind/A/Ao/3/Sg
ἐπεφανη	ἐπιφαινω	Ind/P/Ao/3/Sg
ἐπηγγειλατο (ἐπηγγειλαντο)	ἐπαγγελλομαι	Ind/Def/Ao/3/Sg
ἐπηγγελται	ἐπαγγελλομαι	Ind/Def/Perf/3/Sg
ἐπηγειραν	ἐπεγειρω	Ind/A/Ao/3/Pl
ἐπηκροωντο	ἐπακραομαι	Ind/Def/Imp/3/Pl
ἐπηλθον	ἐπερχομαι	Ind/A/Ao/3/Pl
ἐπηξεν	πηγνυμι	Ind/A/Ao/3/Sg
ἐπηραν (ἐπηρεν)	ἐπαιρω	Ind/A/Ao/3/Pl - 3/Sg
ἐπηρθη	ἐπαιρω	Ind/A/Ao/3/Sg
ἐπηρωτα	ἐπερωταω	Ind/A/Imp/3/Sg
ἐπηρωτησαν (ἐπηρωτησεν)	ἐπερωταω	Ind/A/Ao/3/Pl
ἐπηρωτων	ἐπερωταω	Ind/A/Imp/1/Sg - 3/Pl
ἐπῃσχυνθη	ἐπαισχυνομαι	Ind/Def/Ao/3/Sg
ἐπιβαλειν	ἐπιβαλλω	Inf/A/Ao
ἐπιβαλουσιν	ἐπιβαλλω	Ind/A/Fut/3/Pl
ἐπιβαλω	ἐπιβαλλω	Sub/A/Ao/1/Sg
ἐπιβαλων	ἐπιβαλλω	Part/A/Ao/N/Sg/Mas
ἐπιβαντες	ἐπιβαινω	Part/A/Ao/N/Pl/Mas
ἐπιβας	ἐπιβαινω	Part/A/Ao/N/Sg/Mas
ἐπιβεβηκως	ἐπιβαινω	Part/A/Perf/N/Sg/Mas

ἐπιγεγραμμενα (-μενη)	ἐπιγραφω	Part/MP/Perf/Ac/Pl/Neut
ἐπιγενομενου	ἐπιγινομαι	Part/Def/Ao/G/Sg/Mas
ἐπιγνους (-γνοντες, -οντων)	ἐπιγινωσκω	Part/A/Ao/N/Sg/Mas
ἐπιγνουσα	ἐπιγινωσκω	Part/A/Ao/N/Sg/Fem
ἐπιγνουσιν	ἐπιγινωσκω	Part/A/Ao/D/Pl/Mas
ἐπιγνῳ (ἐπιγνῳς)	ἐπιγινωσκω	Sub/A/Ao/3/Sg
ἐπιγνωναι	ἐπιγινωσκω	Inf/A/Ao
ἐπιγνωσομαι (-σεσθε)	ἐπιγινωσκω	Ind/Def/Fut/1/Sg
ἐπιδε	ἐφοραω	Imp/A/Ao/2/Sg
ἐπιδεικνυς	ἐπιδεικνυμι	Part/A/Pres/N/Sg/Mas
ἐπιδειξαι	ἐπιδεικνυμι	Inf/A/Ao
ἐπιδειξατε	ἐπιδεικνυμι	Imp/A/Ao/2/Pl
ἐπιδοντες	ἐπιδιδωμι	Part/A/Ao/N/Pl/Mas
ἐπιδωσει (ἐπιδωσω)	ἐπιδιδωμι	Ind/A/Fut/3/Sg
ἐπιεν	πινω	Ind/A/Ao/3/Sg
ἐπιθειναι	ἐπιτιθημι	Inf/A/Ao
ἐπιθεις (-θεντα, -θεντες, -θνετος)	ἐπιτιθημι	Part/A/Ao/N/Sg/Mas
ἐπιθες	ἐπιτιθημι	Imp/A/Ao/2/Sg
ἐπιθῃ (ἐπιθῃς)	ἐπιτιθημι	Sub/A/Ao/3/Sg
ἐπιθησει	ἐπιτιθημι	Ind/A/Fut/3/Sg
ἐπιθησεται	ἐπιτιθημι	Ind/M/Fut/3/Sg
ἐπιθησουσιν	ἐπιτιθημι	Ind/M/Fut/3/Pl
ἐπιθω	ἐπιτιθημι	Sub/A/Ao/1/Sg
ἐπικαλεσαμενος (-μενου)	ἐπικαλεω	Part/M/Ao/N/Sg/Mas
ἐπικαλεσασθαι	ἐπικαλεω	Inf/M/Ao
ἐπικαλεσηται	ἐπικαλεω	Sub/M/Ao/3/Sg
ἐπικαλεσονται	ἐπικαλεω	Ind/M/Fut/3/Pl
ἐπικεκλησαι (ἐπικεκληται)	ἐπικαλεω	Ind/MP/Perf/2/Sg
ἐπικληθεις (-κληθεν, -θεντα)	ἐπικαλεω	Part/P/Ao/N/Sg/Mas
ἐπικρανθη (ἐπικρανθησαν)	πικραινω	Ind/P/Ao/3/Sg
ἐπιλαβ-	ἐπιλαμβανω	Aoristo/Activo
ἐπιλαθεσθαι	ἐπιλανθανομαι	Inf/Def/Ao
ἐπιλελησμενον	ἐπιλανθανομαι	Part/Def/Perf/N/Sg/Neut
ἐπιλεξαμενος	ἐπιλεγω	Part/M/Ao/N/Sg/Mas
ἐπιον (ἐπιομεν)	πινω	Ind/A/Ao/3/Pl
ἐπιουσῃ	ἐπειμι	Part/A/Pres/D/Sg/Fem

ἐπιπεπτωκος	ἐπιπιπτω	Part/A/Perf/N/Sg/Neut
ἐπιπεσων (ἐπιπεσοντες)	ἐπιπιπτω	Part/A/Ao/N/Sg/Mas
ἐπιπληξῃς	ἐπιπλησσω	Sub/A/Ao/2/Sg
ἐπιῤῥιψαντες	ἐπιῤῥιπτω	Part/A/Ao/N/Pl/Mas
ἐπισπασθω	ἐπισπαω	Imp/MP/Pres/3/Sg
ἐπισταμενος	ἐπισταμαι	Part/Def/Pres/N/Sg/Mas
ἐπισταντες	ἐφιστημι	Part/A/Ao/N/Pl/Mas
ἐπιστας, ἐπιστασα	ἐφιστημι	Part/A/Ao/N/Sg/Mas - Fem
ἐπιστειλαι	ἐπιστελλω	Inf/A/Ao
ἐπιστῃ	ἐφιστημι	Sub/A/Ao/3/Sg
ἐπιστηθι	ἐφιστημι	Imp/A/Ao/2/Sg
ἐπιστραφεις	ἐπιστρεφω	Part/P/Ao/N/Sg/Mas
ἐπιστραφητω	ἐπιστρεφω	Imp/P/Ao/3/Sg
ἐπιστραφωσιν	ἐπιστρεφω	Sub/P/Ao/3/Pl
ἐπισυναγαγειν	ἐπισυναγω	Inf/A/Ao
ἐπισυναξαι	ἐπισυναγω	Inf/A/Ao
ἐπισυναξει (ἐπισυναξουσιν)	ἐπισυναγω	Ind/A/Fut/3/Sg
ἐπισυναχθεισων	ἐπισυναγω	Part/P/Ao/G/Pl/Fem
ἐπισυνηγμενη	ἐπισυναγω	Part/MP/Perf/N/Sg/Fem
ἐπιταξῃ	ἐπιτασσω	Sub/A/Ao/3/Sg
ἐπιτεθῃ	ἐπιτιθημι	Ind/P/Ao/3/Sg
ἐπιτελει-	ἐπιτελεω	Pres/MP
ἐπιτετραπται	ἐπιτρεπω	Ind/MP/Perf/3/Sg
ἐπιτυχειν	ἐπιτυγχανω	Inf/A/Ao
ἐπιφαναι	ἐπιφαινω	Inf/A/Ao
ἐπιφαυσει	ἐπιφαυσκω	Ind/A/Fut/3/Sg
ἐπλασθη	πλασσω	Ind/P/Ao/3/Sg
ἐπληγη	πλησσω	Ind/P/Ao/3/Sg
ἐπλησαν	πιμπλημι	Ind/A/Ao/3/Pl
ἐπλησθη (ἐπλησθησαν)	πιμπλημι	Ind/P/Ao/3/Sg
ἐπνευσαν	πνεω	Ind/A/Ao/3/Pl
ἐπορθουν	πορθεω	Ind/A/Imp/1/Pl - 3/Sg
ἐπραθη	πιπρασκω	Ind/P/Ao/3/Sg
ἐπραξ-	πρασσω	Ind/Activo/Aoristo
ἐπρισθησαν	πριζω	Ind/P/Ao/3/Pl
ἐπυθετο	πυνθανομαι	Ind/Def/Ao/3/Sg
ἐρεις	ἐρις	N/Pl
ἐρεις (ἐρει, ἐρειτε)	λεγω	Ind/A/Fut/3/Sg
ἐρεισασα	ἐρειδω	Part/A/Ao/N/Sg/Fem
ἐρευξομαι	ἐρευγομαι	Ind/Def/Fut/1/Sg

ἐριδος, ἐριδι, ἐριδες	ἐρις	G/Sg, D/Sg, N/Pl
ἐριν	ἐρις	Ac/Sg
ἐρουμεν (ἐρουσιν)	λεγω	Ind/A/Fut/1/Pl
ἐῤῥαβδισθην	ῥαβδιζω	Ind/P/Ao/1/Sg
ἐρραντισεν	ῥαντιζω	Ind/A/Ao/3/Sg
ἐρραντισμενοι	ῥαντιζω	Part/MP/Perf/N/Pl/Mas
ἐῤῥαπισαν	ῥαπιζω	Ind/A/Ao/3/Pl
ἐῤῥεθη	λεγω	Ind/P/Ao/3/Sg
ἐῤῥηθη (ἐῤῥηθησαν)	λεγω	Ind/P/Ao/3/Sg
ἐῤῥηξεν	ῥηγνυμι	Ind/A/Ao/3/Sg
ἐρριζωμενοι	ῥιζοομαι	Part/Def/Perf/N/Pl/Mas
ἐρριμμενοι	ῥιπτω	Part/MP/Perf/N/Pl/Mas
ἐρριπται	ῥιπτω	Ind/MP/Perf/3/Sg
ἐρριψαμεν (ἐρριψαν)	ῥιπτω	Ind/A/Ao/1/Pl - 3/Pl
ἐρρυσατο	ῥυομαι	Ind/Def/Ao/3/Sg
ἐρρυσθην	ῥυομαι	Ind/Def/Ao/1/Sg
ἐῤῥωσο (ἐῤῥωσθε)	ῥωννυμαι	Imp/Def/Perf/2/Sg
ἐρω	λεγω	Ind/A/Fut/1/Sg
ἐσβεσαν	σβεννυμι	Ind/A/Ao/3/Pl
ἐσεισθη (ἐσεισθησαν)	σειω	Ind/P/Ao/3/Sg - 3/Pl
ἐσεσθαι	εἰμι	Inf/Def/Fut
ἐσημανεν	σημαινω	Ind/A/Ao/3/Sg
ἐσθητα, ἐσθητι	ἐσθης	Ac/Sg, D/Sg
ἐσκοτισμενοι	σκοτιζομαι	Part/Def/Perf/N/Pl/Mas
ἐσμυρνισμενον	σμυρνιζω	Part/MP/Perf/Ac/Sg/Mas
ἐσομενον	εἰμι	Part/Def/Fut/Ac/Sg/Neut
ἐσπαραξεν	σπαρασσω	Ind/A/Ao/3/Sg
ἐσπαργανωμενον	σπαργανοω	Part/MP/Per/Ac/Sg/Neut
ἐσπαρμενον	σπειρω	Part/MP/Perf/Ac/Sg/Neut
ἐσπιλωμενον	σπιλοω	Part/MP/Perf/Ac/Sg/Mas
ἐσταθην (ἐσταθη)	ἱστημι	Ind/P/Ao/1/Sg
ἐσταναι	ἱστημι	Inf/A/Perf
ἐστεναξεν	στεναζω	Ind/A/Ao/3/Sg
ἐστη	ἱστημι	Ind/A/Ao/3/Sg
ἐστηκ-	ἱστημι	Perf/Activo
ἐστηριγμενους	στηριζω	Part/MP/Perf/Ac/Pl/Mas
ἐστηρικται	στηριζω	Ind/MP/Perf/3/Sg
ἐστησεν (ἐστησαν)	ἱστημι	Ind/A/Ao/3/Sg
ἐστος	ἱστημι	Part/A/Perf/Ac/Sg/Neut
ἐστραφη (ἐστραφησαν)	στρεφω	Ind/P/Ao/3/Sg - 3/Pl
ἐστρωμενον	στρωννυμι	Part/MP/Perf/Ac/Sg/Neut

ἐστρωσαν	στρωννυμι	Ind/A/Ao/3/Pl
ἐστω (ἐστωσαν)	εἰμι	Imp/A/Pres/3/Sg
ἑστωσ-	ἱστημι	Part/Perf/Activo
ἑστωτ-	ἱστημι	Part/Perf/Activo
ἐσφαγης	σφαζω	Ind/P/Ao/2/Sg
ἐσφαγμεν-	σφαζω	Part/MP/Perf
ἐσφαξεν	σφαζω	Ind/A/Ao/3/Sg
ἐσχεν (ἐσχες, ἐσχον)	ἐχω	Ind/A/Ao/3/Sg
ἐσχηκα (ἐσχηκεν, ἐσχηκαμεν)	ἐχω	Ind/A/Perf/1/Sg
ἐσχηκοτα	ἐχω	Part/A/Perf/Ac/Sg/Mas
ἐταξαν	τασσω	Ind/A/Ao/3/Pl
ἐταξατο	τασσω	Ind/M/Ao/3/Sg
ἐταραξαν (ἐταραξεν)	ταρασσω	Ind/A/Ao/3/Pl
ἐταραχθη (ἐταραχθησαν)	ταρασσω	Ind/P/Ao/3/Sg
ἐταφη	θαπτω	Ind/P/Ao/3/Sg
ἐτεθην (ἐτεθη, ἐτεθησαν)	τιθημι	Ind/P/Ao/1/Sg
ἐτεθνηκει	θνησκω	Ind/A/Plusc/3/Sg
ἐτει	ἐτος	D/Sg
ἐτεκεν	τικτω	Ind/A/Ao/3/Sg
ἐτεσιν	ἐτος	D/Pl
ἐτεχθη	τικτω	Ind/P/Ao/3/Sg
ἐτη (ἐτων)	ἐτος	N - Ac/Pl/Neut
εὐγενεστεροι	εὐγενης	Comparativo/N/Pl
εὐθεια, εὐθειας (εὐθυιαν)	εὐθυς	N/Sg/Fem, Ac/Pl/Fem
εὐηγγελισμενοι	εὐαγγελιζομαι	Part/Def/Perf/N/Pl/Mas
εὐξαιμην	εὐχομαι	Opt/Def/Ao/1/Sg
εὑραμενος	εὑρισκω	Part/M/Ao/N/Sg/Mas
εὑρεθ-	εὑρισκω	Aoristo/Pasivo
εὑρεθησομεθα	εὑρισκω	Ind/P/Fut/1/Pl
εὑρειν	εὑρισκω	Inf/A/Ao
εὑρες (εὑρεν)	εὑρισκω	Ind/A/Ao/2/Sg
εὑρῃ	εὑρισκω	Sub/A/Ao/3/Sg
εὑρηκα (εὑρηκαμεν)	εὑρισκω	Ind/A/Perf/1/Sg
εὑρηκεναι	εὑρισκω	Inf/A/Perf
εὑρησει (εὑρησεις, εὑρησετε)	εὑρισκω	Ind/A/Fut/3/Sg
εὑρῃς	εὑρισκω	Sub/A/Ao/2/Sg
εὑρησομεν (εὑρησουσιν)	εὑρισκω	Ind/A/Fut/1/Pl
εὑρητε	εὑρισκω	Sub/A/Ao/2/Pl
εὑροιεν	εὑρισκω	Opt/A/Ao/3/Sg

εὑρομεν (εὑρον)	εὑρισκω	Ind/A/Ao/1/Pl
εὑροντες	εὑρισκω	Part/A/Ao/N/Pl/Mas
εὑρουσα (εὑρουσαι)	εὑρισκω	Part/A/Ao/N/Sg/Fem
εὑρω (εὑρωμεν, εὑρωσιν)	εὑρισκω	Sub/A/Ao/1/Sg
εὑρων	εὑρισκω	Part/A/Ao/N/Sg/Mas
εὐφρανθη	εὐφραινω	Ind/P/Ao/3/Sg
εὐφρανθηναι	εὐφραινω	Inf/P/Ao
εὐφρανθησονται	εὐφραινω	Ind/P/Fut/3/Pl
εὐφρανθητι (εὐφρανθητε)	εὐφραινω	Imp/P/Ao/2/Sg
εὐφρφανθω (εὐφρανθωμεν)	εὐφραινω	Sub/P/Ao/1/Sg
ἐφαγεν (ἐφαγετε, ἐφαγομεν, ἐφαγον)	ἐσθιω	Ind/A/Ao/3/Sg
ἐφανη (ἐφανησαν)	φαινω	Ind/P/Ao/3/Sg
ἐφεισατο	φειδομαι	Ind/Def/Ao/3/Sg
ἐφεστ-	ἐφιστημι	Perf/Activo
ἐφη	φημι	Ind/A/Imp/3/Sg
εφθασεν (ἐφθασαμεν)	φθανω	Ind/A/Ao/3/Sg
ἐφθειραμεν	φθειρω	Ind/A/Ao/1/Pl
ἐφθειρεν	φθειρω	Ind/A/Imp/3/Sg
ἐφικεσθαι	ἐφικνεομαι	Inf/Def/Ao
ἐφραξαν	φρασσω	Ind/A/Ao/3/Pl
ἐφρυαξαν	φρυασσω	Ind/A/Ao/3/Pl
ἐφυγον (ἐφυγεν)	φευγω	Ind/A/Ao/1/Sg - 3/Pl
ἐφυλαξ-	φυλασσω	Ind/Aoristo
ἐχαρ-	χαιρω	Ind/P/Ao
ἐχοι, ἐχοιεν	ἐχω	Opt/A/Pres/3/Sg - 3/Pl
ἐχρωντο	χραομαι	Ind/Def/Imp/3/Pl - 1/Pl
ἐψευσω	ψευδομαι	Ind/Def/Ao/2/Sg
ἑωρακ-	ὁραω	Perf/Activo
ἑωρακει	ὁραω	Ind/A/Plusc/3/Sg
ἑωρων	ὁραω	Ind/A/Imp/3/Pl

Z - ζ

ζῃ (ζῃς)	ζαω	Ind/A/Pres/3/Sg
ζῆν	ζαω	Inf/A/Pres
ζησασα	ζαω	Part/A/Ao/N/Sg/Fem
ζῶ, (ζῶμεν, ζῶσιν)	ζαω	Ind/A/Pres/1/Sg
ζῶν (ζωντα, ζωντι, ζωντες, ετχ)	ζαω	Part/A/Pres/N/Sg/Mas
ζῶσα (ζωσαν, ζωσας)	ζαω	Part/A/Pres/N/Sg/Fem
ζωσει	ζωννυμι	Ind/A/Fut/3/Sg

Η - η

ᾖ	εἰμι	Sub/A/Pres/3/Sg
ἥ	ὅς	N/Sg/Fem (Pron. Rel.)
ᾗ	ὅς	D/Sg/Fem (Pron. Rel.)
ἤ		significa "o"
ἦ		significa "verdaderamente"
ἠβουληθην	βουλομαι	Ind/Def/Ao/1/Sg
ἠγαγεν (ἠγαγετε, ἠγαγον)	ἀγω	Ind/A/Ao/3/Sg
ἡγεισθαι	ἡγεομαι	Inf/Def/Pres
ἡγεισθωσαν (ἡγεισθε)	ἡγεομαι	Imp/Def/3/Pl
ἤγγικεν	ἐγγιζω	Ind/A/Perf/3/Sg
ἤγειραν (ἤγειρεν)	ἐγειρω	Ind/A/Ao/3/Pl
ἡγεμον-	ἡγεμων	todos los casos
ἠγερθη (ἠγερθησαν)	ἐγειρω	Ind/P/Ao/3/Sg
ἤγετο (ἤγεσθε, ἤγοντο)	ἀγω	Ind/MP/Imp/3/Sg
ἥγημαι	ἡγεομαι	Ind/Def/Perf/1/Sg
ἡγησαμενος	ἡγεομαι	Part/Def/Ao/N/Sg/Mas
ἡγησαμην (ἡγησατο)	ἡγεομαι	Ind/Def/Ao/1/Sg
ἡγησασθε	ἡγεομαι	Imp/Def/Ao/2/Pl
ἡγιασμεν-	ἁγιαζω	Part/MP/Perf
ἡγιασται	ἁγιαζω	Ind/MP/Perf/3/Sg
ἠγορασμενοι	ἀγοραζω	Part/MP/Perf/N/Pl/Mas
ἡγουμαι	ἡγεομαι	Ind/Def/Pres/1/Sg
ἡγουμεν-	ἡγεομαι	Part/Def/Pres
ἡγουνται	ἡγεομαι	Ind/Def/Pres/3/Pl
ᾔδει	οἰδα	Ind/A/Plusc/3/Sg
ᾔδειν	οἰδα	Ind/A/Plusc/1/Sg
ᾔδεις (ᾔδεισαν)	οἰδα	Ind/A/Plusc/2/Sg
ᾔδειτε	οἰδα	Ind/A/Plusc/2/Pl
ἠδυνατο (ἠδυνασθε, ἠδυναντο)	δυναμαι	Ind/Def/Imp/3/Sg
ἠδυνηθη-	δυναμαι	Ind/Def/Ao/1/Sg
ἤθελεν (ἤθελες)	θελω	Ind/A/Imp/3/Sg
ἠθελησ-	θελω	Ind/A/Ao/1/Sg
ἤθελον	θελω	Ind/A/Imp/1/Sg - 3/Pl
ἥκασιν	ἡκω	Ind/A/Perf/3/Pl

ἡκον	ἡκω	Ind/A/Imp/3/Pl
ἠλεηθημεν (-θην, -θητε)	ἐλεεω	Ind/P/Ao/1/Pl
ἠλεημενοι (ἠλεημενος)	ἐλεεω	Part/MP/Perf/N/Pl/Mas
ἠλεησα (ἠλεησεν)	ἐλεεω	Ind/A/Ao/1/Sg
ἠλθ-	ἐρχομαι	Ind/A/Aoristo
ἡλκωμενος	ἑλκοω	Part/MP/Perf/N/Sg/Mas
ἠλλαξαν	ἀλλασσω	Ind/A/Ao/3/Pl
ἡλλετο	ἁλλομαι	Ind/Def/Imp/3/Sg
ἠλπικαμεν (ἠλπικατε, ἠλπικεν)	ἐλπιζω	Ind/A/Perf/1/Pl
ἠλπικεναι	ἐλπιζω	Inf/A/Perf
ἠλπικοτες	ἐλπιζω	Part/A/Perf/N/Pl/Mas
ἠλπισαμεν	ἐλπιζω	Ind/A/Ao/1/Pl
ἡμαρτεν (ἡμαρτες, ἡμαρτον)	ἁμαρτανω	Ind/A/Ao/3/Sg
ἡμαρτηκαμεν	ἁμαρτανω	Ind/A/Perf/1/Pl
ἡμεις, ἡμων, ἡμιν, ἡμας	ἐγω	Pron. Personal 1/Pl
ἡμην (ἦμεν, ἦσαν)	εἰμι	Ind/A/Imp/1/Sg
ἠμφιεσμενον	ἀμφιεννυμι	Part/MP/Perf/Ac/Sg/Mas
ἥν	ὅς	Ac/Sg/Fem (Pron. Rel.)
ἦν	εἰμι	Ind/A/Imp/3/Sg
ἠνεγκεν (ἠνεγκα, ἠνεγκαν)	φερω	Ind/A/Ao/3/Sg
ἠνειχεσθε	ἀνεχομαι	Ind/Def/Imp/2/Pl
ἠνεσχομην	ἀνεχομαι	Ind/Def/Ao/1/Sg
ἠνεχθη	φερω	Ind/P/Ao/3/Sg
ἠνεῳγμενη (ἠνεῳγμενον)	ἀνοιγω	Part/MP/Perf/N/Sg/Fem
ἠνεῳχθη (ἠνεῳχθησαν)	ἀνοιγω	Ind/P/Ao/3/Sg - 3/Pl
ἠνοιγη	ἀνοιγω	Ind/P/Ao/3/Sg
ἠνοιξεν	ἀνοιγω	Ind/A/Ao/3/Sg
ἠνοιχθη	ἀνοιγω	Ind/P/Ao/3/Sg
ἠντληκοτες	ἀντλεω	Part/A/Perf/N/Pl/Mas
ἡξει (ἡξουσιν)	ἡκω	Ind/A/Fut/3/Sg
ἡξῃ (ἡξωσιν)	ἡκω	Sub/A/Ao/3/Sg
ἡξω	ἡκω	Ind/A/Fut/1/Sg - Sub/A/Ao
ἡπτοντο	ἁπτω	Ind/M/Imp/3/Pl
ἠραν (ἠρεν, ἠρατε)	αἰρω	Ind/A/Ao/3/Pl
ἠρεσεν	ἀρεσκω	Ind/A/Ao/3/Sg
ἠρθη	αἰρω	Ind/P/Ao/3/Sg
ἠρκεν	αἰρω	Ind/A/Perf/3/Sg
ἠρμενον	αἰρω	Part/MP/Perf/Ac/Sg/Mas

ἡρπαγη	ἁρπαζω	Ind/P/Ao/3/Sg
ἠρχου (ἠρχετο, ἠρχοντο)	ἐρχομαι	Ind/Def/Imp/2/Sg
ἦς	εἰμι	Ind/A/Imp/2/Sg
ἧς	ὅς	G/Sg/Fem (Pron. Rel.)
ᾖς	εἰμι	Sub/A/Pres/2/Sg
ἦσθα	εἰμι	Ind/A/Imp/2/Sg
ἤσθιον	ἐσθιω	Ind/A/Imp/1/Sg - 3/Pl
ἦτε	εἰμι	Ind/A/Imp/2/Pl - Sub/A/ Pres/2/Pl
ἥτις	ὅστις	N/Sg/Fem
ἡτοιμασμεν-	ἑτοιμαζω	Part/MP/Perf
ἡτοιμασται	ἑτοιμαζω	Ind/MP/Perf/3/Sg
ἡττηθητε	ἡτταομαι	Ind/Def/Ao/2/Pl
ἡττηται	ἡτταομαι	Ind/Def/Perf/3/Sg
ἡττωνται	ἡτταομαι	Ind/Def/Pres/3/Pl
ἤτω	εἰμι	Imp/A/Pres/3/Sg
ηὔξανεν	αὐξανω	Ind/A/Imp/3/Sg
ηὔξησεν	αὐξανω	Ind/A/Ao/3/Sg
ηὐλισθη	αὐλιζομαι	Ind/Def/Ao/3/Sg
ἤφιεν	ἀφιημι	Ind/A/Imp/3/Sg
ἤχθη	ἀγω	Ind/P/Ao/3/Sg
ἠχουσης	ἠχεω	Part/A/Pres/G/Sg/Fem
ἠχων	ἠχεω	Part/A/Pres/N/Sg/Mas
ἥψατο (ἥψαντο)	ἁπτω	Ind/M/Ao/3/Sg - 3/Pl

Θ - θ

θειναι	τιθημι	Inf/A/Ao
θεις (θενος, θεντες)	τιθημι	Part/A/Ao/N/Sg/Mas
θεμενος	τιθημι	Part/M/Ao/N/Sg/Mas
θεσθε	τιθημι	Imp/M/Ao/2/Pl
θῃ	τιθημι	Sub/A/Ao/3/Sg
θηλειαι (θηλειας)	θηλυς	N/Pl/Fem
θηλυ	θηλυς	N - Ac/Sg/Neut
θησει (θησεις)	τιθημι	Ind/A/Fut/3/Sg
θησω	τιθημι	Ind/A/Fut/1/Sg - Sub/A/Ao/1/Sg
θιγῃ (θιγῃς)	θιγγανω	Sub/A/Ao/3/Sg
θριξιν	θριξ	D/Pl
θυριδος	θυρις	G/Sg
θω	τιθημι	Sub/A/Ao/1/Sg
θωρακα, θωρακας	θωραξ	Ac/Sg, Ac/Pl

Ι - ι

ἰαθεις (ἰαθεντος)	ἰαομαι	Part/Def/Ao/N/Sg/Mas
ἰαθη (ἰαθητε)	ἰαομαι	Ind/Def/Ao/3/Sg
ἰαθῃ (ἰαθῆτε)	ἰαομαι	Sub/Df/Ao/3/Sg
ἰαθηναι	ἰαομαι	Inf/Def/Ao
ἰαθησεται	ἰαομαι	Ind/Def/Fut/3/Sg
ἰασασθαι	ἰαομαι	Inf/Def/Ao
ἰασατο	ἰαομαι	Ind/Def/Ao/3/Sg
ἰασηται	ἰαομαι	Sub/Def/Ao/3/Sg
ἰασθαι	ἰαομαι	Inf/Def/Pres
ἰασπιδι	ἰασπις	D/Sg
ἰασωμαι	ἰαομαι	Sub/Def/Ao/1/Sg
ἰαται	ἰαομαι	Ind/Def/Pres/3/Sg - Perf/3/Sg
ἰατο	ἰαομαι	Ind/Def/Imp/3/Sg
ἰδ-	ὁραω	Aoristo/Activo
Ιησου	Ιησους	G/Sg - D/Sg - V/Sg
Ιησουν	Ιησους	Ac/Sg
ἰκμαδα	ἰκμας	Ac/Sg
ἱλασθητι	ἱλασκομαι	Imp/Def/Ao/2/Sg
ἱμαντα , ἱμασιν	ἱμας	A/Sg, D/Pl
ἰσασιν	οἰδα	Ind/A/Pres/3/Pl
ἰσθι	εἰμι	Imp/A/Pres/2/Sg
ἰστε	οἰδα	Ind/A/Pres/2/Pl
ἰσχυροτεροι (ἰσχυροτερον)	ἰσχυρος	Comparativo/N/Pl
ἰχθυας (ἰχθυες, ἰχθυων, ἰχθυν, ἰχθυος)	ἰχθυς	Ac/Pl
ἰωμενος	ἰαομαι	Part/Def/Pres/N/Sg/Mas

Κ - κ

καθαριει	καθαριζω	Ind/A/Fut/3/Sg
καθηκαν	καθιημι	Ind/A/Ao/3/Pl
καθηκον (καθηκοντα)	καθηκω	Part/A/Pres/N - A/Sg/Neut
καθηψεν	καθαπτω	Ind/A/Ao/3/Sg
καθειλεν	καθαιρεω	Ind/A/Ao/3/Sg
καθελειν	καθαιρεω	Inf/A/Ao
καθελω	καθαιρεω	Ind/A/Fut/1/Sg
καθελων (καθελοντες)	καθαιρεω	Part/A/Ao/N/Sg/Mas
καθῃ	καθημαι	Ind/Def/Pres/2/Sg
καθηκαν	καθἰημι	Ind/A/Ao/3/Pl
καθηκον (καθηκοντα)	καθηκω	Part/A/Pres/N - Ac/Sg/Neut
καθιεμενην (καθιεμενον)	καθιημι	Part/MP/Pres/Ac/Sg/Fem
καθου	καθημαι	Imp/Def/Pres/2/Sg
καινοτερον	καινος	Comparativo/N - A/Sg/Neut
καλεσα-	καλεω	Aoristo
καλεσεις (καλεσω, καλεσουσιν)	καλεω	Ind/A/Fut/2/Sg
καλεσητε	καλεω	Sub/A/Ao/2/Pl
καμητε	καμνω	Sub/A/Ao/2/Pl
καταβα	καταβαινω	Imp/A/Ao/2/Sg
καταβαν	καταβαινω	Part/A/Ao/Ac/Sg/Neut
καταβαντες (καταβαντι)	καταβαινω	Part/A/Ao/N/Pl/Mas
καταβας	καταβαινω	Part/A/Ao/N/Sg/Mas
καταβατω	καταβαινω	Imp/A/Ao/3/Sg
καταβεβηκα	καταβαινω	Ind/A/Perf/1/Sg
καταβεβηκοτες	καταβαινω	Part/A/Perf/N/Pl/Mas
καταβῃ	καταβαινω	Sub/A/Ao/3/Sg
καταβηθι	καταβαινω	Imp/A/Ao/2/Sg
καταβηναι	καταβαινω	Inf/A/Ao
καταβησεται	καταβαινω	Ind/Def/Fut/3/Sg
καταγαγ-	καταγω	Aoristo/Activo
καταθεσθαι	κατατιθημι	Inf/M/Ao
κατακαησεται	κατακαιω	Ind/P/Fut/3/Sg
κατακαυθησεται	κατακαιω	Ind/P/Fut/3/Sg
κατακαυσαι	κατακαιω	Inf/A/Ao

κατακαυσει (κατακαυσουσιν)	κατακαιω	Ind/A/Fut3/Sg
κατακαυχω	κατακαυχομαι	Imp/Def/Pres/2/Sg
κατακεκριται	κατακρινω	Ind/MP/Perf/3/Sg
κατακλιθ-	κατακλινω	Aoristo/Pasivo
κατακριθησεται	κατακρινω	Ind/P/Fut/3/Sg
κατακριθητε (κατακριθωμεν)	κατακρινω	Sub/P/Ao/2/Pl
καταλαβ-	καταλαμβανω	Aoristo/Activo
καταλειφθηναι	καταλειπω	Inf/P/Ao
καταλελειμμενος	καταλειπω	Part/MP/Perf/N/Sg/Mas
καταλιπῃ	καταλειπω	Sub/A/Ao/3/Sg
καταλιποντες	καταλειπω	Part/A/Ao/N/Pl/Mas
καταλιπων	καταλειπω	Part/A/Ao/N/Sg/Mas
καταλλαγ-	καταλλασσω	Aoristo/Pasivo
καταλλαγεντες	καταλλασσω	Part/P/Ao/N/Pl/Mas
καταλλαγητε (καταλλαγητω)	καταλλασσω	Imp/P/Ao/2/Pl
καταλλαξαντος	καταλλασσω	Part/A/Ao/G/Sg/Mas
καταμαθετε	καταμανθανω	Imp/A/Ao/2/Pl
καταναλισκον	καταναλισκω	Part/A/Pres/N - Ac/Sg/Neut
καταπεσοντων	καταπιπτω	Part/A/Ao/G/Pl/Mas
καταπιῃ	καταπινω	Sub/A/Ao/3/Sg
καταποθῃ	καταπινω	Sub/P/Ao/3/Sg
καταρασθε (καταρωμεθα)	καταραομαι	Ind/Def/Pres/2/Pl
καταρτισαι	καταρτιζω	Inf/A/Ao Opt/A/Ao/3/Sg
καταρωμενους	καταραομαι	Part/Def/Pres/Ac/Pl/Mas
κατασταθησονται	καθιστημι	Ind/P/Fut/3/Pl
καταστειλας	καταστελλω	Part/A/Ao/N/Sg/Mas
καταστησει (-σομεν, -σω)	καθιστημι	Ind/A/Fut/3/Sg
καταστησῃς	καθιστημι	Sub/A/Ao/2/Sg
κατασφαξατε	κατασφαζω	Imp/A/Ao/2/Pl
κατασχωμεν	κατεχω	Sub/A/Ao/1/Pl
καταφαγε	κατεσθιω	Imp/A/Ao/2/Sg
καταφαγῃ	κατεσθιω	Sub/A/Ao/3/Sg
καταφαγων	κατεσθιω	Part/A/Ao/N/Sg/Mas
καταφθαρησονται	καταφθειρω	Ind/P/Fut/3/Pl
καταφυγοντες	καταφευγω	Part/A/Ao/N/Pl/Mas
καταχθεντες	καταγω	Part/P/Ao/N/Pl/Mas
καταψυξῃ	καταψυχω	Sub/A/Ao/3/Sg

κατεαγωσιν	καταγνυμι	Sub/P/Ao/3/Pl
κατεαξαν	καταγνυμι	Ind/A/Ao/3/Pl
κατεαξει	καταγνυμι	Ind/A/Fut/3/Sg
κατεβην (κατεβη, κατεβησαν)	καταβαινω	Ind/A/Ao/1/Sg
κατεβληθη	καταβαλλω	Ind/P/Ao/3/Sg
κατεγελων	καταγελαω	Ind/A/Imp/3/Pl
κατεγνωσμενος	καταγινωσκω	Part/MP/Perf/N/Sg/Mas
κατεδησεν	καταδεω	Ind/A/Ao/3/Sg
κατεδραμεν	κατατρεχω	Ind/A/Ao/3/Sg
κατεθηκεν	κατατιθημι	Ind/A/Ao/3/Sg
κατειλημμενην	καταλαμβανω	Part/MP/Perf/Ac/Sg/Fem
κατειληφεναι	καταλαμβανω	Inf/A/Perf
κατειληφθη	καταλαμβανω	Ind/P/Ao/3/Sg
κατειχετο (κατειχομεθα)	κατεχω	Ind/MP/Imp/3/Sg
κατειχον	κατεχω	Ind/A/Imp/3/Pl
κατεκαη	κατακαιω	Ind/P/Ao/3/Sg
κατεκειτο	κατακειμαι	Ind/Def/Imp/3/Sg
κατεκλασεν	κατακλαω	Ind/A/Ao/3/Sg
κατελαβεν	καταλαμβανω	Ind/A/Ao/3/Sg
κατελειφθη	καταλειπω	Ind/P/Ao/3/Sg
κατελη(μ)φθην	καταλαμβανω	Ind/P/Ao/1/Sg
κατελθ-	κατερχομαι	Aoristo/Activo
κατελιπεν (κατελιπον)	καταλειπω	Ind/A/Ao/3/Sg
κατενεχθεις	καταφερω	Part/P/Ao/N/Sg/Mas
κατενυγησαν	κατανυσσομαι	Ind/Def/Ao/3/Pl
κατεπεστησαν	κατεφιστημι	Ind/A/Ao/3/Pl
κατεπιεν	καταπινω	Ind/A/Ao/3/Sg
κατεπλευσαν	καταπλεω	Ind/A/Ao/3/Pl
κατεποθη (κατεποθησαν)	καταπινω	Ind/P/Ao/3/Sg
κατεσκαμεννα	κατασκαπτω	Part/MP/Perf/Ac/Pl/Neut
κατεσταθησαν	καθιστημι	Ind/P/Ao/3/Pl
κατεσταλμενους	καταστελλω	Part/MP/Perf/Ac/Pl/Mas
κατεστησας (κατεστησεν)	καθιστημι	Ind/A/Ao/2/Sg
κατεστρωθησαν	καταστρωννυμι	Ind/P/Ao/3/Pl
κατευθυναι	κατευθυνω	Inf/A/Ao Opt/A/Ao/3/Sg
κατεφαγεν (κατεφαγον)	κατεσθιω	Ind/A/Ao/3/Sg
κατεφθαρμενοι	καταφθειρω	Part/MP/Perf/N/Pl/Mas
κατεφυγον	καταφευγω	Ind/A/Ao/3/Pl - 1/Sg

κατεχεεν	καταχεω	Ind/A/Ao/3/Sg
κατηγαγον	καταγω	Ind/A/Ao/1/Sg - 3/Pl
κατηλθ-	κατερχομαι	Ind/A/Ao
κατηλλαγημεν	καταλλασσω	Ind/P/Ao/1/Pl
κατηνεγκα	καταφερω	Ind/A/Ao/1/Sg
κατηραμενοι	καταραομαι	Part/Def/Perf/V/Pl/Mas
κατηρασω	καταραομαι	Ind/Def/Ao/2/Sg
κατηρτισθαι	καταρτιζω	Inf/MP/Perf
κατηρτισμεν-	καταρτιζω	Part/MP/Perf
κατηρτισω	καταρτιζω	Ind/M/Ao/2/Sg
κατῃσχυνθην	καταισχυνω	Ind/P/Ao/1/Sg
κατῃσχυνοντο	καταισχυνω	Ind/MP/Imp/3/Pl
κατηχηθῃς	κατηχεω	Sub/P/Ao/2/Sg
κατηχηθησαν	κατηχεω	Ind/P/Ao/3/Pl
κατηχηεμνος	κατηχεω	Part/MP/Perf/N/Sg/Mas
καατηχηνται	κατηχεω	Ind/MP/Perf/3/Pl
κατηχησω	κατηχεω	Sub/A/Ao/1/Sg
κατηχουμενος	κατηχεω	Part/MP/Pres/N/Sg/Mas
κατηχουντι	κατηχεω	Part/A/Pres/D/Sg/Mas
κατηχθημεν	καταγω	Ind/P/Ao/1/Pl
κατιωται	κατιοομαι	Ind/Def/Perf/3/Sg
κατῳκησεν	κατοικεω	Ind/A/Ao/3/Sg
κατωτερα	κατω	Comparativo/N - Ac/Pl/ Neut
καυθησωμαι	καιω	Sub/P/Fut/1/Sg
κεκαθαρμενους	καθαιρω	Part/MP/Perf/Ac/Pl/Mas
κεκαλυμμενον	καλυπτω	Part/MP/Perf/N/Sg/Neut
κεκαυμενῳ	καιω	Part/MP/Perf/D/Sg/Neut
κεκερασμενου	κεραννυμι	Part/MP/Perf/G/Sg/Mas
κεκλη-	καλεω	Perf
κεκλικεν	κλινω	Ind/A/Perf/3/Sg
κεκμηκας	καμνω	Ind/A/Perf/2/Sg
κεκορεσμενοι	κορεννυμι	Part/MP/Perf/N/Pl/Mas
κεκραγεν	κραζω	Ind/A/Perf/3/Sg
κεκραξονται	κραζω	Ind/M/Fut/3/Pl
κεκρικα (κεκρικεν, κεκρικατε)	κρινω	Ind/A/Perf/1/Sg
κεκριμενα	κρινω	Part/MP/Perf/Ac/Pl/Neut
κεκριται	κρινω	Ind/MP/Perf/3/Sg
κεκρυμμεν-	κρυπτω	Part/MP/Perf
κερασατε	κεραννυμι	Imp/A/Ao/2/Pl

κερατα (κερατων)	κερας	N - Ac/Pl/Neut
κερδηθησωνται	κερδαινω	Sub/P/Fut/3/Pl
κερδησαι	κερδαινω	Inf/A/Ao
κερδησας	κερδαινω	Part/A/Ao/N/Sg/Mas
κερδησω (-σῃ, -σωμεν)	κερδαινω	Sub/A/Ao/1/Sg
κηρυκα	κηρυξ	Ac/Sg
κηρυχθεις (κηρυχθεντος)	κηρυσσω	Part/P/Ao/N/Sg/Mas
κηρυχθῃ	κηρυσσω	Sub/P/Ao/3/Sg
κηρυχθηναι	κηρυσσω	Inf/P/Ao
κηρυχθησεται	κηρυσσω	Ind/P/Fut/3/Sg
κλασαι	κλαω	Inf/A/Ao
κλασας	κλαιω	Part/A/Ao/N/Sg/Mas
κλασει	κλασις	D/Sg
κλαυσατε	κλαιω	Imp/A/Ao/2/Pl
κλαυσετε	κλαιω	Ind/A/Fut/2/Pl
κλαυσῃ	κλαιω	Sub/A/Ao/3/Sg
κλαυσονται	κλαιω	Ind/M/Fut/3/Pl
κλειδα	κλεις	Ac/Sg
κλεισθωσιν	κλειω	Sub/P/Ao/3/Pl
κληθεις (κληθεν, κληθεντος)	καλεω	Part/P/Ao/N/Sg/Mas
κληθηναι	καλεω	Inf/P/Ao
κληθῃς (κληθωμεν, κληθητε)	καλεω	Sub/P/Ao/2/Sg
κληθησῃ (κληθησεται, -σονται)	καλεω	Ind/P/Fut2/Sg
κλωμεν	κλαω	Ind/A/Pres/1/Pl
κλωμενον	κλαω	Part/MP/Pres/N/Sg/Neut
κλωντες	κλαω	Part/A/Pres/N/Pl/Mas
κομιεισθε (κομιειται)	κομιζω	Ind/M/Fut/2/Pl
κομιουμενοι	κομιζω	Part/M/Fut/N/Pl/Mas
κορακας	κοραξ	Ac/Pl
κορεσθεντες	κορεννυμι	Part/P/Ao/N/Pl/Mas
κοψονται	κοπτω	Ind/M/Fut/3/Pl
κραξας (κραξαν, κραξαντες)	κραζω	Part/A/Ao/N/Sg/Mas
κρεα	κρεας	Ac/Pl
κρεμαμενον (κρεμαμενος)	κρεμαννυμι	Part/MP/Pres/Ac/Sg/Neut
κρεμανται	κρεμαννυμι	Ind/MP/Pres/3/Sg
κρεμασαντες	κρεμαννυμι	Part/A/Ao/N/Pl/Mas
κρεμασθεντων	κρεμαννυμι	Part/P/Ao/G/Pl/Mas

κρεμασθῃ	κρεμαννυμι	Sub/P/Ao/3/Sg
κρητες	κρης	N/Pl
κρυβηναι	κρυπτω	Inf/P/Ao
κτασθαι	κταομαι	Inf/Def/Pres
κτησασθε	κταομαι	Imp/Def/Ao/2/Pl
κτησηθε	κταομαι	Sub/Def/Ao/2/Pl
κτωμαι	κταομαι	Ind/Def/Pres/1/Sg
κυνες, κυνας	κυων	N/Pl, Ac/Pl
κυσιν	κυων	D/Pl
κωνωπα	κωνωψ	Ac/Sg

Λ - λ

λαβ-	λαμβανω	Aoristo/Activo
λαβοι	λαμβανω	Opt/A/Ao/3/Sg
λαθειν	λανθανω	Inf/A/Ao
λαιλαπος	λαιλαψ	G/Sg
λαμπαδες, λαμπαδων, λαμπαδας	λαμπας	N/Pl, G/Pl, Ac/Pl
λαχουσιν	λαγχανω	Part/A/Ao/D/Pl/Mas
λαχωμεν	λαγχανω	Sub/A/Ao/1/Pl
λεοντι, λεοντος, λεοντων	λεων	D/Sg, G/Sg, G/Pl
λεπιδες	λεπις	N/Pl
λευκαναι	λευκαινω	Inf/A/Ao
λη(μ)ψ-	λαμβανω	Ind/Def/Fut
λιμενος, λιμενα, λιμενας	λιμην	G/Sg, Ac/Sg, Ac/Pl
λιβα	λιψ	Ac/Sg
Λουκα, Λουκαν	Λουκας	G/Sg, Ac/Sg

Μ - μ

μαθειν	μανθανω	Inf/A/Ao
μαθετε	μανθανω	Imp/A/Ao/2/Pl
μαθητε	μανθανω	Sub/A/Ao/2/Pl
μαθων	μανθανω	Part/A/Ao/N/Sg/Mas
μαρανθησεται	μαραινομαι	Ind/Def/Fut/3/Sg
μαρτυρ-	μαρτυς	todos los demás casos
μαρτυσιν	μαρτυς	D/Pl
μαστιγος, μαστιγων, μαστιγας	μαστιξ	G/Sg, G/Pl, Ac/Pl
μαστιξιν	μαστιξ	D/Pl
μεγα	μεγας	N/Sg/Neut - Ac/Sg/Neut
μεγαλα	μεγας	N/Pl/Neut - Ac/Pl/Neut
μεγαλη (μεγαλης, μεγαλῃ, μεγαλην, μεγαλαι, μεγαλαις, μεγαλας)	μεγας	N/Sg/Fem
μεγαλου (μεγαλῳ, μεγαλοι, μεγαλων, μεγαλοις, μεγαλους)	μεγας	G/Sg/Mas
μεγαν	μεγας	Ac/Sg/Mas
μεγιστα	μεγας	Superlativo/N/Pl/Neut
μεγιστανες, μεγιστασιν	μεγιστος	N/Pl, D/Pl
μειζον	μειζων	N - Ac/Sg/Neut
μειζονα	μειζων	Ac/Sg/Fem, Ac/Pl/Neut
μειζονας	μειζων	Ac/Pl/Fem
μειζονες	μειζων	N/Pl/Mas
μειζονος	μειζων	G/Sg/Mas - Fem
μειζοτεραν	μεγας	Comparativo/Ac/Sg/Fem
μειζω	μειζων	Ac/Sg/Fem, Ac/Pl/Neut
μελαιναν	μελας	Ac/Sg/Fem
μελανος, μελανι	μελαν	G/Sg, D/Sg
μελεσιν	μελος	D/Pl
μελη (μελων)	μελος	N - Ac/Pl/Neut
μεμαθεκως	μανθανω	Part/A/Perf/N/Sg/Mas
μεμενηκεισαν	μενω	Ind/A/Plusc/3/Pl
μεμιανται	μιαινω	Ind/MP/Perf/3/Sg
μεμιασμενοις	μιαινω	Part/MP/Perf/D/Pl/Mas

μεμιγμενον (-μενην, -μενα)	μιγνυμι	Part/MP/Perf/Ac/Sg/Neut
μεμνημενος	μιμνησκομαι	Part/Def/Perf/N/Sg/Mas
μεμνησθε	μιμνησκομαι	Ind/Def/Perf/2/Pl
μεριδος, μεριδα	μερις	G/Sg, Ac/Sg
μεταβας	μεταβαινω	Part/A/Ao/N/Sg/Mas
μεταβεβηκεν (μεταβεβηκαμεν)	μεταβαινω	Ind/A/Perf/3/Sg
μεταβῃ	μεταβαινω	Sub/A/Ao/3/Sg
μεταβηθι	μεταβαινω	Imp/A/Ao/2/Sg
μεταβησεται	μεταβαινω	Ind/Def/Fut/3/Sg
μεταδοτω	μεταδιδωμι	Imp/A/Ao/3/Sg
μεταδουναι	μεταδιδωμι	Inf/A/Ao
μεταδω	μεταδιδωμι	Sub/A/Ao/1/Sg
μετακαλεσαι	μετακαλεομαι	Imp/Def/Ao/2/Sg
μετακαλεσομαι	μετακαλεομαι	Ind/Def/Fut/1/Sg
μεταλαβειν	μεταλαμβανω	Inf/A/Ao
μεταλαβων	μεταλαμβανω	Part/A/Ao/N/Sg/Mas
μεταπεμφθεις	μεταπεμπομαι	Part/Def/Ao/N/Sg/Mas
μετασταθω	μεθιστημι	Sub/P/Ao/1/Sg
μεταστησας	μεθιστημι	Part/A/Ao/N/Sg/Mas
μεταστραφησεται	μεταστρεφω	Ind/P/Fut/3/Sg
μεταστραφητω	μεταστρεφω	Imp/P/Ao/3/Sg
μετεβη	μεταβαινω	Ind/A/Ao/3/Sg
μετεθηκεν	μετατιθημι	Ind/A/Ao/3/Sg
μετεκαλεσατο	μετακαλεομαι	Ind/Def/Ao/3/Sg
μετεπεμψασθε (μετεπεμψαστο)	μεταπεμπομαι	Ind/Def/Ao/2/Pl
μετεστησεν	μεθιστημι	Ind/A/Ao/3/Sg
μετεσχεν	μετεχω	Ind/A/Ao/3/Sg
μετεσχηκεν	μετεχω	Ind/A/Perf/3/Sg
μετετεθη (μετετεθησαν)	μετατιθημι	Ind/P/Ao/3/Sg
μετηλλαξαν	μεταλλασσω	Ind/A/Ao/3/Pl
μετηρεν	μεταιρω	Ind/A/Ao/3/Sg
μετοικιω	μετοικιζω	Ind/A/Fut/1/Sg
μηδεμιαν	μηδεις	Ac/Sg/Fem
μηδεν	μηδεις	N - Ac/Sg/Neut
μηδενα	μηδεις	Ac/Sg/Mas
μηδενι	μηδεις	D/Sg/Mas - Neut
μηδενος	μηδεις	G/Sg/Mas - Neut
μηνι, μηνα, μηνας	μην	D/Sg, Ac/Sg, Ac/Pl

ματερα, μητερας	μητηρ	Ac/Sg, Ac/Pl
μητρι, μητρος	μητηρ	D/Sg, G/Sg
μια, μιας, μιᾳ, μιαν	εἷς	N - G - D - Ac /Sg/Fem
μιανθωσιν	μιαινω	Sub/P/Ao/3/Pl
μικροτερον	μικρος	N - Ac/Sg/Neut
μιμου	μιμεομαι	Imp/Def/Pres/2/Sg
μναν, μνας	μνα	Ac/Sg, Ac/Pl
μνησθηναι	μιμνησκομαι	Inf/Def/Ao
μνησθῃς (μνησθω)	μιμνησκομαι	Sub/Def/Ao/2/Sg
μνησθητι (μνησθητε)	μιμνησκομαι	Imp/Def/Ao/2/Sg
μου, μοι, με	ἐγω	G/Sg, D/Sg, Ac/Sg
μωρανθῃ	μωραινω	Sub/P/Ao/3/Sg

N - ν

ναυν	ναυς	Ac/Sg
νεωτεροι (-τερους, -τερας)	νεος	Comparativo/N/Pl
νηστεις	νηστις	N - Ac/Pl/Mas
νιψαι	νιπτω	Imp/M/Ao/2/Sg
νοος, νοϊ, νουν	νους	G/Sg, D/Sg, Ac/Sg
νυκτος (νυκτι, νυκτα, νυκτας)	νυξ	G/Sg

O - o

ὅ	ὅς	N - Ac/Sg/Neut (Pron. Rel.)
ὀδοντος (ὀδοντα, ὀδοντες, ὀδοντων, ὀδοντας)	ὀδους	G/Sg
οἵ	ὅς	N/Pl/Mas (Pron. Rel)
οἰεσθω	οἰομαι	Imp/Def/Pres/3/Sg
οἱοι (οἱου, οἱον, οἱους, οἱα)	οἱος	N/Pl/Mas
οἷς	οἵς	D/Pl/Mas (Pron. Rel.)
οἰσει (οἰσουσιν)	φερω	Ind/A/Fut/3/Sg
οἱτινες	ὁστις	N/Pl/Mas
ὀμοσαι	ὀμνυω	Inf/A/Ao
ὀμοσας	ὀμνυω	Part/A/Ao/N/Sg/Mas
ὀμοσῃ (ὀμοσῃς)	ὀμνυω	Sub/A/Ao/3/Sg
ὅν	ὅς	Ac/Sg/Mas (Pron. Rel.)
ὀναιμην	ὀνιναμαι	Opt/Def/Ao/1/Sg
ὀντ-	εἰμι	Part/A/Pres/Mas
ὁποιαν	ὁποιος	Ac/Sg/Fem
ὁποιον, ὁποιοι	ὁποιος	Ac/Sg/Mas, N/Pl/Mas
ὁρα	ὁραω	Imp/A/Pres/2/Sg
ὁρᾳ (ὁρω, ὁρωμεν, ὁρατε)	ὁραω	Ind/A/Pres/3/Sg
ὀρει, ὀρη, ὀρεων, ὀρεσιν	ὀρος	D/Sg, N - Ac/Pl, G/Pl,D/Pl
ὁρους	ὁρος	G/Sg
ὁρων (ὁρωντες)	ὁραω	Part/A/Pres/N/Sg/Mas
ὁρωσαι	ὁραω	Part/A/Pres/N/Pl/Fem
ὁσα (ὁσαι, ὁσας, ὁσοι, ὁσον, ὁσῳ, ὁσων, ὁσους)	ὁσος	N - Ac/Pl/Neut
ὁτου	ὁστις	G/Sg/Neut
οὗ	ὅς	G/Sg/Mas - Neut (Pron. Rel.)
οὐδεμια, οὐδεμιαν	οὐδεις	N//Sg/Fem, Ac/Sg/Fem
οὐδεν	οὐδεις	N - Ac/Sg/Neut
οὐδενος (οὐδενι, οὐδενα)	οὐδεις	G/Sg/Mas - Neut
οὕς	ὅς	Ac/Pl/Mas (Pron. Rel.)
οὐσα (οὐσης, οὐσῃ, οὐσαν, οὐσαι, οὐσων)	εἰμι	Part/A/Pres/N/Sg/Fem

οὐσιν	εἰμι	Part/A/Pres/D/Pl/Mas
ὀφθεις (-θεντες, -θεντος)	ὁραω	Part/P/Ao/N/Sg/Mas
ὀφθησεται (ὀφθησομαι)	ὁραω	Ind/Def/Fut/3/Sg
ὀψ-	ὁραω	Ind/Def/Futuro

Π - π

παγιδα, παγιδος	παγις	Ac/Sg, G/Sg
παθει	παθος	D/Sg
παθειν	πασχω	Inf/A/Ao
παθη	παθος	N/Ac/Pl/Neut
παθῃ	πασχω	Sub/A/Ao/3/Sg
παθοντος (παθοντας)	πασχω	Part/A/AoG/Sg/Mas
παθουσα	πασχω	Part/A/Ao/N/Sg/Fem
παθων	πασχω	Part/A/Ao/N/Sg/Mas
παιδος (παιδα, παιδων, παιδας)	παις	G/Sg/Mas - Fem
παισιν	παις	D/Pl
παμπολλυ	παμπολυς	G/Sg
παν	πας	N - Ac/Sg/Neut
παντος (παντι, παντα, παντες, παντων, παντας)	πας	G/Sg/Mas - Neut
παραβαλωμεν	παραβαλλω	Sub/A/Ao/1/Pl
παραγενομεν-	παραγινομαι	Part/Def/Ao
παραγενωμαι (παραγενωνται)	παραγινομαι	Sub/Def/Ao/1/Sg
παραδεδομενοι	παραδιδωμι	Part/MP/Perf/N/Pl/Mas
παραδεδοται	παραδιδωμι	Ind/MP/Perf/3/Sg
παραδεδωκεισαν	παραδιδωμι	Ind/A/Plusc/3/Pl
παραδεδωκοσιν	παραδιδωμι	Part/A/Perf/D/Pl/Mas
παραδεξονται	παραδεχομαι	Ind/Def/Fut/3/Pl
παραδεχον	παραδεχομαι	Imp/Def/Pres/2/Sg
παραδοθει-	παραδιδωμι	Part/Aoristo/Pasivo
παραδοθηναι	παραδιδωμι	Inf/P/Ao
παραδοθησεσθε (-δοθησεται)	παραδιδωμι	Ind/P/Fut/2/Pl
παραδουναι	παραδιδωμι	Inf/A/Ao
παραδους (παραδοντος)	παραδιδωμι	Part/A/Ao/G/Sg/Mas
παραδῳ	παραδιδωμι	Sub/A/Ao/3/Sg
παραδω	παραδιδωμι	Sub/A/Ao/1/Sg
παραδως-	παραδιδωμι	Futuro/Activo
παραθειναι	παρατιθημι	Inf/A/Ao

παραθησομαι	παρατιθημι	Ind/M/Fut/1/Sg
παραθησω	παρατιθημι	Ind/A/Fut/1/Sg
παραθου	παρατιθημι	Imp/M/Ao/2/Sg
παραθωσιν	παρατιθημι	Sub/A/Ao/3/Pl
παρακαλεσαι	παρακαλεω	Inf/A/Ao - Opt/A/Ao/3/Sg
παρακαλεσας	παρακαλεω	Part/A/Ao/N/Sg/Mas
παρακαλεσῃ	παρακαλεω	Sub/A/Ao/3/Sg
παρακαλεσον	παρακαλεω	Imp/A/Ao/2/Sg
παρακεκαλυμμενον	παρακαλυπτω	Part/MP/Perf/N/Sg/Neut
παρακεκλημεθα	παρακαλεω	Ind/MP/Perf/1/Pl
παρακληθηναι	παρακαλεω	Inf/P/Ao
παρακληθησονται	παρακαλεω	Ind/P/Fut/3/Pl
παρακληθωσιν	παρακαλεω	Sub/P/Ao/3/Pl
παραλαβ-	παραλαμβανω	Aoristo/Activo
παραλη(μ)φθησεται	παραλαμβανω	Ind/P/Fut/3/Sg
παραλη(μ)ψομαι	παραλαμβανω	Ind/Def/Fut/1/Sg
παραμεινας	παραμενω	Part/A/Ao/N/Sg/Mas
παραπεσοντας	παραπιπτω	Part/A/Ao/Ac/Pl/Mas
παραπλευσαι	παραπλεω	Inf/A/Ao
παραρρυωμεν	παραρρεω	Sub/A/Ao/1/Pl
παραστηναι (= παραστησαι)	παριστημι	Inf/A/Ao
παραστησατε	παριστημι	Imp/A/Ao/2/Pl
παραστησει	παριστημι	Ind/A/Fut/3/Sg
παραστησῃ (-στησωμεν, -στητε)	παριστημι	Sub/A/Ao/3/Sg
παραστησομεθα	παριστημι	Ind/M/Fut/1/Pl
παρασχων	παρεχω	Part/A/Ao/N/Sg/Mas
παρεβαλομεν	παραβαλλω	Ind/A/Ao/1/Pl
παρεβη	παραβαινω	Ind/A/Ao/3/Sg
παρεγεν-	παραγινομαι	Ind/Def/Aoristo
παρεδιδοτο	παραδιδωμι	Ind/MP/Imp/3/Sg
παρεδιδου (παρεδιδουν)	παραδιδωμι	Ind/A/Imp/3/Sg
παρεδοθην (-δοθη, -δοθητε)	παραδιδωμι	Ind/P/Ao/1/Sg
παρεδοσαν	παραδιδωμι	Ind/A/Ao/3/Pl
παρεδωκ-	παραδιδωμι	Ind/Activo/Aoristo
παρεθεντο	παρατιθημι	Ind/M/Ao/3/Pl
παρεθηκεν (παρεθηκαν)	παρατιθημι	Ind/A/Ao/3/Sg
παρει	παρειμι	Ind/A/Pres/2/Sg

παρειμενας	παριημι	Part/MP/Perf/Ac/Pl/Fem
παρειναι	παρειμι	Inf/A/Pres
παρεισαξουσιν	παρεισαγω	Ind/A/Fut/3/Pl
παρεισενεγκαντες	παρεισφερω	Part/A/Ao/N/Pl/Mas
παρεισηλθεν (παρεισηλθον)	παρεισερχομαι	Ind/A/Ao/3/Sg
παρειστηκεισαν	παριστημι	Ind/A/Plusc/3/Pl
παρειχεν (παρειχον)	παρεχω	Ind/A/Imp/3/Sg
παρειχετο	παρεχω	Ind/MP/Imp/3/Sg
παρεκαλεσ-	παρακαλεω	Ind/A/Aoristo
παρεκληθη-	παρακαλεω	Ind/P/Aoristo
παρελαβ-	παραλαμβανω	Ind/Activo/Aoristo
παρελευσ-	παρερχομαι	Ind/Def/Fut
παρεληλυθ-	παρερχομαι	Perfecto/Activo
παρελθ-	παρερχομαι	Aoristo/Activo
παρενεγκε	παραφερω	Imp/A/Ao/2/Sg
παρενεγκειν	παραφερω	Inf/A/Ao
παρεξει	παρεχω	Ind/A/Fut/3/Sg
παρεπικραναν	παραπικραινω	Ind/A/Ao/3/Pl
παρεστη	παριστημι	Ind/A/Ao/3/Sg
παρεστηκ-	παριστημι	Perf/Activo
παρεστησ-	παριστημι	Ind/Act/Aoristo
παρεστω-	παριστημι	Part/Activo/Perf
παρεσχον	παρεχω	Ind/A/Ao/3/Pl
παρηγεν	παραγω	Ind/A/Imp/3/Sg
παρηλθεν (παρηλθον)	παρερχομαι	Ind/A/Ao/3/Sg
παρησαν	παρειμι	Ind/A/Imp/3/Pl
παρῃτημενον	παραιτεομαι	Part/Def/Perf/Ac/Sg/Mas
παρῃτησαντο	παραιτεομαι	Ind/Def/Ao/3/Pl
παριστανετε	παριστημι	Ind - Imp/A/Pres/2/Pl
παρον (παροντες, παροντος)	παρειμι	Part/A/Pres/Ac/Sg/Neut
παροργιω	παροργιζω	Ind/A/Fut/1/Sg
παρουσῃ	παρειμι	Part/A/Pres/D/Sg/Fem
παρουσιν	παρειμι	Part/A/Pres/D/Pl/Neut
παρων	παρειμι	Part/A/Pres/N/Sg/Mas
παρωτρυναν	παροτρυνω	Ind/A/Ao/3/Pl
παρῳχημεναις	παροιχομαι	Part/Def/Perf/D/Pl/Fem
πασα (πασαν, πασαι, πασαις, πασας)	πας	N/Sg/Fem
πασης (πασῃ)	πας	G/Sg/Fem

πασιν	πας	D/Pl/Mas - Neut
πασων	πας	D/Pl/Fem
παταξαι	πατασσω	Inf/A/Ao
παταξας	πατασσω	Part/A/Ao/N/Sg/Mas
παταξομεν (παταξω)	πατασσω	Ind/A/Fut/1/Pl
πατρασιν	πατηρ	D/Pl
πατριδα, πατριδι	πατρις	Ac/Sg, D/Sg
πειναν	πειναω	Inf/A/Pres
πεισας (πεισαντες)	πειθω	Part/A/Ao//Sg/Mas
πεισθεντες	πειθω	Part/P/Ao/N/Pl/Mas
πεισθῃς	πειθω	Sub/P/Ao/2/Sg
πεισθησονται	πειθω	Ind/P/Fut/3/Pl
πεισομεν	πειθω	Ind/A/Fut/1/Sg
πεμφθεντες	πεμπω	Part/P/Ao/N/Pl/Mas
πενησιν	πενης	D/Pl
πεντακοντατριων	πεντακοντατρεις	53
πεπεισμαι (πεπεισμεθα)	πειθω	Ind/MP/Perf/1/Sg
πεπεισμενος	πειθω	Part/MP/Perf/N/Sg/Mas
πεποιθα (πεποιθας, πεποιθεν, πεποιθαμεν)	πειθω	Ind/A/Perf/1/Sg
πεποιθεναι	πειθω	Inf/A/Perf
πεποιθοτες (πεποιθοτας)	πειθω	Part/A/Perf/N/Pl/Mas
πεποιθως	πειθω	Part/A/Perf/N/Sg/Mas
πεπονθασιν (πεπονθεν)	πασχω	Ind/A/Perf/3/Pl
πεπραγμενον	πρασσω	Part/MP/Perf/N/Sg/Neut
πεπρακεν	πιπρασκω	Ind/A/Perf/3/Sg
πεπραμενος	πιπρασκω	Part/MP/Perf/N/Sg/Mas
πεπραχα	πρασσω	Ind/A/Perf/1/Sg
πεπραχεναι	πρασσω	Inf/A/Perf
πεπωκεν	πινω	Ind/A/Perf/3/Sg
πεπτωκοτα	πιπτω	Part/A/Perf/Ac/Sg/Mas
πεπτωκυιαν	πιπτω	Part/A/Perf/Ac/Sg/Fem
περιβαλειται	περιβαλλω	Ind/M/Fut/3/Sg
περιβαλῃ (-βαληται, -βαλωμεθα)	περιβαλλω	Sub/A/Ao/2/Sg
περιβαλου	περιβαλλω	Imp/M/Ao/2/Sg
περιβαλουσιν	περιβαλλω	Ind/A/Fut/3/Pl
περιβαλων	περιβαλλω	Part/A/Ao/N/Sg/Mas
περιβεβλη-	περιβαλλω	Part/Perf/MP
περιδραμοντες	περιτρεχω	Part/A/Ao/N/Pl/Mas

περιεβαλετε (περιεβαλομεν, περιεβαλον)	περιβαλλω	Ind/A/Ao/2/Pl
περιεβαλετο	περιβαλλω	Ind/M/Ao/3/Sg
περιεδεδετο	περιδεω	Ind/P/Plusc/3/Sg
περιεζωσμεναι(-μενοι, -μενον)	περιζωννυμι	Part/MP/Perf/N/Pl/Fem
περιεθηκεν (περιεθηκαν)	περιτιθημι	Ind/A/Ao/3/Sg
περιεκρυβεν	περικρυπτω	Ind/A/Ao/3/Sg
περιελειν	περιαιρεω	Inf/A/Ao
περιελθοντες	περιερχομαι	Part/A/Ao/N/Pl/Mas
περιελοντες	περιαιρεω	Part/A/Ao/N/Pl/Mas
περιεπεσεν	περιπιπτω	Ind/A/Ao/3/Sg
περιεσπατο	περισπαομαι	Ind/Def/Imp/3/Sg
περιεστησαν	περιϊστημι	Ind/A/Ao/3/Pl
περιεστωτα	περιϊστημι	Part/A/Perf/Ac/Sg/Mas
περιεσχεν	περιεχω	Ind/A/Ao/3/Sg
περιετεμεν	περιτεμνω	Ind/A/Ao/3/Sg
περιετμηθητε	περιτεμνω	Ind/P/Ao/2/Pl
περιζωσαι	περιζωννυμι	Imp/M/Ao/2/Sg
περιζωσαμενοι (-μενος)	περιζωννυμι	Part/M/Ao/N/Pl/Mas
περιζωσεται	περιζωννυμι	Ind/M/Fut/3/Sg
περιηγεν	περιαγω	Ind/A/Imp/3/Sg
περιηλθον	περιερχομαι	Ind/A/Ao/3/Pl
περιῃρειτο	περιαιρεω	Ind/MP/Imp/3/Sg
περιθεις (περιθεντες)	περιτιθημι	Part/A/Ao/N/Sg/Mas
περιϊστασο	περιϊστημι	Imp/M/Pres/2/Sg
περικεκαλυμμενην	περικαλυπτω	Part/MP/Perf/Ac/Sg/Fem
περιπεσητε	περιπιπτω	Sub/A/Ao/2/Pl
περιπεσοντες	περιπιπτω	Part/A/Ao/N/Pl/Mas
περιρεραμμενον	περιραινω	Part/MP/Perf/Ac/Sg/Neut
περιῤῥηξαντες	περιῤῥηγνυμι	Part/A/Ao/N/Pl/Mas
περιτεμειν	περιτεμνω	Inf/A/Ao
περιτετμημενος	περιτεμνω	Part/MP/Perf/N/Sg/Mas
περιτμηθηναι	περιτεμνω	Inf/P/Ao
Περσιδα	Περσις	Ac/Sg
πεσειν	πιπτω	Inf/A/Ao
πεσειται (πεσουνται)	πιπτω	Ind/Def/Fut/3/Sg
πεσετε	πιπτω	Imp/A/Ao/2/Pl
πεσῃ (πεσητε)	πιπτω	Sub/A/Ao/3/Sg

πεσον	πιπτω	Part/A/Ao/N/Sg/Neut
πεσοντα (πεσοντες, πεσοντας)	πιπτω	Part/A/Ao/Ac/Sg/Mas
πεσουνται	πιπτω	Ind/Def/Fut/3/Pl
πεσων	πιπτω	Part/A/Ao/N/Sg/Mas
πεσωσιν	πιπτω	Sub/A/Ao/3/Pl
πεφιμωσο	φιμοω	Imp/P/Perf/2/Sg
πηχυν, πηχων	πηχυς	Ac/Sg, G/Pl
πιε (πιετε)	πινω	Imp/A/Ao/2/Sg
πιειν	πινω	Unf/A/Ao
πιεσαι (πιεται, πιεσθε)	πινω	Ind/Def/Fut/2/Sg
πιῃ (πιητε)	πινω	Sub/A/Ao/3/Sg
πικρανει	πικραινω	Ind/A/Fut/3/Sg
πιμπρασθαι	πιμπρημι	Inf/MP/Pres
πινακος, πινακι	πιναξ	G/Sg, D/Sg
πιουσα	πινω	Part/A/Ao/N/Sg/Fem
πιω (πιωμεν, πιωσιν)	πινω	Sub/A/Ao/1/Sg
πιων	πινω	Part/A/Ao/N/Sg/Mas
πλακες	πλαξ	N/Pl
πλαξιν	πλαξ	D/Pl
πλασαντι	πλασσω	Part/A/Ao/D/Sg/Mas
πλειον (πλειονος, πλειονα, πλειονες, πλειονων, πλειονας)	πλειων	N - Ac/Sg/Neut
πλειοσιν, πλειους	πλειων	D/Pl, N - Ac/Pl
πλειστον, πλεισται	πλειστος	Ac/Sg/Neut, N/Pl/Fem
πλεον	πλειων	Ac/Sg/Neut
πλεονασαι	πλεοναζω	Opt/A/Ao/3/Sg
πληρη, πληρεις	πληρης	Ac/Sg, N - Ac/Pl
πλησας (πλησαντες)	πιμπλημι	Part/A/Ao/N/Sg/Mas
πλησθεις	πιμπλημι	Part/P/Ao/N/Sg/Mas
πλησθῃς	πιμπλημι	Sub//P/Ao/2/Sg
πλησθησεται	πιμπλημι	Ind/P/Fut/3/Sg
πλουν	πλοος	Ac/Sg
πνεουσῃ	πνεω	Part/A/Pres/D/Sg/Fem
ποδας (ποδος, ποδα, ποδες, ποδων)	πους	Ac/Pl
ποια	ποιος	N/Sg/Fem, N - Ac/Pl/Neut
ποιᾳ (ποιαν, ποιας)	ποιος	D/Sg/Fem
ποιμανατε	ποιμαινω	Imp/A/Ao/2/Pl
ποιμανει	ποιμαινω	Ind/A/Fut/3/Sg

ποιμενα (ποιμενες, ποιμενων, ποιμενας)	ποιμην	Ac/Sg
ποιον	ποιος	Ac/Sg/Mas, N - Ac/Sg/Neut
ποιου (ποιῳ)	ποιος	G/Sg/Mas - Neut
πολεως, πολει, πολιν, πολεων, πολεις, πολεσιν	πολις	G/Sg, D/Sg, Ac/Sg, G/Pl N - Ac/Pl, D/Pl
πολλα	πολυς	N - Ac/Pl/Neut
πολλαι (πολλαις, πολλας)	πολυς	N/Pl/Fem
πολλη (πολλης, πολλῃ, πολλην)	πολυς	N/Sg/Fem
πολλοι (πολλου, πολλῳ, πολλων, πολλοις, πολλους)	πολυς	N/Pl/Mas
πολυν	πολυς	N/Sg/Mas
πονηροτερα	πονηρος	N - Ac/Pl/Neut
ποσα	ποσος	N - Ac/Pl/Neut
ποσαι, ποσας	ποσος	N/Pl/Fem, Ac/Pl/Fem
ποσην	ποσος	Ac/Sg/Fem
ποσιν	πους	D/Pl
ποσοι (ποσῳ, ποσους)	ποσος	N/Pl/Mas
ποσον	ποσος	Ac/Sg/Mas, N - Ac/Sg/Neut
ποσων	ποσος	G/Pl/Mas - Fem - Neut
πραεις, πραεος	πραϋς	N/Pl, G/Sg
πραθεν	πιπρασκω	Part/P/Ao/N/Sg/Neut
πραθηναι	πιπρασκω	Inf/P/Ao
πρακτορι	πρακτωρ	D/Sg
πραξαι	πρασσω	Inf/A/Ao
πραξαντες (πραξαντων)	πρασσω	Part/A/Ao/N/Pl/Mas
πραξετε	πρασσω	Ind/A/Fut/2/Pl
πραξῃς	πρασσω	Sub/A/Ao/2/Sg
πραττειν	πρασσω	Inf/A/Pres
πραττουσιν	πρασσω	Ind/A/Pres/3/Pl
πρεσβυτιδας	πρεσβυτις	Ac/Pl
προαγαγων	προαγω	Part/A/Ao/N/Sg/Mas
προαξω	προαγω	Ind/A/Fut/1/Sg
προβαλοντων	προβαλλω	Part/A/Ao/G/Pl/Ma
προβαλωσιν	προβαλλω	Sub/A/Ao/3/Pl
προβας	προβαινω	Part/A/Ao/N/Sg/Mas
προβεβηκοτες	προβαινω	Part/A/Perf/N/Pl/Mas
προβεβηκυια	προβαινω	Part/A/Perf/N/Sg/Fem
προγεγονοτων	προγινομαι	Part/Def/Perf/G/Pl/Neut

προγεγραμμενοι	προγραφω	Part/MP/Perf/N/Pl/Mas
προδραμων	προτρεχω	Part/A/Ao/N/Sg/Mas
προεγνω	προγινωσκω	Ind/A/Ao/3/Sg
προεγνωσμενου	προγινωσκω	Part/MP/Perf/G/Sg/Mas
προεγραφη	προγραφω	Ind/P/Ao/3/Sg
προεδραμεν	προτρεχω	Ind/A/Ao/3/Sg
προεδωκεν	προδιδωμι	Ind/A/Ao/3/Sg
προεθεμην (προεθετο)	προτιθημι	Ind/Def/Ao/1/Sg
προειπ-	προλεγω	Aoristo/Activo
προειρηκ-	προλεγω	Perf/Activo
προειρημενων	προλεγω	Part/MP/Perf/G/Pl/Neut
προεκοψεν	προκοπτω	Ind/A/Ao/3/Sg
προελαβεν	προλαμβανω	Ind/A/Ao/3/Sg
προελευσεται	προερχομαι	Ind/Def/Fut/3/Sg
προελθ-	προερχομαι	Aoristo/Activo
προεπηγγειλατο	προεπαγγελλομαι	Ind/Def/Ao/3/Sg
προεστωτες	προιστημι	Part/A/Perf/N/Pl/Mas
προευηγγελισατο	προευαγγελλομαι	Ind/Def/Ao/3/Sg
προεφθασεν	προφθανω	Ind/A/Ao/3/Sg
προεωρακοτες	προοραω	Part/A/Perf/N/Pl/Mas
προηγαγον	προαγω	Ind/A/Ao/1/Sg
προηγεν	προαγω	Ind/A/Imp/3/Sg
προηγουμενοι	προηγεομαι	Part/Def/Pres/N/Pl/Mas
προηλθον	προερχομαι	Ind/A/Ao/3/Pl
προηλπικοτας	προελπιζω	Part/A/Perf/Ac/Pl/Mas
προημαρτηκοσιν	προαμαρτανω	Part/A/Perf/D/Pl/Mas
προημαρτηκοτων	προαμαρτανω	Part/A/Perf/G/Pl/Mas
προηρχετο	προερχομαι	Ind/Def/Imp/3/Sg
προητιασαμεθα	προαιτιαομαι	Ind/Def/Ao/1/Pl
προιδουσα	προοραω	Part/A/Ao/N/Sg/Fem
προιδων	προοραω	Part/A/Ao/N/Sg/Mas
προκεκηρυγμενον	προκηρυσσω	Part/MP/Perf/Ac/Sg/Mas
προκοψουσιν	προκοπτω	Ind/A/Fut/3/Pl
προλη(μ)φθη	προλαμβανω	Sub/P/Ao/3/Sg
προπαθοντες	προπασχω	Part/A/Ao/N/Pl/Mas
προπεμφθεντες	προπεμπω	Part/P/Ao/N/Pl/Mas
προπεμφθηναι	προπεμπω	Inf/P/Ao
προσαγαγ-	προσαγω	Aoristo/Activo
προσαναβηθι	προσαναβαινω	Imp/A/Ao/2/Sg
προσαναλωσασα	προσαναλισκω	Part/A/Ao/N/Sg/Fem
προσανεθεμην (-εθεντο)	προσανατιθεμαι	Ind/Def/Ao/1/Sg

προσδεξαμενοι	προσδεχομαι	Part/Def/Ao/N/Pl/Mas
προσδεξησθε	προσδεχομαι	Sub/Def/Ao/2/Pl
προσδραμων	προστρεχω	Part/A/Ao/N/Sg/Mas
προσεδεξασθε	προσδεχομαι	Ind/Def/Ao/2/Pl
προσεθετο	προστιθημι	Ind/M/Ao/3/Sg
προσεθηκεν	προστιθημι	Ind/A/Ao/3/Sg
προσειχον	προσεχω	Ind/A/Imp/3/Pl
προσεκοψαν	προσκοπτω	Ind/A/Ao/3/Pl
προσελαβετο (προσελαβοντο)	προσλαμβανω	Ind/M/Ao/3/Sg
προσεληλυθατε	προσερχομαι	Ind/A/Perf/2/Pl
προσελθ-	προσερχομαι	Aoristo/Activo
προσενεγκας	προσφερω	Part/A/Ao/N/Sg/Mas
προσενεγκε	προσφερω	Imp//A/Ao/2/Sg
προσενεγκῃ	προσφερω	Sub/A/Ao/3/Sg
προσενεχθεις	προσφερω	Part/P/Ao/N/Sg/Mas
προσενηνοχεν	προσφερω	Ind/A/Perf/3/Sg
προσεπεσεν (προσεπεσον)	προσπιπτω	Ind/A/Ao/3/Sg
προσεῤῥηξεν	προσρηγνυμι	Ind/A/Ao/3/Sg
προσεσχηκεν	προσεχω	Ind/A/Perf/3/Sg
προσεταξεν	προστασσω	Ind/A/Ao/3/Sg
προσετεθη (προσετεθησαν)	προστιθημι	Ind/P/Ao/3/Sg
προσεωντος	προσεαω	Part/A/Pres/G/Sg/Mas
προσηλθεν (προσηλθον)	προσερχομαι	Ind/A/Ao/3/Sg
προσηνεγκ-	προσφερω	Ind/A/Ao
προσηνεχθη	προσφερω	Ind/P/Ao/3/Sg
προσηρχοντο	προσερχομαι	Ind/Def/Imp/3/Pl
προσθειναι	προστιθημι	Inf/A/Ao
προσθεις	προστιθημι	Part/A/Ao/N/Sg/Mas
προσθες	προστιθημι	Imp/A/Ao/2/Sg
προσκεκλημαι (προσκεκληται)	προσκαλεομαι	Ind/Def/Perf/1/Sg
προσκοψῃς	προσκοπτω	Sub/A/Ao/2/Sg
προσλαβειν	προσλαμβανω	Inf/A/Ao
προσλαβομενοι (-μενος)	προσλαμβανω	Part/M/Ao/N/Pl/Mas
προσλαβου	προσλαμβανω	Imp/M/Ao/2/Sg
προσμειναι	προσμενω	Inf/A/Ao
προσμεινας	προσμενω	Part/A/Ao/N/Sg/Mas
προσπεσουσα	προσπιπτω	Part/A/Ao/N/Sg/Fem
προσπηξαντες	προσπηγνυμι	Part/A/Ao/N/Pl/Mas

προστεθηναι	προστιθημι	Inf/P/Ao
προστεθησεται	προστιθημι	Ind/P/Fut/3/Sg
προστεταγμενα	προστασσω	Part/MP/Perf/Ac/Pl/Neut
προστηναι	προιστημι	Inf/A/Ao
προτεταγμενους	προτασσω	Part/MP/Perf/Ac/Pl/Mas
προφητιν	προφητις	A/Sg
προωρωμην	προοραω	Ind/MP/Imp/1/Sg
πτερυγας, πτερυγες, πτερυγων	πτερυξ	Ac/Pl, N/Pl, G/Pl
πτυξας	πτυσσω	Part/A/Ao/N/Sg/Mas
πυθεσθαι	πυνθανομαι	Inf/Def/Ao
πυθομενος	πυνθανομαι	Part/Def/Ao/N/Sg/Mas
πυκνοτερον	πυκνος	Comparativo/N - Ac/Sg/Neut
πυρος, πυρι	πυρ	G/Sg, D/Sg

Ρ - ρ

ῥακους	ῥακος	G/Sg
ῥαπισει	ῥαπιζω	Ind/A/Fut/3/Sg
ραφιδος	ραφις	G/Sg
ῥευσουσιν	ῥεω	Ind/A/Fut/3/Pl
ῥηθεις	λεγω	Part/P/Ao/N/Sg/Mas
ῥηθεν	λεγω	Part/P/N - Ac/Sg/Neut
ῥηξει	ῥηγνυμι	Ind/A/Fut/3/Sg
ῥηξον	ῥηγνυμι	Imp/A/Ao/2/Sg
ῥηξωσιν	ῥηγνυμι	Sub/A/Ao/3/Pl
ῥησσει	ῥηγνυμι	Ind/A/Pres/3/Sg
ῥητορος	ῥητωρ	G/Sg
ῥιψαν	ῥιπτω	Part/A/Ao/N/Sg/Neut
ῥιψας (ῥιψαντες)	ῥιπτω	Part/A/Ao/N/Sg/Mas
ῥυσαι	ῥυομαι	Imp/Def/Ao/2/Sg
ῥυσασθω	ῥυομαι	Imp/Def/Ao/3/Sg
ῥυσθεντας	ῥυομαι	Part/Def/Ao/Ac/Pl/Mas
ῥυσθω (ῥυσθωμεν)	ῥυομαι	Sub/Def/Ao/1/Sg - Pl
ῥυτιδα	ῥυτις	Ac/Sg

Σ - σ

σαββασιν	σαββατον	D/Pl
σαλπιγγ-	σαλπιγξ	todos los casos
Σαμαρειτιδος	Σαμαρειτις	G/Sg
σαρκ-	σαρξ	todos los casos
σβεσαι	σβεννυμι	Inf/A/Ao
σβεσει	σβεννυμι	Ind/A/Fut/3/Sg
σημαναι	σημαινω	Inf/A/Ao
σιαγονα	σιαγων	Ac/Sg
σιναπεως	σιναπι	G/Sg
σινδονι, σινδονα	σινδων	D/Sg, Ac/Sg
σκυλλου	σκυλλω	Imp/M/Pres/2/Sg
σοφωτερον	σοφος	Comparativo/N - Ac/Sg/ Neut
σπαραξαν	σπαρασσω	Part/A/Ao/N/Sg/Neut
σπαρεις (σπαρεντες)	σπειρω	Part/P/Ao/N/Sg/Mas
σπαρῃ	σπειρω	Sub/P/Ao/3/Sg
σπευσας (σπευσαντες)	σπευδω	Part/A/Ao/N/Sg/Mas
σπευσον	σπευδω	Imp/A/Ao/2/Sg
σπιλαδες	σπιλας	N/Pl
σπουδαιοτερον	σπουδαιος	Ac/Sg/Mas - Neut
σπυριδι, σπυριδας, σπυριδων	σπυρις	D/Sg, Ac/Pl G/Pl
σταθεις (σταθεντα, σταθεντες)	ἱστημι	Part/P/Ao/N/Sg/Mas
σταθῃ	ἱστημι	Isub/P/Ao/3/Sg
σταθηναι	ἱστημι	Inf/P/Ao
σταθησεσθε (σταθησεται)	ἱστημι	Ind/P/Fut/2/Pl
σταντος	ἱστημι	Part/A/Ao/G/Sg/Mas
στας, στασα	ἱστημι	Part/A/Ao/N/Sg/Mas - Fem
στηθι	ἱστημι	Imp/A/Ao/2/Sg
στηναι (= στησαι)	ἱστημι	Inf/A/Ao
στησαντες	ἱστημι	Part/A/Ao/N/Pl/Mas
στησει	ἱστημι	Ind/A/Fut/3/Sg
στησῃ (στησῃς)	ἱστημι	Sub/A/Ao/3/Sg
στησονται	ἱστημι	Ind/M/Fut/3/Pl
στητε	ἱστημι	Imp - Sub/A/Ao/2/Pl

στοιβαδας	στοιβας	Ac/Pl
στραφεις, στραφεισα	στρεφω	Part/P/Ao/N/Sg/Mas - Fem
στραφεντες	στρεφω	Part/P/Ao/N/Pl/Mas
στραφητε	στρεφω	Sub/P/Ao/2/Pl
στρωσον	στρωννυμι	Imp/A/Ao/2/Sg
συγγενεις	συγγενης	N - Ac/Pl/Mas
συγγενεσιν, συγγενη	συγγενης	D/Pl/Mas, Ac/Sg/Mas
συγγενης	συγγενης	N/Sg/Mas - Fem
συγγενων	συγγενης	G/Pl/Mas
συγκαταβαντες	συγκαταβαινω	Part/A/Ao/N/Pl/Mas
συγκατατεθειμενος	συγκατατιθημαι	Part/Def/Perf/N/Sg/Mas
συγκεκαλυμμενον	συγκαλυπτω	Part/MP/Perf/N/Sg/Neut
συγκεκραμενος	συγκεραννυμι	Part/MP/Perf/N/Sg/Mas
συγκεχυμενη	συγχεω	Part/MP/Perf/N/Sg/Fem
συγκεχυται	συγχεω	Ind/MP/Perf/3/Sg
συγχαρητε	συγχαιρω	Imp/P/Ao/2/Pl
συγχρωνται	συγχραομαι	Ind/Def/Pres/3/Pl
συλλαβ-	συλλαμβανω	Aoristo/Activo
συλλεξατε	συλλεγω	Imp/A/Ao/2/Pl
συλλεξουσιν	συλλεγω	Ind/A/Fut/3/Pl
συλλεξωμεν	συλλεγω	Sub/A/Ao/1/Pl
συλλη(μ)φθεντα	συλλαμβανω	Part/P/Ao/Ac/Sg/Mas
συλλη(μ)φθηναι	συλλαμβανω	Inf/P/Ao
συλλη(μ)ψῃ	συλλαμβανω	Ind/Def/Fut/2/Sg
συμβαλειν	συμβαλλω	Inf/A/Ao
συμβαντων	συμβαινω	Part/A/Ao/G/Pl/Mas
συμβεβηκεν	συμβαινω	Ind/A/Perf/3/Sg
συμβεβηκοτι (-κοτων)	συμβαινω	Part/A/Perf/D/Sg/Neut
συμπαραγενομενοι	συμπαραγινομαι	Part/Def/Ao/N/Pl/Mas
συμπαρακληθηναι	συμπαρακαλεω	Inf/P/Ao
συμπαραλαβ-	συμπαραλαμβανω	Aoristo/Activo
συμπαρεγενετο	συμπαραγινομαι	Ind/Def/Ao/3/Sg
συμπαροντες	συμπαρειμι	Part/A/Pres/N/Pl/Mas
συμπεριλαβων	συμπεριλαμβανω	Part/A/Ao/N/Sg/Mas
συμφερον	συμφερω	Part/A/Pres/N - Ac/Sg/Neut
συμφυεισαι	συμφυω	Part/P/Ao/N/Pl/Fem
συναγαγ-	συναγω	Aoristo/Activo
συναναβασαι	συναναβαινω	Part/A/Ao/N/Pl/Fem
συναναβασιν	συναναβαινω	Part/A/Ao/D/Pl/Mas
συνανεκειντο	συνανακειμαι	Ind/Def/Imp/3/Pl
συναντιλαβηται	συναντιλαμβανομαι	Sub/Def/Ao/3/Sg

συναξει	συναγω	Ind/A/Fut/3/Sg
συναξω	συναγω	Ind/A/Fut/1/Sg - Sub/A/Ao/1/Sg
συναπαχθεντες	συναπαγομαι	Part/Def/Ao/N/Pl/Mas
συναπεθανομεν	συναποθνησκω	Ind/A/Ao/1/Pl
συναπεστειλα	συναποστελλω	Ind/A/Ao/1/Sg
συναπηχθη	συναπαγομαι	Ind/P/Ao/3/Sg
συναποθανειν	συναποθνησκω	Inf/A/Ao
συναπωλετο	συναπολλυμαι	Ind/Def/Ao/3/Sg
συναραι	συναιρω	Inf/A/Ao
συναχθεντες (συναχθεντων)	συναγω	Part/P/Ao/N/Pl/Mas
συναχθηναι	συναγω	Inf/P/Ao
συναχθησονται (συναχθησεται)	συναγω	Ind/P/Fut/3/Pl
συνδεδεμενοι	συνδεομαι	Part/Def/Perf/N/Pl/Mas
συνεβαλεν (συνεβαλον)	συμβαλλω	Ind/A/Ao/3/Sg
συνεβαλετο	συμβαλλω	Ind/M/Ao/3/Sg
συνεβη	συμβαινω	Ind/A/Ao/3/Sg
συνεδραμεν (συνεδραμον)	συντρεχω	Ind/A/Ao/3/Sg
συνεζευξεν	συζευγνυμι	Ind/A/Ao/3/Sg
συνεθεντο	συντιθημι	Ind/M/Ao/3/Pl
συνεθλιβον	συνθλιβω	Ind/A/Imp/1/Sg - 3/Pl
συνειδυιας	συνοιδα	Part/A/Perf/G/Sg/Fem
συνειληφυια	συλλαμβανω	Part/A/Perf/N/Sg/Fem
συνειπετο	συνεπομαι	Ind/Def/Imp/3/Sg
συνεισηλθεν	συνεισερχομαι	Ind/A/Ao/3/Sg
συνειχετο (συνειχοντο)	συνεχω	Ind/MP/Imp/3/Sg
συνεκαλεσαν	συγκαλεω	Ind/A/Ao/3/Pl
συνεκερασεν	συγκεραννυμι	Ind/A/Ao/3/sg
συνελαβεν (συνελαβον)	συλλαμβανω	Ind/A/Ao/3/Sg
συνελεξαν	συλλεγω	Ind/A/Ao/3/Pl
συνελαλησεν	συλλαλεω	Ind/A/Ao/3/Sg
συνελαλουν	συλλαλεω	Ind/A/Imp/1/Sg - 3/Pl
συνεληλυθεισαν	συνερχομαι	Ind/A/Plusc/3/Pl
συνεληλυθ-	συνερχομαι	Perfecto/Activo
συνελθ-	συνερχομαι	Aoristo/Activo
συνελογισαντο	συλλογιζομαι	Ind/Def/Ao/3/Sg
συνενεγκαντες	συμφερω	Part/A/Ao/N/Pl/Mas
συνεξουσιν	συνεχω	Ind/A/Fut/3/Pl

συνεπεστη	συνεφιστημι	Ind/A/Ao/3/Sg
συνεπιομεν	συμπινω	Ind/A/Ao/1/Pl
συνεπνιξαν	συμπνιγω	Ind/A/Ao/3/Pl
συνεσπαραξεν	συσπαρασσω	Ind/A/Ao/3/Sg
συνεσταλμενος	συστελλω	Part/MP/Perf/N/Sg/Mas
συνεστειλαν	συστελλω	Ind/A/Ao/3/Pl
συνεστηκεν	συνιστημι	Ind/A/Perf/3/Sg
συνεστησατε	συνιστημι	Ind/A/Ao/2/Pl
συνεστω-	συνιστημι	Part/Perf/Activo
συνεσχον	συνεχω	Ind/A/Ao/3/Pl
συνεταξεν	συντασσω	Ind/A/Ao/3/Sg
συνεταφημεν	συνθαπτω	Ind/P/Ao/1/Pl
συνετεθειντο	συντιθημι	Ind/MP/Plusc/3/Pl
συνεφαγες (συνεφαγομεν)	συνεσθιω	Ind/A/Ao/2/Sg
συνεχαιρον	συγχαιρω	Ind/A/Imp/3/Pl
συνεχεον	συγχεω	Ind/A/Imp/1/Sg - 3/Pl
συνεχυθη	συγχεω	Ind/P/Ao/3/Sg
συνεχυνεν	συγχεω	Ind/A/Imp/3/Sg
συνηγαγ-	συναγω	Ind/Aoristo/Activo
συνηγειρεν	συνεγειρω	Ind/A/Ao/3/Sg
συνηγερθητε	συνεγειρω	Ind/P/Ao/2/Pl
συνηγμενα (-μενοι, -μενων)	συναγω	Part/MP/Perf/Ac/Pl/Neut
συνηκαν (συνηκατε)	συνιημι	Ind/A/Ao/3/Pl
συνηλασεν	συνελαυνω	Ind/A/Ao/3/Sg
συνηλθεν (συνηλθον)	συνερχομαι	Ind/A/Ao/3/Sg
συνηρπακει	συναρπαζω	Ind/A/Plusc/3/Sg
συνηρπασαν	συναρπαζω	Ind/A/Ao/3/Pl
συνηρχετο (συνηρχοντο)	συνερχομαι	Ind/Def/Imp/3/Sg
συνησαν	συνειμι	Ind/A/Imp/3/Pl
συνησθιεν	συνεσθιω	Ind/A/Imp/3/Sg
συνησουσιν	συνιημι	Ind/A/Fut/3/Pl
συνητε	συνιημι	Sub/A/Ao/2/Pl
συνηχθη (συνηχθησαν)	συναγω	Ind/P/Ao/3/Sg
συνιδων (συνιδοντες)	συνοραω	Part/A/Ao/N/Sg/Mas
συνιε-	συνιημι	Pres/Activo
συνιοντος	συνειμι	Part/A/Pres/G/Sg/Mas
συνιουσιν	συνιημι	Ind/A/Pres/3/Pl
συνιων	συνιημι	Part/A/Pres/N/Sg/Mas
συνιωσιν	συνιημι	Sub/A/Pres/3/Pl

συνοντων	συνειμι	Part/A/Pres/G/Pl/Mas
συνταφεντες	συνθαπτω	Part/P/Ao/N/Pl/Mas
συντετμημενον	συντεμνω	Part/MP/Perf/Ac/Sg/Mas
συντετριμμενον (-μενους)	συντριβω	Part/MP/Perf/Ac/Sg/Mas
συντετριφθαι	συντριβω	Inf/MP/Perf
συντριβον	συντριβω	Part/A/Pres/N - Ac/Sg/Neut
συντριψασα	συντριβω	Part/A/Ao/N/Sg/Fem
συντριψει	συντριβω	Ind/A/Fut/3/Sg
συντυχειν	συντυγχανω	Inf/A/Ao
συνωσιν	συνιημι	Sub/A/Ao/3/Pl
σφαξωσιν	σφαζω	Sub/A/Ao/3/Pl
σφραγιδα, σφραγιδας, σφραγιδων	σφραγις	Ac/Sg, Ac/Pl, G/Pl
σφραγισιν	σφραγις	D/Pl
σχω	ἐχω	Sub/A/Ao/1/Sg
σωφρονα (σωφρονας)	σωφρων	Ac/Sg

Τ - τ

ταδε	ὁδε	N - Ac/Pl/Neut
ταξαμενοι	τασσω	Part/M/Ao/N/Pl/Mas
ταραχθῃ (ταραχθητε)	ταρασσω	Sub/P/Ao/3/Sg
ταυτα	οὗτος	N - Ac/Pl/Neut (Pron. Dem.)
ταυτης, ταυτῃ, ταυτην, ταυταις, ταυτας	οὗτος	G/Sg, D/Sg, Ac/Sg D/Pl, Ac/Sg (Pron. Dem.)
τεθεικα (τεθεικατε)	τιθημι	Ind/A/Perf/1/Sg
τεθεικως	τιθημι	Part/A/Perf/N/Sg/Mas
τεθῃ (τεθωσιν)	τιθημι	Sub/P/Ao/3/Sg
τεθηναι	τιθημι	Inf/P/Ao
τεθλιμεννη	θλιβω	Part/MP/Perf/N/Sg/Fem
τεθναναι	θνησκω	Inf/A/Perf
τεθνηκασιν (τεθνηκεν)	θνησκω	Ind/A/Perf/3/Pl
τεθνηκως (-κοτα, -κοτος)	θνησκω	Part/A/Perf/N/Sg/Mas
τεθραμμενος	τρεφω	Part/MP/PerfN/Sg/Mas
τεκειν	τικτω	Inf/A/Ao
τεκῃ	τικτω	Sub/A/Ao/3/Sg
τεκτονος	τεκτων	G/Sg
τελειοτερας	τελειος	Comparativo/G/Sg/Fem
τελουσα	τελεω	Part/A/Pres/N/Sg/Fem
τεξῃ (τεξεται)	τικτω	Ind/Def/Fut/2/Sg
τερασιν	τερας	D/Pl
τερατα, τερατων	τερας	N/Pl - Ac/Pl, G/Pl
τεταγμεναι (τεταγμενοι)	τασσω	Part/MP/Perf/N/Pl/Fem
τετακται	τασσω	Ind/MP/Perf/3/Sg
τεταραγμενοι	ταρασσω	Part/MP/Perf/N/Pl/Mas
τεταρακται	ταρασσω	Ind/MP/Perf/3/Sg
τετραπλουν	τετραπλους	N - Ac/Sg/Neut
τετραποδα (τετραποδων)	τετραπους	N - Ac/Pl/Neut
τετυχεν	τυγχανω	Ind/A/Perf/3/Sg
τεχθεις	τικτω	Part/P/Ao/N/Sg/Mas
τῃδε (τηνδε)	ἥδε	D/Sg/Fem (Pron. Dem.)
τιμιωτατου (τιμιωτατῳ)	τιμιος	Superlativo/G/Sg
τιμιωτερον	τιμιος	Comparativo/N - Ac/Sg/ Neut

τοιασδε	τοιοσδε	G/Sg/Fem
τοιαυτα	τοιουτος	N - Ac/Pl/Neut
τοιαυτη (τοιαυτης, τοιαυτην, τοιαυταις, τοιαυτας)	τοιουτος	N/Sg/Fem
τολμηροτερον	τολμηρος	Comparativo/N - Ac/Sg/Neut
τομωτερος	τομος	Comparativo/N/Sg/Mas
τοσαυτα	τοσουτος	N - Ac/Pl/Neut
τοσαυτην	τοσουτος	Ac/Sg/Fem
τουτο	οὗτος	N - Ac/Sg/Neut (Pron. Dem.)
τουτου, τουτῳ, τουτον, τουτων, τουτοις, τουτους	οὗτος	G/Sg, D/Sg, Ac/Sg, G/Pl, D/Pl, Ac/Pl (Pron. Dem.)
τραχειαι	τραχυς	N/Pl/Fem
τραχεις	τραχυς	N - Ac/Pl/Mas
τρια	τρεις	N - Ac/Pl/Neut
τρισιν	τρεις	D/Pl/Mas - Fem
τριχα, τριχες, τριχων, τριχας	θριξ	Ac/Sg, N/Pl, G/Pl, Ac/Pl
τριων	τρεις	G/Pl/Mas - Fem
τρυγονων	τρυγων	G/Pl
τυχειν	τυγχανω	Inf/A/Ao
τυχοι	τυγχανω	Opt/A/Ao/3/Sg
τυχουσας (τυχουσαν)	τυγχανω	Part/A/Ao/Ac/Pl/Fem
τυχωσιν	τυγχανω	Sub/A/Ao/3/Pl
τυχων	τυγχανω	Part/A/Ao/N/Sg/Mas

Υ - υ

ὑδασιν	ὑδωρ	D/Pl
ὑδατα	ὑδωρ	N - Ac/Pl
ὑδατος (ὑδατι, ὑδατων)	ὑδωρ	G/Sg
ὑμεις (ὑμων, ὑμιν, ὑμας)	ἐγω	Pron. Personal 2/Pl
ὑπεβαλον	ὑποβαλλω	Ind/A/Ao/3/Pl
ὑπεδειξα (ὑπεδειξεν)	ὑποδεικνυμι	Ind/A/Ao/1/Sg
ὑπεδεξατο	ὑποδεχομαι	Ind/Def/Ao/3/Sg
ὑπεθηκαν	ὑποτιθημι	Ind/A/Ao/3/Pl
ὑπελαβεν	ὑπολαμβανω	Ind/A/Ao/3/Sg
ὑπελειφθην	ὑπολειπω	Ind/P/Ao/1/Sg
ὑπεμνησθη	ὑπομιμνησκω	Ind/P/Ao/3/Sg
ὑπενεγκειν	ὑποφερω	Inf/A/Ao
ὑπεπλευσαμεν	ὑποπλεω	Ind/A/Ao/1/Pl
ὑπερεχον	ὑπερεχω	Part/A/Pres/Ac/Sg/Neut
ὑπεριδων	ὑπεροραω	Part/A/Ao/N/Sg/Mas
ὑπεστειλαμην	ὑποστελλω	Ind/M/Ao/1/Sg
ὑπεστρωννυον	ὑποστρωννυμι	Ind/A/Imp/3/Pl
ὑπεταγη (ὑπεταγησαν)	ὑποτασσω	Ind/P/Ao/3/Sg
ὑπεταξας (ὑπεταξεν)	ὑποτασσω	Ind/A/Ao/2/Sg
ὑπηγον	ὑπαγω	Ind/A/Imp/3/Pl
ὑπηνεγκα	ὑποφερω	Ind/A/Ao/1/Sg
ὑποδεδεκται	ὑποδεχομαι	Ind/Def/Perf/3/Sg
ὑποδεδεμενους	ὑποδεομαι	Part/Def/Perf/Ac/Pl/Mas
ὑποδειξω	ὑποδεικνυμι	Ind/A/Fut/1/Sg
ὑποδεξαμενη	ὑποδεχομαι	Part/Def/Ao/N/Sg/Fem
ὑποδησαι	ὑποδεομαι	Imp/Def/Ao/2/Sg
ὑποδησαμενοι	ὑποδεομαι	Part/Def/Ao/N/Pl/Mas
ὑποδραμοντες	ὑποτρεχω	Part/A/Ao/N/Pl/Mas
ὑπολαβων	ὑπολαμβανω	Part/A/Ao/N/Sg/Mas
ὑπομεμενηκοτα	ὑπομενω	Part/A/Perf/Ac/Sg/Mas
ὑπομνησαι	ὑπομιμνησκω	Inf/A/Ao
ὑπομνησει (ὑπομνησω)	ὑπομιμνησκω	Ind/A/Fut/3/Sg
ὑπομνησει, ὑπομνησιν	ὑπομνησις	D/Sg, Ac/Sg
ὑποπνευσαντος	ὑποπνεω	Part/A/Ao/G/Sg/Mas
ὑποστειληται	ὑποστελλω	Sub/M/Ao/3/Sg
ὑποταγεντων	ὑποτασσω	Part/P/Ao/G/Pl/Mas

ὑποταγῃ	ὑποτασσω	Sub/P/Ao/3/Sg
ὑποταγησεται (-σομεθα)	ὑποτασσω	Ind/P/Fut/3/Sg
ὑποταγητε	ὑποτασσω	Imp/P/Ao/2/Pl
ὑποταξαι	ὑποτασσω	Inf/A/Ao
ὑποταξαντι (-αντα, -αντος)	ὑποτασσω	Part/A/Ao/D/Sg/Mas
ὑποτεταγμενα	ὑποτασσω	Part/MP/Perf/Ac/Pl/Neut
ὑποτετακται	ὑποτασσω	Ind/MP/Perf/3/Sg
ὑψηλοτερος	ὑψηλος	Comparativo/N/Sg/Mas

Φ - φ

φαγε (φαγετε)	ἐσθιω	Imp/A/Ao/2/Sg
φαγειν	ἐσθιω	Inf/A/Ao
φαγεσαι (φαγεται)	ἐσθιω	Ind/Def/Fut/2/Sg
φαγῃ (φαγῃς, φαγητε)	ἐσθιω	Sub/A/Ao/3/Sg
φαγοι	ἐσθιω	Opt/A/Ao/3/Sg
φαγονται	ἐσθιω	Ind/Def/Fut/3/Pl
φαγοντες	ἐσθιω	Part/A/Ao/N/Pl/Mas
φαγω (φαγωμεν, φαγωσιν)	ἐσθιω	Sub/A/Ao/1/Sg
φανειται	φαινω	Ind/M/Fut/3/Sg
φανῃ (φανῃς)	φαινω	Sub/P/Ao/3/Sg
φανησεται	φαινω	Ind/P/Fut/3/Sg
φανωμεν (φανωσιν)	φαινω	Sub/P/Ao/1/Pl
φασιν	φημι	Ind/A/Pres/3/Pl
φεισηται	φειδομαι	Ind/Def/Ao/3/Sg
φεισομαι	φειδομαι	Ind/Def/Fut/1/Sg
φερον	φερω	Part/A/Pres/N_Ac/Sg/Neut
φευξεται (φευξονται)	φευγω	Ind/Def/Fut/3/Sg
Φηλικα (Φηλικι, Φηλικος)	Φηλιξ	Ac/Sg
φησιν	φημι	Ind/A/Pres/3/Sg
φθαρῃ	φθειρω	Sub/P/Ao/3/Sg
φθασωμεν	φθανω	Sub/A/Ao/1/Pl
φθεγξαμενον	φθεγγομαι	Part/Def/Ao/N - Ac/Sg/ Neut
φιλανδρους	φιλανδρος	Ac/Pl
Θιλημονα, Φιλημονι	Φιλημων	Ac/Sg, D/Sg
φιλοφρονες	φιλοφρων	N/Pl
Φλεγοντα	Φλεγων	Ac/Sg
φλογος (φλογι, φλογα)	φλοξ	G/Sg
Φοινικα	Φοινιξ	Ac/Sg
φοινικες (φοινικων)	φοινιξ	N/Pl
φραγῃ	φρασσω	Sub/P/Ao/3/Sg
φρεατος	φρεαρ	G/Sg
φρονιμωτεροι	φρονιμος	Comparativo/N/Pl/Mas
φυγειν	φευγω	Inf/A/Ao
φυγητε	φευγω	Sub/A/Ao/2/Pl
φυεν	φυω	Part/P/Ao/N/Sg/Neut

φυλακες, φυλακας	φυλαξ	N/Pl, Ac/Pl
φυλαξαι	φυλασσω	Inf/A/Ao
φυλαξατε	φυλασσω	Imp/A/Ao/2/Pl
φυλαξει	φυλασσω	Ind/A/Fut/3/Sg
φυλαξῃς	φυλασσω	Sub/A/Ao/2/Sg
φυλαξον	φυλασσω	Imp/A/Ao/2/Sg
φυουσα	φυω	Part/A/Pres/N/Sg/Fem
φωτος (φωτι, φωτα, φωτων)	φως	G/Sg

Χ - χ

χαλκα	χαλκους	N - Ac/Pl/Neut
χαλωσιν	χαλαω	Ind/A/Pres/3/Pl
χαρακα	χαραξ	Ac/Sg/Mas
χαρηναι	χαιρω	Inf/P/Ao
χαρησομαι (χαρησεται, χαρησονται)	χαιρω	Ind/M/Fut/1/Sg
χαρητε	χαιρω	Sub/P/Ao/2/Pl
χαριν	χαρις	Ac/Sg
χαριτος, χαριτι, χαριτας	χαρις	G/Sg, D/Sg, Ac/Pl
χαρουσιν	χαιρω	Ind/A/Fut/3/Pl
χειλεων, χειλεσιν	χειλος	G/Pl, D/Pl
χειλη	χειλος	N - Ac/Pl
χερσιν	χειρ	D/Pl
χιλιαδες, χιλιαδων, χιλιασιν	χιλιας	N/Pl, G/Pl, D/Pl
χιτωνα, χιτωνας	χιτων	Ac/Sg, Ac/Pl
χλαμυδα	χλαμυς	Ac/Sg
χοινικες	χοινιξ	N/Pl
χουν	χους	Ac/Sg
χρησαι	χραω	Imp/M/Ao/2/Sg
χρησον	κιχρημι	Imp/A/Ao/2/Sg
χρυσα	χρυσους	N - Ac/Pl/Neut
χρυσας	χρυσους	Ac/Pl/Fem
χρυση (χρυσην)	χρυσους	N/Sg/Fem
χρησθ'	χρηστος	N - Ac/Pl/Neut
χρηστοτερος	χρηστος	Comparativo/N/Sg/Mas
χρυσου, χρυσουν	χρυσους	G/Sg/Neut, Ac/Sg/Mas - Neut
χρυσους	χρυσους	N - Ac/Pl/Mas
χρω	χραομαι	Imp/Def/Pres/2/Sg
χρωμεθα	χραομαι	Ind/Def/Pres/1/Pl
χρωμενοι	χραομαι	Part/Def/Pres/N/Pl/Mas
χρωτος	χρως	G/Sg

ψαλω	ψαλλω	Ind/A/Fut/1/Sg
ψευσασθαι	ψευδομαι	Inf/Def/Ao
ψυγησεται	ψυχομαι	Ind/Def/Fut/3/Sg

Ω - ω

ὦ	εἰμι	Sub/A/Pres/1/Sg
ᾧ	ὅς	D/Sg (Pron. Rel.)
ὦμεν	εἰμι	Sub/A/Pres/1/Pl
ὡμιλει	ὁμιλεω	Ind/A/Imp/3/Sg
ὡμιλουν	ὁμιλεω	Ind/A/Imp/1/Sg - 3/Pl
ὡμοιωθη (ὡμοιωθημεν)	ὁμοιοω	Ind/P/Ao/3/Sg
ὡμολογησας (ὡμολογησεν)	ὁμολογεω	Ind/A/Ao/2/Sg
ὡμολογουν	ὁμολογεω	Ind/A/Imp/1/Sg - 3/Pl
ὠμοσεν (ὠμοσα)	ὀμνυω	Ind/A/Ao/3/Sg
ὤμους	ὦμος	Ac/Pl/Mas
ὠν	εἰμι	Part/A/Pres/N/Sg/Mas
ὡν	ὅς	G/Pl (Pron. Rel.)
ὠρυξεν	ὀρυσσω	Ind/A/Ao/3/Sg
ὠσιν, ὠτα	οὖς	D/Pl, N - Ac/Pl
ὦσιν	εἰμι	Sub/A/Pres/3/Pl
ὠφθην (ὠφθη, ὠφθησαν)	ὁραω	Ind/P/Ao/1/Sg

www.ingramcontent.com/pod-product-compliance
Ingram Content Group UK Ltd.
Pitfield, Milton Keynes, MK11 3LW, UK
UKHW021935200726
13853UKWH00011B/2144